Die Besten 2007

Klagenfurter Texte

Die 31. Tage der deutschsprachigen Literatur in Klagenfurt

Die Besten 2007

Klagenfurter Texte

Die 31. Tage der deutschsprachigen Literatur in Klagenfurt

Mit den Texten der Preisträger
Lutz Seiler
Thomas Stangl
PeterLicht
Jan Böttcher

Herausgegeben von Iris Radisch

Piper München Zürich

Der Verlag dankt den Veranstaltern der Tage der deutschsprachigen Literatur – der Landeshauptstadt Klagenfurt und dem ORF Kärnten –, dem Generalsponsor Telekom Austria und 3sat für die freundliche Unterstützung.

Mix
Produktgruppe aus vorbildlich bewirtschafteten Wäldern und anderen kontrollierten Herkünften
www.fsc.org Zert.-Nr. GFA-COC-1298
© 1996 Forest Stewardship Council

ISBN: 978-3-492-05119-4

Umschlaggestaltung: R·M·E, Roland Eschlbeck
Umschlagmotiv: Can Cobanli
Gesamtherstellung: Kösel, Krugzell
Printed in Germany

www.piper.de

Inhalt

HANNS-JOSEF ORTHEIL

Warum wir Klagenfurt so lieben

Klagenfurter Rede zur Literatur

Ein großes, sommerliches Zimmer in einer mittelgroßen Stadt Österreichs, der Schweiz, Deutschlands. Es ist Donnerstag, der 28. Juni 2007, 8.30 Uhr. Einige Jungautorinnen und Jungautoren im Alter zwischen 20 und 25 Jahren sitzen vor dem Fernseher und warten auf den Beginn der 3sat-Übertragungen vom Ingeborg-Bachmann-Preis 2007. Es läuft das »Alpenpanorama«.

Ich liebe das Alpenpanorama, manchmal kann ich mich frühmorgens gar nicht davon losreißen, all diese still vor sich hinschnurrenden Bergbahnen, diese Sommerrodelecken und sonnenumfluteten Berggipfel und menschenleeren Thermalbäder …

Stimmt, das Alpenpanorama ist phantastisch, beim Zusehen wirst du vollkommen ruhig, es ist wie Meditation, wie Zen: Die ganze Gipfel-Welt, lässig in sich ruhend und nirgends ein einziger Mensch.

Heute ist es fünf Minuten kürzer, um 8.55 Uhr geht es los im ORF-Theater in Klagenfurt, wir schalten um, jetzt gibt es stundenlang Literatur live.

Ja, genau, aber sie schalten nicht direkt um in das Theater, sondern zu den 3sat-Reportern vor Ort, die sich meist im Freien, vor dem Theater, eingenistet haben. Die 3sat-Reporter, das sind die Medienprofis, Leute wie Eva Wannenmacher oder Gert Scobel, die liegen gegen 8.55 Uhr bereits auf der Lauer, während hinter ihnen die Zuschauer live ins Theater strömen.

Live und meist vereinzelt, höchstens in Zweiergruppen, das ist ja das Seltsame, vereinzelt oder in Zweiergruppen, es sieht aus, als seien sie geradewegs dem Alpenpanorama entsprungen: Lässig, in sich ruhend, wie Kirchgänger.

Stimmt, ist mir noch gar nicht so aufgefallen, stimmt aber absolut: wie Kirchgänger!

Genau, du siehst also diese ins ORF-Theater strömenden Kirchgänger, während der 3sat-Medienprofi das Bild für vier oder fünf Minuten rahmt.

Dann aber geht es hinein ins Theater, und wenn du Glück hast, siehst du das noch halb leere Halbrund mit den Tischen und Sitzen der Jury, an dem gerade die ersten Jury-Mitglieder Platz nehmen.

Ich finde ja, dass es zum Einzug der Jury-Mitglieder Musik geben müsste, den Triumphmarsch aus Aida oder irgendwas aus der Götterdämmerung, jedenfalls ganz groß und mythisch, wie bei ganz großem Sport. Das ist nicht gut, dass sich die Jury-Mitglieder da so verlegen in das leere Halbrund quetschen.

Es ist vor allem deshalb nicht gut, weil das Halbrund ja gar nicht so leer ist, das Halbrund ist eine Bühne, schließlich hat es ein Designer ja eigens als Bühne entworfen. In diesem Jahr gibt es ein Webteppichdesign, ein handgewobener Stoffresteteppich, leicht gewellt, wie immer von H.P. Maya ...

Super, das passt! Also eine Bühne ..., und dazu gehört eben große Musik, ein Opern-Entree, das wär's.

Ja, genau, stattdessen aber sehen wir plötzlich Ernst A. Grandits, Ernst A. Grandits sitzt dann da wie der Hüter des Bachmann-Schatzes.

Ich mag Ernst A. Grandits, Ernst A. Grandits ist Kult. Er ist die Gelassenheit selbst, er sitzt da, als wolle er andeuten: Ich mache das hier seit 56 Jahren, mich bringt nichts mehr aus der Ruhe.

Vor allem aber ist er der Hüter des Bachmann-Schatzes, und als Hüter des Schatzes verabreicht er den Zuschauern jeden Morgen die Bachmann-Pille, Urworte orphisch, meist übrigens aus Ingeborg Bachmanns Frankfurter Vorlesungen, Bachmann-Sätze von der Art wie »Die Wahrheit ist dem Menschen zumutbar« oder »Der Mensch ist dem Menschen unzumutbar« oder so ...

»Ingeborg Bachmann sagte bei einer ihrer Frankfurter Vorlesungen ...«, sagt Ernst A. Grandits, und dann bekommt man die großen Wahrheiten zu schlucken, das muss einfach sein.

Ja, genau, Ernst A. Grandits murmelt diese Wahrheiten whiskyweich-raunend vor sich hin, und plötzlich ahnt man: Das Ganze hier ist ein Ritual, ein zeremonieller Ritus, hier werden Ingeborg Bachmann Worte und Gaben geopfert...

Exakt, das Ganze ist pure Archaik, eine Kult-Handlung, deshalb ist das Bühnendesign ja auch meist roh und archaisch, ein Stoffresteteppich, das passt...

Und deshalb ist Ernst A. Grandits letztlich der raunende, beschwörende Priester...

Richtig, danach aber geht es los mit den Lesungen...

Moment, erst kommt noch das Autoren-Porträt, diese Zwei-, Dreiminuteneinspielungen mit den immerfort spazieren gehenden, kaffeetrinkenden und vor dem Computer sitzenden Autorinnen und Autoren...

O weia, ja, diese Porträts sind eine echte Hürde, wenn du als Jungautorin oder Jungautor da einen Fehler machst, brauchst du erst gar nicht mehr zu lesen.

Auf keinen Fall Sätze von der Art »Ich habe schon immer gerne meine Umgebung beobachtet...«, oder »Ich liebe Brücken...«, oder »Ich verstehe mein Schreiben als...«.

Diese Autorenporträts sind eine erste, hammerharte Prüfung, am besten dreht man so etwas natürlich selbst...

Eindeutig, am besten dreht man sie gleich selbst, und am besten taucht man in ihnen gar nicht erst auf.

In 90 % aller Fälle ist man schon nach dem ersten Bild unten durch: Superernst, superlustig..., geht natürlich alles nicht...

Ja, mein Gott, wenn das alles nicht geht, wie würdest du es dann machen?!

Ich sagte ja schon, selber Regie führen..., oder: Ein Zweiminutenstandbild, der Autor allein in einer Blackbox, so wie Becketts *Letztes Band*..., das passt.

Also gut, nach dem Porträt kommt die Lesung.

Moment, vor der Lesung sagt Ernst A. Grandits erst noch einen weiteren kultischen Satz: »Dieter Murmel liest auf Vorschlag von Iris Radisch seinen Text *Diskrete Körperarbeit*.«

Ja, genau, und sofort geht in deinem Kopf der erste Assoziationswirbel los, denn natürlich hast du gerade das Dieter-Murmel-Porträt gesehen und natürlich versuchst du, blitzschnell zu begreifen, was für ein Text »Diskrete Körperarbeit« jetzt sein könnte und was das alles mit Iris Radisch zu tun hat …

Richtig, das ist ein echter Klagenfurt-Moment, ein Moment, weswegen ich diese wunderbaren Übertragungen überhaupt sehe: Wenn man die Autorin oder den Autor dann live auf der Klagenfurt-Bühne erlebt, wie er dasitzt und seiner Lesung entgegenschwitzt, wenn man den Titel seines Textes hört und den Namen des Jurors, der ihn vorgeschlagen hat, und wenn man das alles mit dem gerade gezeigten Porträt abgleicht …, das ist ein absolut scharfer Moment, das ist Kopfarbeit pur, was dir da durch den Kopf blitzt, das ist Medienästhetik, und das ist Ästhetik des Schreibens, in so einem Moment beweist sich Brillanz.

Ich kann so etwas nicht, ich kann so etwas nicht richtig brillant denken, ich bleibe immer an der Kleidung der Lesenden hängen, ich vertiefe mich richtiggehend in all diese rassigen Leseoutfits und diese geföhnten Haarkoloraturen …

Na und? Das ist doch Medienästhetik, genau das …

Und ich denke immer: Was hat das alles mit Iris Radisch zu tun? Und wenn Dieter Murmel dann liest, schaue ich Iris Radisch zu, wie sie da so unglaublich versonnen und gelassen und gereift den gesamten Text Seite für Seite wegblättert …

Na bitte, das ist doch auch Medienästhetik, genau das …

Kinder, ich bitte euch, letztlich geht es weder um Leseoutfits noch um die versonnen blätternde Iris Radisch, sondern um einen Text, es geht um die Ästhetik des Schreibens …

Auch, aber eben nicht nur, in Klagenfurt geht es darum auch, aber nicht nur, das ist ja gerade das Besondere an Klagenfurt, dass es ein großes Gesamtkunstwerk ist, etwas, das man lesen und deuten können sollte …

In Ordnung, dann deute mir mal diese Lesungen! Was geht da eigentlich ab? Was ist eine Klagenfurt-Lesung in deiner Deutung?

Eine gute Klagenfurt-Lesung mit anschließender Kritiker-Diskussion ist die Vorführung einer Werkstatt, nicht mehr und nicht weniger. Ein Text wird gelesen, getestet, es handelt sich um ein medienästhetisches Experiment … – so musst du das sehen. Und jedes dieser Experimente hat seinen eigenen Verlauf: Wie wird gelesen? Was macht die Frische dieses noch unveröffentlichten Textes aus? Wie untersucht er Gegenwart? Und was macht er mit mir? Das Ganze mit der Vorlese-Stimme und den neun Kommentar-Stimmen der Kritik ist eine momentane Versuchsanordnung, eigentlich ist es ein großer Opernmoment: Das Solo und der darauf folgende Chor mit neun Einzelstimmen, es ist wie ein Tableau. Da musst du hören und sehen können: Wie war die Vorgabe des Solos, wie verhalten sich die Chorstimmen dazu, wie verhalten sich die Chorstimmen zueinander, und welche Szene kommt am Ende dabei heraus? Denn jedes Mal entsteht eine Szene, jedes Mal haben wir es mit einem großen Gesamt-Auftritt aller Beteiligten zu tun. Das ist Klagenfurt, und deswegen liebe ich es.

Franz Kafka wäre niemals nach Klagenfurt gefahren.

So ein Quatsch, so ein elender Wichtigtuer- und Drüberweg-Gucker-Satz. Natürlich wäre Franz Kafka nach Klagenfurt gefahren, schmal, schlank, verhalten lächelnd hätte er sich in seinem dunklen Anzug, gut gekämmt, ans Podium gesetzt, und Ernst A. Grandits hätte gesagt: »Franz Kafka liest auf Vorschlag von Hanns-Josef Ortheil den Anfang seines Romans Der Prozess …«

Ja, genau, und nach der Lesung wäre das Urteil der Kritik gespalten gewesen, einige Kritiker hätten gesagt, es sei etwas allzu behäbig losgegangen und die Figuren seien extrem schwach gezeichnet, während andere behauptet hätten, sie seien von der »disluziden Integrität und statisch-verspielten Imagination« des Autors enorm beeindruckt.

Zum Ernst-Willner-Preis hätte es jedenfalls allemal gereicht …

Genau, aber viel wichtiger als all diese Preise ist doch das Experiment, die Werkstatt, die große Szene. Die Preise … – die sind jedenfalls nicht das Zentrale, Preise gibt es in aller Welt gratis, und das ganze Gerede darüber, wer welchen gekriegt hat, ist Meinung, Geschmack und Konversation und damit supergratis.

Findest du es denn okay, dass die Kritiker die Texte vorher schon kennen?

Ja, das finde ich schon okay, es wäre einfach schlimm, wenn sie einen Text noch nicht gelesen und gerade ihre todmüden Momente hätten und der Text dann einfach so vor der Kaffeepause ins Dunkel abrutschen würde. Andererseits finde ich aber auch: Gute Kritik reagiert nicht auf einen bereits zu Hause gelesenen Text, sondern auf eine Lesung. Gute Kritik ist brillante Plötzlichkeit und nicht das Ablesen von Notaten und Bonmots, die man sich zu Hause auf Kosten des Textes notiert hat.

Bravo, genau, »brillante Plötzlichkeit« in Bohrerschem Sinn, das ist gefordert ...

In welchem Sinn?

In Karl-Heinz-Bohrer'schem Sinn ...

Mein Gott, muß ich den kennen?

Frag nicht mich, lies lieber sein Buch über »Plötzlichkeit« – und dann frag dich selbst!

Jedenfalls ist die Lesung mit anschließender Diskussion eine Gesamtszene, die von der Fernsehübertragung inszeniert wird, jede Einstellung ist da von Bedeutung, jeder Schwenk, jedes Fortlegen einer Brille, jeder Einstieg in einen Text, jedes körperliche und geistige Reagieren ... – und wehe dem Autor oder dem Kritiker, der da nicht präsent erscheint und sich durch die Lesungen schnarcht. Präsenz zu erleben und zu studieren, das macht ja den Reiz von Klagenfurt aus.

Im Grunde ist die Klagenfurt-Konstruktion doch schlagend einfach: Ein Autor, ein Text, neun Kritiker ... – und ein gegenseitiger Infektions- und Ansteckungsprozess von 60 Minuten. Um diesen Prozess zu beobachten, muss das Fernsehen dabei sein, das Fernsehbild nimmt dem Auftritt etwas von seiner Idylle und verlangt eben in jeder Sekunde: Präsenz!

Genau!, sonst könnte man in Klagenfurt ja auch gleich das Meistersinger-Format präsentieren. Dann würde Ernst A. Grandits nur ganz trocken sagen: »Walther von Stolzing singt auf Vorschlag von Richard Wagner ein Preislied«.

Na ja, das Meistersinger-Format ist gar nicht so weit von Klagenfurt weg, es ist so etwas wie ein Format aller Lesungen und

Wettbewerbe mit anschließender Kritik, und es hat immerhin einige respektable Maßstäbe entwickelt.

Maßstäbe? Welche denn? Ich kenne keine, höchstens die, dass es besser ist, als Jungautor einen Lehrer wie Hans Sachs zu haben, um sich nicht als ach so genialer Autodidakt zu blamieren.

Jetzt hört aber auf, ich kenne die Meistersinger gar nicht, und ich habe keine Lust, euch dabei zuzuhören, wie ihr euch so pseudoklug in eine alte Oper vertieft.

Die Meistersinger sind keine alte Oper, hörst du? Sie sind ein Format, sie sind die Urform der öffentlichen Lesung mit Wettbewerb, sie sind die Wiege des Poetry-Slam …

O Gott, was denn noch alles?! Dann tu mir den Gefallen und bring deine Meistersinger in drei bis vier Sätzen hammerhart auf den Punkt.

Bitte, mach ich gern: Der Meistersinger-Club hat einen Lyrik-Wettbewerb ausgeschrieben, das autodidaktisch lyrisch gebildete Junggenie Walther von Stolzing scheitert beim ersten Anlauf und bockt, weil es glaubt, es könne den 1. Preis nur gewinnen, wenn es sich an die Regeln der Meistersinger hält. Zum Glück kümmert sich ein gescheiter Lehrer um das Genie, Hans Sachs nämlich erklärt ihm, dass es keineswegs darum geht, sich an die Regeln der Meistersinger zu halten.

Er soll sich nicht daran halten? Aber an was denn sonst?

Tja, das ist das Tolle, dass ausgerechnet Richard Wagner so etwas wie die goldene Klagenfurt-Regel aufgestellt hat!

Und die lautet?!

Ah, jetzt bist du gespannt, habe ich recht? Diese goldene Regel lass ich mir jetzt auf der Zunge zergehen. Also: Walther von Stolzing fragt: »Wie fang ich nach der Regel an?« und Hans Sachs antwortet: »Ihr stellt sie selbst und folgt ihr dann …«

Und das soll die goldene Klagenfurt-Text-Regel sein?

Das ist sie! Denn Walther von Stolzing, das Junggenie, begreift jetzt, dass es nicht darauf ankommt, bestimmten Regeln zu folgen, sondern die in jedem Text bereits zu Beginn entworfene und ihm dann innewohnende Anlage zu erkennen und ihr dann zu folgen.

Genial, diese »Regel«!

Ja, genau, genial, denn einerseits ist es die goldene »Regel« fürs Schreiben und andererseits die goldene für die Kritik, die einen Text genau daraufhin befragen könnte, ob und wie er der selbst gestellten »Regel« folgt …

Da haben wir also die »Ästhetik des Schreibens« …

Exakt, und die wird in Klagenfurt eben medienästhetisch inszeniert, wie schon beschrieben: Ein Autor, ein Text, neun Kritiker und ein sechzigminütiger Infektions- und Ansteckungsprozess vor laufenden Kameras zum Zweck der Präsenz- und Evidenz-Erzeugung!

Wisst ihr, dass anfänglich daran gedacht war, etwa 25 Autoren einzuladen, von denen jeder ca. zwei Stunden vor 25 Juroren lesen sollte?

Im Ernst?

Ja, so war einmal die Anfangskonzeption des Bachmann-Wettbewerbs in den 70er-Jahren.

Woran man erkennt, wie weit man medienästhetisch in den 70er-Jahren war …

Stimmt, man dachte noch gewerkschaftlich-paritätisch statt medienästhetisch: zwei Clubs von 25 Personen gähnen sich durch eine Zweistundenlesung, als seien die öden, jährlichen Tarifverhandlungen mit all ihrem Tarifautonomie-Getue das geheime Konzept einer Literatur-Veranstaltung.

Dabei ist das geheime Konzept, wie wir jetzt wissen, das medienästhetisch verschlankte Meistersinger-Konzept.

Das in diesem Jahr so brillant funktionieren wird wie seit langem nicht mehr!

Wieso bist du dir da so sicher?

Erstens, weil die Jury jetzt seit ein paar Jahren auf hohem Niveau perfekt eingespielt ist, zweitens, weil die Jurorinnen und Juroren endlich begriffen haben, dass es Jahr für Jahr darauf ankommt, die junge Elite und nicht Bödel und Dödel nach Klagenfurt zu holen. Die Vorauswahl ist entscheidend, da muss das Beste her, was es gibt, ein richtig guter Jahrgang mit völlig verschiedenen literarischen Konzepten!

Und du meinst, das ist in diesem Jahr gelungen?

Absolut, du brauchst nur auf die Liste der Eingeladenen zu

schauen: Ronald Reng, Silke Scheuermann, Jochen Schmidt, Lutz Seiler, Thomas Stangl, Jörg Albrecht, Martin Becker, Jan Böttcher, PeterLicht …

Ist ja gut, hör schon auf, ich bin überzeugt.

Ich hör ja gleich auf, ich sage nur: Für den Kenner der Szenen – und was sind wir sonst? – ist es die absolut perfekte Mischung. Vor allem bin ich begeistert, dass Autoren wie Jan Böttcher und PeterLicht dabei sind, das ist sehr gut, der Auftritt von PeterLicht hier in Klagenfurt …, das schreibt schon jetzt Geschichte, einfach als Anstoß, als Idee.

Und die hatte wer?

»PeterLicht liest auf Vorschlag von Iris Radisch …«

Na gut, da bin ich gespannt. Und wie stehen die Wetten?

An der Dubliner Börse bekommst du für eine Wette auf Platz 1 Silke Scheuermann 64:10, bei einer Dreier-Wette in London mit Platz 1 bis 3 Scheuermann, Stangl und Licht schon 1020:10, ich setze übrigens in Birmingham PeterLicht einfach auf Platz und bekomme, wenn er irgendeinen Preis gewinnt, dann 212:10.

Kann mir das mal jemand erklären, wie das geht mit diesen Wetten?

Nee, jetzt nicht, später, ich bin jetzt zu aufgeregt, es geht ja gleich los!

Ist genug Bionade da und genug Bier?

Alles da!

Wann ist die erste Pause?

Nach zwei Lesungen, gegen 11 Uhr, dann kommt die Öffentlichkeit ins Spiel, dann verlassen die Verlags- und Medien-Leute die harten, rückenlehnfreien Sitzbänke im ORF-Theater und beginnen unten im Freien den großen Diskurs.

Und die Medienprofis von 3sat schnappen sich gleich die Autorinnen und Autoren: Dieter Murmel, eben haben Sie ihren Text »Diskrete Körperarbeit« gelesen, jetzt sind Sie schon bei uns, wie machen Sie das und wie fühlt man sich als Gelesen-Habender?

Tja, das sind die typischen Reporter-Fragen, denn einerseits sind die Medienprofis von 3sat natürlich Reporter. Andererseits haben Sie aber auch noch eine andere Aufgabe, sie entlocken den Jungautorinnen und Jungautoren ihre Poetik.

Echt? Die Poetik?! Und was soll das sein?

Die Medienprofis drücken einer Jungautorin oder einem Jungautor ein Mikrofon in die Hand, lächeln ihn kurz ab und fragen dann hammerhart: Was ist Literatur?

Aber Mensch, so eine Frage kann man doch gar nicht beantworten, die ist ja viel zu komplex …

Und warum hat Sartre sie sich dann gestellt und beantwortet? Nee, auf so eine Frage muss die Jungautorin gefasst sein, und die Antwort muss sitzen, jede und jeder antwortet da auf den Sartre-Diskurs, das mache sich jede und jeder mal klar.

Du spinnst doch!

Ich spinne überhaupt nicht, ich stelle nur hohe Ansprüche, und ich will als Zuschauer nicht mit irgendwelchen nöligen, hilflosen Sätzen abgespeist werden, sondern ich erwarte Brillanz.

Brillanz! Immerfort nichts als Brillanz! Habt ihr es nicht einmal etwas unangestrengter?

Aber ja, aber gern! Klagenfurt ist zum Beispiel unangestrengt …

Wieso? Wie meinst du das?

Klagenfurt als Stadt, als Raum, als Terrain ist unangestrengt, es ist genau die richtige Stadt für so einen Wettbewerb, da verläuft man sich nicht, da begegnet man sich immer wieder in immer denselben Lokalen, da mäandern die Diskurse der Öffentlichkeit auf schönste Weise Tag und Nacht. Denk nur an den großen Markt auf dem Benediktinerplatz, an die Arkaden-Innenhöfe, an das Strandbad am Wörthersee, alles Orte und Räume, damit sich der sogenannte Literaturbetrieb endlich einmal entspannt. Autoren, Kritiker, Lektoren, Verlags- und Medien-Leute … – in Klagenfurt begibt der Literaturbetrieb sich beinahe exakt mit Sommerbeginn auf eine Insel, um ein paar Tage vollkommen und ausschließlich Literatur zu träumen, Tag und Nacht. Ist das nicht phantastisch?

Absolut, absolut phantastisch! Und sofort bilden sich in der ganzen Stadt intime Zentren und Kreise …, die dann bei Erdäpfelsuppe mit Eierschwammerln, Spinat-Topfen-Tascherln mit brauner Butter und Gusto-Stückerln vom Kärntner Lamm die schönsten Erfindungen aushecken: Was habe ich da eben gehört? Was ist bei diesem Vorlesen mit mir passiert?…, Tag und Nacht…, Sommertage, Sommernächte…

In Klagenfurt kommt der Literaturbetrieb zu sich selbst, in Klagenfurt ist er für ein paar Tage, was er in seinen kühnsten Utopien immer sein will…

Feier!

Fest!

Rausch!

Gruner Veltliner!

Erotik!

Erotik?! Wieso denn Erotik?

Na, die dionysischen Sommernächte von Klagenfurt sind doch voller Erotik! Der halbe Literaturbetrieb paart sich da mit der anderen Hälfte, völlig unangestrengt und perfekt nach der goldenen Meistersinger-Regel, sie geben es nur nicht zu. Sie geben nicht zu, dass sie es eigentlich können, dass sie die Regeln beherrschen, stattdessen gibt es seit dreißig Jahren lauter Genöle, Gemaule, mal waren die Texte zu schlecht, mal die Jury, mal fehlt es der gesamten jungen Literatur an dies und an das, es ist dieses Drüberweg-Reden, was mich so ärgert.

Dabei bräuchte man bloß hinzuschauen, Brillanz zu beweisen, zu erotisieren…

Ihr Sommertage von Klagenfurt! Ihr Sommernächte!

Was?! Was ist denn mit dir passiert?

»Welche Wiesen duften deine Hände?/ Fühlst du wie auf deine Widerstände/ stärker sich der Duft von draußen stützt./ Drüber stehn die Sterne schon in Bildern./ Gieb mir, Liebe, deinen Mund zu mildern;/ ach, dein Haar ist unbenützt.«

Puuh, ist das etwa von dir?

Das ist von Rilke.

Der hätte in Klagenfurt auch nicht gelesen.

Na ja, den hätte ich hier auch nicht gern gesehen.

Jetzt ist es soweit! Gleich geht es los! Gleich hat Ernst A. Grandits das Wort…

Ich liebe Klagenfurt, im Grunde lieben wir alle Klagenfurt, das sagt nur niemand!

Doch, klar, jetzt haben wir es gesagt!

LUTZ SEILER

Turksib

(Auszug aus einem langen Prosatext)

Die Stöße der Gleise waren jetzt stärker und kamen unregelmäßig; mit ausgestreckten Armen hielt ich mich zwischen den Wänden der winzigen Kabine. Aus dem kotbespritzten Stahlpott dröhnte ein metallisches Winseln und Fauchen herauf, in dem sich ab und zu auch ein Gelächter Luft zu machen schien, das irgendwo im Abgrund, im Schotter des Bahndamms hocken musste und mir wie ein verächtliches *Semeysemey* in den Ohren hallte. Lange konnte ich nicht mehr bleiben, ohne bei meiner Rückkehr etwas erklären zu müssen, das sich im Mund der Übersetzerin sofort verdoppeln und in den Kommentaren des Konsuls verzehnfachen würde.

Selbst in diesem Land war es, soviel ich inzwischen wusste, nicht verboten, einen Geigerzähler zu besitzen, im Gegenteil: Die europäischen Reiseführer empfahlen es, vor allem als ein Mittel zur Beruhigung des Reisenden, da, wie man mitteilte, die messbaren Werte in den allermeisten Gebieten längst wieder unter den zulässigen Grenzen lägen. Ich hatte nie an den Erwerb solcher Technik gedacht oder auch nur an die Möglichkeit ihres privaten Besitzes geglaubt. Um so kostbarer und eigener erschienen mir jetzt das graugrüne, schon etwas abgegriffene Kästchen und die Umstände, unter denen ich es von einem der vermummten Händler, die vor Abfahrt des Zuges den Bahnsteig mit ihren Waren seltsamster Art blockierten, erstanden hatte. Fast alles, was mir dort als »Suhweniehrr!« entgegengestreckt worden war, schien aus den Asservaten und Effektenkammern eines in vollständiger Auflösung begriffenen Reiches und seiner Armee zu stammen. Aber auch dunkle Berge von Fleisch, Tierhäuten, Rosinen, Brot und Nüssen hatte ich gesehen, die in halb geschlossenen Kinderwagen und oft im Dauerlauf über den schneebedeckten Bahnsteig geschoben wurden, hart bis unter die stählernen Tritte der Waggons. Am Ende kam niemand umhin, für irgend etwas zu bezahlen; der Zähler war mein Einlass in den Zug gewesen.

Es hatte mit dem feinen Knattern, seinem Knister- und Schleifgeräusch zu tun, das er verhalten, aber stetig absonderte. Wenn ich ihn näher an mein Ohr brachte, war es mal eine Art melodisches Kratzen, dann wieder ein Schnarren und Wispern, das schwach wie eine dünne Gegenstimme im Fahrtlärm schwebte und jederzeit davon verschlungen zu werden drohte – augenblicklich schossen mir ein paar Tränen über die Wangen. Alle Widrigkeiten meiner winterlichen Reise verblassten vor dem, was die Stimme des Zählers mir offenbar mitteilen wollte. Trotz der hundert Rubel hatte ich nicht wirklich an sein Funktionieren geglaubt, und offensichtlich war, dass er auch nicht so funktionierte, wie er sollte, denn deutlich spürte ich, wie sein Verhalten in mich drang. Gern hätte ich mich ausgestreckt, flach auf dem Boden – ich war gebannt von einem außerordentlich wichtigen, tröstlichen Bild, welches das wispernde Kästchen mir in seiner wundersamen Melodie entgegenhob: Etwas, das ich nicht ganz erfassen konnte, ein Gesicht vielleicht, das noch schemenhaft blieb, eine Maske, unter der beharrlich oder auch nur abwartend geschwiegen wurde.

Ich selbst hatte in den Wochen vor meiner Abreise neben den bereits vorbestimmten Stationen Pawlodar und Karaganda jenen dritten Ort, nämlich Semey, Semey am Irtysch, ins Spiel gebracht. Der Konsul hatte länger als üblich nicht geantwortet. Nur von der Frau des Konsuls war eine kleine Liste eingetroffen, ein paar Dinge, die sie für sich und ihre Familie erbat: einen Adventskranz, Dominosteine und ein Medikament namens Uralyt. Schließlich hatte der Konsul meinem Vorschlag, wenn auch zurückhaltend, zugestimmt. In Semey, schrieb er, solle es dann aber unbedingt das Dostojewskihaus sein – ein idealer Ort für unser Thema; *Städte im Nichts* – der Titel war eine Idee der Übersetzerin gewesen.

Zu den Überraschungen des Konsuls gehörte, dass meine

Auftritte von einem kasachischen Dombraspieler und seiner dreizehnjährigen Tochter begleitet wurden. Die Sängerin, die aufgrund ihrer puppenhaften Erscheinung von der Übersetzerin bald *unsere kleine, glänzende Mumie* getauft wurde, zog die Töne von weit her und dehnte sie dann nach innen. Für diese umgekehrte, tief in den Rachen gedrehte Form des Gesangs stand sie wie angewurzelt, nur ihre Hände gingen durch die Luft, als striche sie vorsichtig über etwas, das sich unmittelbar vor ihr befinden musste. Vollkommen unangebracht schien es mir, die betäubende Stille nach dem Lied mit meiner eigenen Stimme zu durchbrechen: Brasilia, Nairobi, und dann zum Wesentlichen hin, dem Wunder Astana, der »Hauptstadt der Steppe«.

Noch vier-, fünf-, vielleicht zehnmal nahm ich den Zähler vom Waschbecken, schaltete ihn ein und wieder aus, ließ ihn liegen oder presste ihn begierig ans Ohr und versuchte, mich zu konzentrieren. Bald musste ich einsehen, dass das ersehnte Bild durch reine Anstrengung nicht weiter ans Licht zu bringen war. Im Gegenteil. Das knattrige und knirschelnde Gewisper rührte mich schon nicht mehr mit derselben Kraft, schließlich drohte es ganz abzugleiten. Ich verstand, dass ich mich beruhigen musste. So behutsam wie möglich erforschte ich die Funktion der beiden kleineren Kippschalter an seiner Vorderseite. Beide brachten das Kästchen zum Schweigen. Der linke löste stattdessen ein stummes Vibrieren aus; der rechte war offenbar ein Umschalter von akustischem auf optisches Verhalten: Am Kopf des Zählers, meines kleinen Erzählers, wie ich das schnarrende Kästchen jetzt halb scherzhaft nannte – nur, um mich weiter zu beruhigen, um durch die Namensgebung etwas von dem zu bannen, was mir an seiner Technik und ihrer Wirkung nicht ganz geheuer sein konnte – flackerte sogleich ein rotes Lämpchen auf und begann zu blinken; hastig rieb ich das vom Schweiß meiner Hand verklebte Kästchen blank und verbarg es in der Brusttasche meines Hemdes, unter dem Pullover. Jetzt wollte ich sofort in mein Abteil.

Noch ehe ich das leise Schnappen begriff, schlug mir die Tür in den Rücken. Es war jene kleinwüchsige Frau mit der Schildmütze, die der Konsul bei Tisch als *unsere Waggonmama* bezeichnet hatte. Schweigend deutete sie auf ihre goldene Uhr, deren Metallband in einen starken Unterarm schnitt, dann zeigte sie über ihre Schulter hinaus in den Korridor. Während ich mich erneut an den Wänden der Kabine abfangen musste, stand die Waggonmama völlig ungerührt, nur in ihren Knien gab es ein feines, fast unsichtbares Wippen, von dort an aber schienen die Stöße aus dem Untergrund spurlos in ihrem Körper zu verpuffen. Sicher hatte ich einen hilflosen, kränkelnden Eindruck gemacht, denn ohne Weiteres fasste mich die Waggonmama am Arm und zog mich aus dem Klosett in die Flucht des Wagens. Ihre Berührung war mir nicht unangenehm, sie milderte, wie ich sogleich zu spüren glaubte, den drängenden Einfluss des Erzählerkästchens, weshalb ich mich widerstandslos abführen ließ.

Die Frau war von so geringem Wuchs, dass ich, während wir gingen, über ihre moscheeartig aufgebeulte Schildmütze hinweg ins Freie sehen konnte. Im Schutz des Bahndamms stach ein dünnes, gold glänzendes Gestrüpp aus dem Schnee; vor der untergehenden Sonne schwebte ein einzelner Reiter. In der Leere, die ihn umgab, schien er ein wenig zu groß geraten, dabei scharf umrissen wie eine Attrappe, die man auf der Linie zwischen Himmel und Erde langsam schaukelnd vorwärts schob; hier wisse man nie, wie weit man schaut, hatte der Konsul gesagt.

Am Speisewagen umfing uns ein Dunst verbrauchter Atemluft; es roch nach Quark und gebratenem Fett. Heimkehr des verlorenen Sohnes am Haken der Waggonmama – lachend füllte die Übersetzerin unsere Gläser und erklärte, dass die anderen, der Konsul, die kleine, glänzende Mumie und ihr Vater zunächst noch gewartet, sich dann aber in ihre Abteile verabschiedet hätten; ihr kurzes, wasserstoffblondes Haar leuchtete, nur der Nacken, den es freiließ, war von einem dunklen Flaum überschattet.

Ich trank, ich krümmte mich, etwas Fremdes brannte sich ein – *Atmen! Atmen!* rief die Übersetzerin, man müsse einfach schneller atmen, hecheln gewissermaßen, wie bei einer Geburt, erst dann stelle sich das richtige Gemisch im Körper her. Wie man am besten *nachatmete*, demonstrierte sie selbst, indem sie sich erhob, streckte und ihre furchtlosen Augenbrauen weit nach oben zog. Während sie schluckte und pumpte, gingen ihre Schultern auf und ab, was ihren Oberkörper in eine faszinierende Bewegung brachte. Behutsam strich ich über meinen Pullover, so lange, bis ich durch die locker gestrickte Wolle das rote Lämpchen des Erzählers blinken sehen konnte; einen Moment war mir vorweihnachtlich zumute, aber jetzt musste ich gehen. Mit einem Ruck richtete ich mich auf, fiel jedoch sogleich wieder zurück auf meine Bank, der Gang war versperrt.

Ein Uniformierter verlangte unsere Pässe, ein anderer machte eine Film-aus-der-Kamera-reißen-Geste, doch die Übersetzerin lachte und berührte mich am Arm: Ob ich wüsste, dass es im Lied der kleinen Mumie um die Liebe zur Steppe gegangen sei, die jede andere kasachische Sehnsucht überträfe. Ob ich wüsste, dass hier jeder Tod schon zu Lebzeiten ein Lied nach sich zöge, denn jeder Steppenbewohner müsse Sorge tragen für sein eigenes Klagelied. Täte er es nicht, würde nichts gesungen, alle säßen nur stumm zu Füßen des Toten, aber dann könne der Tote nicht zur Ruhe kommen, dann bliebe er auf immer etwas schuldig.

Ich war erschöpft; inzwischen lächelte ich zu allem, doch dieses Lächeln kostete Kraft, und es war schwer im Zaum zu halten. Unweigerlich wurde etwas Falsches daraus, und noch ehe seine Falschheit sichtbar werden musste, ergriff ich – viel zu hastig – die Hand der Übersetzerin.

An den Haltestangen, die kalten, matt beleuchteten Wände entlang, tasteten wir uns voran. Den Beginn jedes neuen Korridors verengte ein Ofen, der zum Beheizen der Abteile diente, daneben der Samowar. Sein Kessel war eingebunden in ein Geflecht aus Rohren und Ventilen, wo pausenlos ein fettig schillernder Dampf austrat, der den Gang hinunterwaberte. In der Befürchtung irgendeiner Berührung, von etwas Feuchtem, Lebigem vielleicht, das es auf der Stelle abzuschütteln gälte, hielt ich die Lippen fest aufeinandergepresst, dann, einen Ellbogen vor dem Gesicht, tauchte ich ein in den Nebel.

Langsam gewöhnte ich mich an das schwankende Dunkel.

Jetzt war ich es, der vorausging, um das schwere, halb vereiste Türblatt aufzustoßen und für den Moment zurückzuhalten, in dem die Übersetzerin, leicht geduckt, unter meinem Arm hindurchschlüpfen konnte. Eine Geste, die von Tür zu Tür verblasste und mich unausweichlich zu einer faden Figur werden ließ, besonders dort, wo mir die wenigen Schritte durch die tosenden Übergänge zwischen den Wagen genügen sollten, der Übersetzerin wiederum zuvorzukommen.

Ich strauchelte, rammte gegen etwas am Boden, zwei oder drei Beine, die plötzlich wie gefällte Baumstämme in den Gang ragten. In manchen Waggons herrschte eine Finsternis, dass ich das dunkelrote Blinken des Erzählerkästchens unter meinem Pullover mühelos erkennen konnte.

Zwei Drittel des Wagens blieb ich zurück, dann setzte ich zum Überholen an. Zeitweise wurde ich wie von selbst in langen Stößen durch den Gang getragen, bald aber musste ich einsehen, dass es nötig war, in kürzeren Schritten zu gehen, damit der Korridor sich nicht losmachte vom Fuß und unter mir hinwegraste. Deutlich fühlte ich den Blick der Übersetzerin im Nacken; ich glaubte mich verglichen, verglichen mit einem anderen, mit einer ganzen Zahl von anderen vielleicht, die alle in weiter Ferne waren, nicht hier, in einem Nachtzug namens Turksib, einer Karawane vorsintflutlicher Blechkarossen, auf einem Gleis namens Seidenschiene, das mitten durch die Steppe schnitt, von Orient zu Okzident, wie es der Konsul gern sagte.

Etwa zwanzig Waggons oder mehr hatten wir bereits durchquert, als ich erkannte, dass ihre Nummerierung keiner Regel folgte: Der Zug musste unterwegs gewachsen sein. Korridor um Korridor fügte sich zu einem provisorischen Schacht, der in eine zähe, ältere Zeitform zu führen schien. Durch die verschraubten Fenster, so angestrengt ich immer wieder in ihren verkrusteten Spiegel, in das graue, schmutzige Gewirr von Eisblumen gestarrt hatte, die im Laufe der Fahrt wie ein Ekzem über die Flanke des Wagens krochen, war kein einziges Zeichen, nichts von einem Leben draußen herübergeblitzt. Kein Mond, keine Sterne, nur mein müdes, wesenloses Ich schaute immer herein und wankte mit mir durch den Tunnel: Die untersetzte Gestalt, die breiten Schultern, zwischen denen der Herzschlag des Erzählers blinkte, vom Vibrieren der Scheibe verzittert zu einem faustgroßen, dunkelrot leuchtenden Schwarm, und auf Augenhöhe ein Gesicht, das entfärbt und ohne erkennbaren Ausdruck neben mir schwebte – so überholten wir die Übersetzerin.

Schnee stäubte über die Stahlbleche zwischen den Wagen. Ein Frösteln wuchs auf meiner Haut und legte sich vom Rücken her wie ein kaltes, balsamierendes Tuch um den Hinterkopf, wo ein wunderbarer Helm daraus wurde, der sich angenehm verschob, wenn ich meine Augenbrauen nur um eine Winzigkeit nach oben zog.

Unschlüssig standen wir vor unseren Kabinen; der Wagen schlingerte durch eine Kurve, ich versuchte, meine Arme zu verschränken, um das Blinken des Kästchens besser zu verbergen, einen Schritt wich die Übersetzerin zurück.

Zwei halb uniformierte Gestalten waren im Wasserdampf des Samowars aufgetaucht; einen Moment hielten sie inne, dann schoben sie sich langsam in den Korridor. Offenbar warteten sie darauf, dass man sie endlich bemerkte und ihr Näherkommen guthieß. Der hintere, kleinere Mann drängte den größeren vor sich her, der sich aber noch zu sträuben schien und mit einer halben Verbeugung sowie einem vorsichtig gerufenen *Salam alaikum!* schon aus der Ferne entschuldigen wollte für die Störung. Ich versuchte, nicht zu lächeln; ich dachte daran, mit einem Sprung in mein Abteil zu fliehen, aber jetzt rückten beide rasch näher. Im ersten Mann erkannte ich den Heizer, im anderen den Kondukteur unseres Wagens; sporadisch tauchte sein erwartungsvolles Gesicht links oder rechts vom großen Körper des Heizers auf, blieb die meiste Zeit aber hinter ihm verborgen.

Vorsichtig deutete der Heizer auf mich: *nemetzki?!* Noch ehe ich etwas antworten konnte, schlug er die Hacken seiner Stiefel zusammen, die Arme hielt er angewinkelt, das Kinn etwas erhoben, sein kindliches Gesicht wurde abweisend und streng. Ich versuchte ein kleines, uns alle entschuldigendes Lachen. Ich bat die Übersetzerin, dem Heizer, der uns um Kopfeslänge überragte, zu erklären, dass er mich nicht auf diese Weise grüßen sollte, dass ich selbst, wenn er es genau wissen wolle, lediglich den Rang eines Gefreiten der Reserve innehielt, Reserve einer längst untergegangenen Volksarmee, ein Dienstrang, der mit Sicherheit unter dem eines Heizers der berühmten Turksib liegen musste – dabei berührte ich mit zwei Fingern das schmutzigsilberne Schulterstück, das halb lose von seiner blauen Uniformjacke herunterhing.

Noch während ich sprach, hatte der Heizer die Lippen gespitzt; seine fein von Ruß umsäumten Augen fixierten meinen Mund, doch die Übersetzung erreichte ihn nicht mehr. Erst, als rutsche Kohle nach in seinem Tender, dann mit einer mühselig aus der Tiefe schürfenden, die Vokale überdehnenden Stimme und ohne sich auch nur im Geringsten aus seiner angespannten Haltung zu lösen, begann er zu sprechen:

Ihrrweiss niehrrt, wahs sohlbe deute,
dass ihrrsoo trau riehrrtbien,
eimährre aussallteseite …

Etwas hakte und stockte in seiner Brust. Nur seine gesprungenen Lippen blieben in stummer Bewegung, sein harter, schmaler Mund öffnete und schloss sich unentwegt, bereit, dem, was fehlte, sobald es hervorschießen würde, eine Form zu geben. Doch so sehr er sich auch weiterhin dehnte, seinen mageren Hals sehen ließ, auf die Zehenspitzen ging und das Kinn noch höher über uns hinaus ins Gewölbe, zur blauen Nachtlampe des Wagens streckte, als müsse er nur noch dort hinauf – der Reim auf »trau riehrrtbien« wollte ihm nicht auf die Zunge.

In seinem gestrafften, vom Schein der Lampe wie erfunden schimmernden Gesicht zuckte es, die nicht zu schließenden Lippen entblößten den weißglänzenden Streif einer vordrängenden Zahnreihe: »Eimährre aussallteseite …« – ächzend, andauernd, und wie unter zu großer Last wiederholte der Heizer die Zeile. Besorgt berührte mich die Übersetzerin am Arm, doch ich deutete auf den Heizer, überzeugt, dass es in jedem Fall angebracht und nicht nur eine Frage des Anstands oder des Feingefühls war, wenn dieser die Gelegenheit behielt, aus eigener Kraft zu vollenden.

In der rasch bis unter die Haut wachsenden Anspannung aber, die von dem Fehlenden, dem mit ganzer Wucht Vermissten ausging, war auch mein eigener Mund in Bewegung geraten; tonlos sprach ich das gesuchte Wort zwischen uns hin, immer wieder, gerade gegen die Brust des handbreit vor mir versteinerten Mannes, als hätte ich dort durch stumme Wiederholung etwas einzuflüstern vermocht. Noch ohne es zu bemerken, hatte ich dabei die gestreckte Haltung des Heizers angenommen, sodass wir uns bald wie zwei zu militärischer Ehrenbezeigung verpflichtete Träger eines jeweils minderen Dienstranges gegenüberstanden, die – so konnte ich es wenigstens später sagen – mitten in ihrem Gruß aus der Zeit gefallen waren.

Eine schwer durchatmete Dauer blieben wir gefangen in einer Art Fischgesang, der zwischen mir und dem Heizer, meinem und seinem Ufer hin und her wogte und nirgendwo Land gewann – noch einmal und drängender fasste mich die Übersetzerin am Arm, und endlich begriff ich es: Dies war *sein* Lied. Sein eigenstes, auswendig aufbewahrtes; jenes, das der Heizer, nachdem es ihm, woher auch immer, einmal zugeflogen war, zu seinem persönlichsten, posthumen, *seinem* Klagelied erwählt hatte – wie sonst sollte der unerbittliche, beinah verzweifelte und selbst im Stocken nicht nachlassende Ernst seines Auftritts zu verstehen sein?

»Das-kommt-mir-nicht-aus-dem-Sinn« – fast hatte ich es geschrien, den Korridor des dahindonnernden Schlafwagens hinunter, eine Befreiung, ein Weckruf, vor dessen posaunenhafter Heftigkeit ich selbst erschrak. Augenblicklich fand ich mich in den Armen des Heizers. Kraftvoll zog er mich ein Stück zu sich hinauf, während er, als sei der entscheidende Sieg errungen, ein ums andere Mal den Vers wiederholte: »Koohmt-nierrh-aus-Sienn«. Dann stieß er mich fort, aber nur, um mich sogleich wieder einzufangen und auch gegen seine andere Wange zu pressen.

Der Kondukteur, der sich im Rücken des Heizers gehalten hatte, klatschte triumphierend in die Hände und lachte, während ich versuchte, meinen Körper dem Dank zu entwinden – behutsam, um die Feierlichkeit des Augenblicks nicht zu verletzen. Ich lächelte, und einen Anfall von Übelkeit niederringend, hielt ich dem Heizer das Lob seiner Aussprache entgegen; ich lobte die Steppe, die Turksib, Seidenstraße und Seidenschiene, das Land und das Rauchloch der Jurte, die, das wüsste ich doch, inmitten des Wappens – also der Ofen im Zentrum, der Heizer … Die Übersetzerin, die aufmerksam an meiner Seite geblieben war, formte Sätze aus meinem Gestammel, Sätze, die aus einem einzigen Rachenlaut auf »a«, einem langen *rrhaaarrhaaarrhaaa* zu bestehen schienen, und rief sie dem Heizer simultan ins Ohr – doch die Umarmungen fanden kein Ende.

Rhythmisch wurde meine Nase links und rechts auf oder unter die losen, silbernen Schulterstücke gedrückt; ich spürte das warme, unrasierte Kinn des Heizers an meinem Hals, dazu Lippen und ihre murmelnde Feuchte auf Ohr und Wange, begleitet von einem dunklen Verschlusslaut, der überging in ein kurzes, unterdrücktes Schluchzen: »Koohmt-nierrh-aus-Sienn«; ich erzitterte. Ein Herzrasen machte mir die Brust eng. Aber es brauchte nur einen Moment, bis ich begriff, dass die Umklammerung des Heizers den Erzähler umgeschaltet und damit zum Vibrieren gebracht hatte. Ich schloss die Augen, ich sah ein träges, sich durch den allzu schmalen Korridor des Wagens wiegendes Paar … Aber jetzt war es zu spät.

Eine maßlose Gereiztheit hatte mich erfasst, ein Hass sogar, wie ich zugeben muss, der unmittelbar in meine Fäuste zu strömen schien. Schon sah ich meine Rechte, sie kam von unten, ich sah sie, es war wie in einer grafischen Darstellung oder im Traum … der Schlagarm schießt gestreckt nach vorn, Handrücken und Unterarm bilden eine Linie … sie flog in das bläulich glänzende Gesicht, direkt auf den sprechenden Mund des Heizers, mitten in sein nächstes, unweigerlich herauffahrendes »Koohmt-nierrh-aus-Sienn«, sie zerschlug den Vers, ohne Vorbereitung, ohne Umschweife, sie spaltete ihn und zwar für immer.

Panisch rief ich mir Begriffe wie »Begegnung«, »Religionen«, »Gastland«, »Befreier«, »Baikonur« und »Amur« ins Gedächtnis und augenblicklich, als hätte ich irgendwo auf meiner ziellosen Jagd tatsächlich das Zauberwort getroffen, offenbarte sich etwas Vertrautes: Im sauren, meine Nasenschleimhäute beizenden Geruch der Heizeruniform, aus den Ingredienzien dieses atemberaubenden Dunstes erstand das alte Sowjetkasino. Ich roch das Waffenöl und das Linol unterm Knie, ich roch die Lappenbinde über den Augen, die Bestzeit, den Wettkampf, das Feder!-Stange!-Kolben!-Zylinder! – die bedeutsame Schwere jedes einzelnen Teils in der Hand und den Hocker vor der Brust …

So absurd der Glaube an eine gemeinsame Vergangenheit bis heute erscheint, er besänftigte mich: Konnte es nicht sein, dachte ich, dass dieser Heizer, der vielleicht einmal ein Waffenbruder gewesen war, schon lange, längst und unter Umständen so verzweifelt wie ich, nach einem Abschluss unserer Begegnung suchte, ihn aber einfach nicht fand? Und wenn, lag es dann nicht bei *mir*? War ein Zeichen, eine Geste verlangt, vermutlich gab es ein Gesetz, ein bestimmtes Ritual, seit Unzeiten verankert in der Kultur des Heizers, fremd, aber unabdingbar? Noch einmal, umschlossen bereits von Vergeblichkeit, versuchte ich, mir etwas Luft zu verschaffen. Wie unvorbereitet aber war ich, als plötzlich der Heizer selbst mich mit einem erschöpften, tief seufzenden »Koohmt-nierrh-aus-Sienn« aus seinen Fangarmen stieß, und mir, sicher nur in der Verlegenheit, nun allein ein Ende erfinden zu müssen, einen Kuss mitten auf den Mund gab.

Dann ging alles sehr schnell. Ein dumpfer Knall, und einen Moment schwebte ich, einzig mit dem Heizer als Halt, in der Luft des Korridors … *Atmen!, Atmen!* hörte ich es rufen, aber schon wie von fern, dann kehrte Ruhe ein und Dunkelheit.

Noch heute kommt es mir wie ein Wunder vor, dass sich niemand ernsthaft verletzte. Der jähe Stoß, ein gewaltiges Aufbuckeln unter den Füßen, hatte uns gegen die rückwärtige Wand des Korridors geschleudert und zu Boden geworfen. Dabei war der Heizer, auch wenn er es noch so gewollt hatte, nicht imstande gewesen, seinen Kuss mit der gebotenen Flüchtigkeit zu lösen. Im Gegenteil. Seine Zähne hatten sich fest zwischen meine Lippen gedrückt, und in der beschämenden Hilflosigkeit, die der Heizer und ich jetzt teilten, war deutlich zu spüren gewesen, wie ein Schwall seines warmen, kohligen Atems in mich stieß, an dem ich – orientierungslos und überwältigt – immer noch schluckte, würgte und schluckte.

Als die Turksib uns endlich aus ihrer Gewalt entließ, wuchtete ich mir, fast ohne Besinnung, den steifen Körper des Heizers vom Leib, zu heftig vielleicht, denn er stürzte gegen die Tür eines der Schlafabteile. Einer altbekannten Halluzination gleich, tauchte daraus der Dombraspieler auf, kaum bekleidet und wie gerahmt stand er im Eingang seines Coupés, vor dem, lang ausgestreckt, der Heizer lag. Da der große Mann aber vollkommen stumm blieb, begann er bald auf ihn einzubrüllen. Ich schluckte, ich versuchte zu atmen, ein paar Tränen rannen mir über die Wangen.

Verschwommen, durch die halb geöffnete Tür des Coupés, sah ich unsere kleine, glänzende Mumie liegen. Das linke Bein hatte sie ein Stück neben der Decke ausgestellt und angewinkelt. Zunächst war dieses Bein gleichmäßig hell, fast weiß, wie ein Ausschnitt von Papier, welcher das wenige Licht, das vom Gang ins Abteil fiel, reflektierte; dann, ganz an seinem untersten Ende, knapp über dem Laken, ging das Weiß wie fein gestrichelt über in einen dunklen Rand.

An diesem Rand tauchte das Gesicht der Übersetzerin auf. Sie kniete jetzt an meiner Seite, langsam schob sie einen Arm unter meinen Kopf, wobei sie unentwegt übersetzte: die sogenannten Seidenriffe… siebzig Jahre, nie verschweißt… verweht, das Eis… schon Schlimmeres, das heißt… bittet um Verzeihung für den Heizer… Staunend, mit weit geöffneten Augen sank ich zurück, und etwas Kühles strömte über meinen Körper, ein weicher, klarer Wellengang.

Weit über mir, in einer seltsamen Höhe, sah ich den Kondukteur, wie er wütend in den Rücken der Übersetzerin sprach, dabei eine Faust zum Ende des Korridors hin schüttelte, wo sich der Ofen befand, obwohl der Heizer jetzt unmittelbar neben ihm stand, hilflos, mit glühender Stirn und noch immer den Angriffen des halbnackten Dombristen ausgesetzt; ich schloss die Augen, ich würgte, doch unweigerlich sickerte das Gefühl eines unbegreiflichen Verlusts in mich ein… Gerade im Winter, gerade bei diesen Temperaturen, minus dreißig… vierzig… fünfzig… der Kondukteur steigerte sich, die Übersetzerin hatte Mühe, ihm zu folgen und übersetzte alles sehr behutsam zu mir hinunter. Ich schaute zu ihr hinauf, nur hinauf, ich schluckte, verwundert, jetzt kam sie mir schön und bekannt vor, ein Gesicht, so dachte ich, nach dem ich mich sehnte, vielleicht schon immer gesehnt hatte. Vorsichtig betastete sie meine Stirn, dann meine Brust, und erst unter der besorgten Hand der Übersetzerin spürte ich, dass der Erzähler verstummt war.

Benommen raffte ich mich auf, trat vor, aber noch ehe ich dazu beitragen konnte, das Unrecht endlich einzudämmen, das dem Heizer geschah, schwang sich der Dombrist mit einer konfuartigen Bewegung in sein Abteil zurück. Als ich mich umwandte – jede meiner Handlungen hatte sich sonderbar verlangsamt – waren auch der Kondukteur und der Heizer beinah ganz verschwunden; grußlos und eilig strebten sie, eng beieinander, den vernebelten Korridor hinunter und lösten sich auf im Wasserdampf des Samowars.

Die Liegeplätze im Abteil waren schmal, und ich benahm mich ungeschickt. Es fiel mir schwer, mich zu beruhigen; ich schmeckte den Heizer, ich sah, wie er die Feuerklappe aufriss und ohne Halt Kohle in seinen Ofen warf; ich schluckte, ich atmete, schnell und tief, aber etwas blieb, etwas, das fortglomm, das sich nicht herunterschlucken ließ, *nie wieder,* wie es mir sinnlos durch den Kopf schoss. Dann spürte ich die Hand der Übersetzerin auf meiner Schulter, besänftigend schob sie mich von ihrem Bettgestell. Sie selbst kniete jetzt darauf, wobei sie sich von mir abkehrte und eine Wange ins Polster der Rückwand schmiegte. Langsam trat ich an sie heran, und während sie die feinen, regelmäßigen Schwingungen des Wagens in sich aufnahm, sein leichtes Schaukeln und Schwanken und auch die festeren, unregelmäßigen Stöße der Turksib, für die ich mich an ihren Hüften hielt, geschehen ließ, entdeckte ich im Spalt zwischen den Gardinen, vor dem Fenster des Abteils, eine Flut von dunkelroten Punkten – aber das war nur ein Schweif von Glut, der den Waggon umhüllte.

Aus der Diskussion der Jury zu Lutz Seiler

Karl Corino: Wir haben bei diesem Wettbewerb wenige Texte, die auf einem vergleichbaren stilistischen Niveau angesiedelt sind. Am eindruckvollsten ist natürlich die Heizergeschichte und die Art, wie Lutz Seiler sowohl das Schweigen als auch die Töne, das Singen in Bilder verwandelt. Das hat mir sehr imponiert. Ich habe mir zwei Beispiele aufgeschrieben, an denen ich das gerne demonstrieren möchte. Erstes Beispiel: »Eine schwer durchatmete Dauer blieben wir gefangen in einer Art Fischgesang, der zwischen mir und dem Heizer, meinem und seinem Ufer hin und her wogte und nirgendwo Land gewann.« Das zweite Beispiel beschreibt den Gesang der kleinen, glänzenden Mumie: »Sie zog die Töne von weit her und dehnte sie dann nach innen. Für diese umgekehrte, tief in den Rachen gedrehte Form des Gesangs stand sie wie angewurzelt, nur ihre Hände gingen durch die Luft, als striche sie vorsichtig über etwas, das sich unmittelbar vor ihr befinden musste.« Das ist ein hochparadoxer und doch ungemein plastischer Vorgang, den Seiler hier schildert. Auch der Sterbegesang des Heizers ist sehr eindrucksvoll. Bezeichnenderweise hat dieser Heizer nun ausgerechnet Heines Loreley als sein letztes Lied ausgesucht, obwohl es in der Steppe weit und breit keinen Felsen und schon gar keine blonde Loreley gibt, die mit ihrem Gesang die Fischer betört. Mir kommt der Textausschnitt im Nachhinein schon fast wie eine heimliche Hommage an den »Heizer« Wolfgang Hilbig vor. Um auf einen kleinen Vorgang bei dessen Beerdigung anzuspielen: Katja Lange-Müller hat Wolfgang Hilbig ein Brikett nachgeworfen. Ich glaube, das sollte man bei diesem Heizer eines Tages auch tun.

Iris Radisch: Es ist ein auf vielen Ebenen großartiger, ganz dichter Text. Es ist wie ein Märchen aus uralter Zeit, das aber von etwas berichtet, das es tatsächlich gab. Da ist das Reich, die Karawane, die Steppe, da ist die Turksib, also diese alte Bahn – all das gibt es und kann mit den Sinnen erfasst werden, wie die Nebelschwaden und das Ofenglühen, und trotzdem ist es fast schon ein Nachruf. Dieser Übergang von sinnlicher Wirklichkeit zum Mythos, zum Märchen, ist wunderbar gestaltet. Natürlich schwingt auch diese Hommage an Hilbig mit. Wie Vieles mitschwingt, es gibt keine festen Identitäten, sondern Bedeutungen. Das macht den Text zur lyrischen Prosa. Man kann sagen, es gibt zu allem einen weiten Bedeutungshof, es kann durchaus Hilbig gemeint sein, aber natürlich auch ein Mensch, ein Künstler, ein Sänger aus einem untergegangenen Reich, in dem man zum Beispiel Züge noch mit Kohle heizte. Das alles ist möglich. In seinem Kurzporträt sprach Lutz Seiler von dem Hallraum. Hinzu kommt das große und gewichtige Motiv des Geigerzählers, zu dem man viel erzählen könnte. Der Geigerzähler ist eigentlich dazu da, radioaktive Strahlen zu messen, was in diesem Gebiet natürlich eine realistische Bedeutung hat, weil die Orte, die hier genannt werden, in der Tat durch Atomtests der Sowjetunion verseuchte Gebiete sind. Das ist das eine. Der Geigerzähler ist aber auch der Erzähler, wieder ein weiter Hof, der sich in das lyrische Werk von Lutz Seiler weiterspinnt. Er ist einer unserer bedeutendsten Lyriker, und der Geigerzähler kommt in seinen autobiografischen Gedichten ebenfalls vor, das Geigerzählerherz des Vaters beispielsweise, weil der Vater im Uranbergbau war. Es gibt viele solcher Anklänge, und ich finde es wunderbar gemacht, wie sich die verschiedenen Bedeutungsschichten aneinanderreihen wie in einem Gedicht.

Martin Ebel: Ich bin mit meinen Vorrednern einig, dass es ein dichter, ein poetischer Text ist, und ich möchte eigentlich nur noch einen weiteren Aspekt nennen: Es gibt ja ein

Thema, den Kulturaustausch. Da geht jemand in eine fremde Welt und soll Brückenbauer und Vermittler sein. Man gibt ihm Hilfstruppen mit, das ist ein bisschen kurios. Man kann das ironisieren, aber hier geht es um etwas ganz anderes. Es geht es um die zunehmende Fremdheit in einer fremden Welt und die ist nicht nur als kasachische Welt fremd, sondern sie wird in einer surrealen Weise verfremdet. Für mich ist der Protagonist in diesem Stück nicht der Heizer und auch nicht der Erzähler oder der Dombraspieler, sondern die Turksib selbst. Die Turksib führt diese Verfremdung allmählich herbei. Zum einen gibt es die Zeitverwirrung, die schon genannt wurde, denn man hat es einerseits mit den uralten kasachischen Bräuchen zu tun, zu denen dann andererseits der Geruch des DDR-Kasinos oder vom sowjetischen Offizierskasino und so weiter hinzukommen. Noch spannender finde ich allerdings die Raumverwirrung. An einer Stelle heißt es »Man weiß nie, wie weit man schaut.« Die Räume draußen sind also vom Erzähler nicht mehr einzuordnen. Es ist diese endlose Ebene. Später heißt es: »Der rollende Zug ist wie ein Tunnel«, er fährt also nicht in einen Tunnel, er ist selbst ein Tunnel. Dann scheint dieser Zug zu wachsen wie in einem Albtraum. Es kommen mehr Wagen dazu, als man durchqueren kann. Aber der Erzähler sagt, er müsse kürzere Schritte machen, damit der Korridor nicht unter ihm wegläuft. Es wird immer surrealer, immer fremder. Schließlich ist der Zug ein Schacht, der in eine ältere Zeitform führt, und auf der Handlungsebene sorgt der Zug für eine ganz neue Form der Vereinigung, nämlich vom Erzähler und dem Heizer. Durch einen Stoß bringt er die beiden zusammen, und wenn ich das richtig gelesen habe, führt der Zug am Schluss auch den Erzähler und die Übersetzerin zusammen durch die Stöße im Waggon. Das alles zusammen finde ich unter dem Aspekt des Kulturaustauschs außerordentlich geschlossen und sehr gelungen.

Daniela Strigl: Man muss schon einen ziemlichen Anlauf nehmen und einen Sprung wagen von den eher in unserer normalen städtischen Gegenwart angesiedelten Texten auf diesen mythischen Zug! Also, man muss sich abstoßen, glaube ich, und auch als Leser etwas riskieren, denn es ist eine ganz andere Sprache, da hat alles viel mehr Gewicht, aber wenn man sich das traut, wird man belohnt. Es ist ein sehr raffinierter Text, wahrscheinlich ist er viel raffinierter, als wir es hier in einer halben Stunde ausloten können. Wie da mit dem Geigerzähler umgegangen wird, das ist schon sehr vielschichtig. Ich glaube, man könnte die Szene mit der Übersetzerin, der er im Zug nachläuft und die er versucht zu überholen, auch als das Problem von Sprache und Übersetzung lesen. Also man kann alles für bare Münze nehmen oder auf einer höheren Ebene interpretieren, man kann es als realistische Szene lesen oder als Traum oder Mythologie, und das ist natürlich ein gefundenes Fressen für alle Kritiker und Germanisten, das ist ganz klar, weil man mit dem Lesen und Deuten nicht fertig wird!

Ilma Rakusa: Ich bin von dem Text auch sehr angetan, vor allem wegen dieser vielen Ebenen, die schon angesprochen wurden. Er ist einerseits unglaublich präzise, alles hat eine fast schon faktografische Genauigkeit; die Atomversuche zum Beispiel: Lutz Seiler weiß genau, wie viele es davon gegeben hat. Zugleich gibt es die mythische Ebene, die märchenhafte, die liedhafte Ebene wie bei dem Loreley-Gedicht. Es gibt so viele Anspielungen, die sich auf das Gedicht beziehen, Wellenbewegungen, die sich sozusagen von diesem Gedicht aus in alle Richtungen verbreiten, nicht nur zu dem Heizer. Übrigens, auch das ist exakt, also ich kenne Russland und die Sowjetunion ganz gut, Heine war unglaublich beliebt und viele, auch einfache Leute konnten Heine-Gedichte auf Deutsch im Original zitieren, andere in der Übersetzung, das ist nicht einfach aus der Luft gegriffen. Aber gleichzeitig bekommt die Reise diese märchenhaften Züge, dadurch entsteht Tiefe, Vieldimensionalität. Eine sehr schöne Stelle findet sich auf Seite 11: »... sie zerschlug den Vers, ohne Vorbereitung, ohne Umschweife, sie spaltete ihn und zwar für immer.« Dann kommt diese gewisse Vertrautheit mit dem Heizer, in der natürlich auch Erinnerungen an DDR-Zeiten auftauchen: die ganze Ambivalenz im Verhältnis zwischen Deutschen und Russen. »Im sauren, meine Nasenschleimhäute beizenden Geruch der Heizeruniform, aus den Ingredienzien dieses atemberaubenden Dunstes erstand das alte Sowjetkasino. Ich roch das Waffenöl und das Linol unterm Knie, ich roch die Lappenbinde über den Augen, die Bestzeit, den Wettkampf, das Feder!-Stange!-Kolben!-Zylinder! – die bedeutsame Schwere jedes einzelnen Teils in der Hand und den Hocker vor der Brust.« Da tun sich wirklich Echoräume auf. Also es gibt Vertrautheit, es gibt Fremde, und so könnte man eigentlich über jeden Passus reden oder über das Gesamte und wie es motivisch miteinander verbunden ist. Ich lasse es dabei.

Klaus Nüchtern: Man sieht, der Text, und das meine ich wirklich nicht despektierlich, weckt so ein bisschen die hermeneutische Geilheit. Es macht einfach Spaß, diese Räume abzuschreiten, nach Echos zu suchen, und dabei festzustellen, man kommt irgendwohin, es wird einem etwas gegeben. Hier ist eine ästhetische Konsistenz vorhanden, die in anderen Texten, in denen man auch herumgeheimnissen kann, eben nicht vorhanden ist. In Bezug auf den Heizer liegt auch Kafka nahe, den kann man immer rausholen, das ist nie ganz falsch.

Karl Corino: Bringt aber in dem Fall nichts.

Klaus Nüchtern: Kafka geht immer. Auch in Bezug auf diese Fremdheit von Leuten, die sich anderswo nicht zurechtfinden und sich dann ganz schlecht benehmen, wie der Mann, der ins Schloss kommt und dort die Hierarchien und Regeln nicht versteht und sich mit den Gehilfen danebenbenimmt. Ein tapsiger Mensch. Bei Seiler hat dieses Aneinanderstürzen, diese körperliche Nähe etwas gleichermaßen Slapstickhaftes wie Unangenehmes, denn der Erzähler wird ja, wenn auch unfreiwillig, abgeschmust. Das wird geradezu körperlich erspürbar. Dieses kleine Detail soll meinen Spaß an dem Text illustrieren. Das Stichwort ist natürlich das Übersetzen. Da gibt es eine tatsächliche Übersetzerin, aber letztendlich ist auch der Erzähler, nämlich der Geigerzähler, ein Übersetzer, weil er nämlich Signale, entweder akustisch oder visuell übersetzt, und in beiden Fällen funktioniert die Übersetzung nicht richtig, es gibt ständig Übersetzungsstörungen.

Ijoma Mangold: Ich fand diesen Text auch sehr eindrucksvoll, aber nicht nur eindrucksvoll, sondern auch komisch oder in gewisser Hinsicht burlesk, weil er das Projekt der Moderne, nämlich interkulturelle Kommunikation, auf ganz köstliche Weise kollabieren lässt und ebenso die Idee von Aufklärung, dass immer dort, wo Mythos war, Klarheit, Logik oder Vernunft sei. Das funktioniert nun gerade nicht, sondern das umgekehrte Ergebnis kommt aus der Konfrontation mit dem Anderen, dem Fremden hervor, nämlich so mythisch starke, archaische Gefühle wie Ekel, Widerwille und geradezu körperliche Abneigung. Mit diesem Moment arbeitet der Text natürlich als Ganzes und da gibt es für mich noch zwei Fragezeichen: Dieses Moment des Ekels ist fast wie ein Aroma zu spüren, das ist der Mundgeruch des Heizers, der einem direkt ins Gesicht schlägt. Der Text selber schafft, und da erkennt man den Lyriker Lutz Seiler, quasi starke Textaromen. Man hat das Gefühl, dieser Text ist dicht wie die Luft auf einem arabischen Bazar, wo die verschiedensten Gewürze herumliegen, deren Düfte sich verbinden. Ich bin mir allerdings nicht ganz sicher, ob diese Intensivierung der Eindrücke nur deswegen möglich ist, weil wir hier nicht mehr als einen Ausschnitt vor uns liegen haben. Ähnlich scheint mir auch das Problem mit dem Geigerzähler, der natürlich hinreißend eingesetzt wird. Der Geigerzähler als der Motor der Erzählung, der aber gleichzeitig von dem Protagonisten ständig versteckt werden muss und trotzdem offensichtlich immer durchblinkt, weil er seine Mitteilungsart, sein Medium gewissermaßen wechselt und auf das Visuelle umschaltet und an Herzensstelle durchschimmern kann. Dieses Motiv ist verlockend und verführerisch. Ich weiß nicht, ob das noch funktionieren würde, wenn man diesen Text als ganzen, als abgeschlossenen sehen würde, denn dann würde man vermutlich immer fragen, wie er für das Ganze der Erzählung funktionalisiert ist. Ich glaube, einige Momente an Intensität funktionieren einfach deshalb gut, weil sich der Text weder um sein Vorher noch um sein Nachher kümmern muss.

André Vladimir Heiz: Es gibt an diesem Text etwas unglaublich Magisches. Obwohl er sämtliche Referenzen mitliefert und selbstverständlich unseren Hunger nach Bildern stillt, die wir von Literatur erwarten, ist er viel brachialer und ursprünglicher, als man meint. Man muss das alles, was die Runde hier einbringt, gar nicht wissen, um ihn zu verstehen. Er produziert durch das Erzählen selbst seinen Eigensinn. Das ist absolut faszinierend. Das ist auch weniger visuell, denn synästhetisch, ja geradezu physisch wird man mitgenommen. Man kann das Geschehen auch nicht zusammenfassen, man muss sich nicht einmal darüber aufhalten. Mitgenommen wird man durch den Geigerzähler eben wirklich physisch. Es handelt sich um eine körperliche Produktion von Sinn durch den Vorgang des Erzählens, ohne dass Sinn schon vorausgesetzt wird. Das finde ich brillantissimo. Man kann den Text jedem Kind vorlesen. Die Referenzen kann man dort, wo sie nötig sind, einfach mitliefern.

Daniela Strigl: Nur eine Anmerkung: Das mit der synästhetischen Wirkung und der Geruchsintensität stimmt natürlich. Es ist aber auch ein sehr erotischer Text. Also der Ekel ist die eine Seite, die andere ist, dass es da zu homoerotischen Handlungen wider Willen kommt. Man könnte diesen Text sicher auch nach den Kriterien einer Schwulenästhetik lesen und da gäbe es, glaube ich, allerhand zu finden, von den offenkundigen Vereinigungsszenen abgesehen. Es geht natürlich um Ekel, aber es geht auch um das Gegenteil, dieser Heizer hat ja auch etwas Animalisch-Faszinierendes und wie die Männer da aufeinanderprallen, das ist auch eine Facette von Erotik.

Klaus Nüchtern: Und das Schöne daran ist, dass immer die Maschine schuld ist. Die Erotik kommt nicht willentlich, sondern der Zug wirft die Männer aufeinander, und es ist auch die Bewegung des Zuges, die sich dann in den Hüften der Übersetzerin fortpflanzt. Er ist es nicht gewesen, er wird sozusagen ständig hineingezogen und geschubst.

André Vladimir Heiz: Ich glaube, da geht es um eine Form des Erzählens, die bereit ist, die Herrschaft des Erzählens aufzugeben. Denn hier können alle ihre Bilder einbringen, ihre Konnotationen und ihre wunderbaren eigenen Geschichten – und niemand widerspricht. Es ist eine Grandezza, die zugunsten des reinen Erzählens die herkömmliche Herrschaft der Literatur aufgibt. Das ist grandios.

ELMAR KREKELER

Lutz Seiler im Porträt

Das Wetter stört: aufgerissener Himmel, zum ersten Mal seit langem blau. Durch sattgrüne Kreuzgänge aus Bäumen rumpeln wir an idyllischen Pferdeweiden vorbei Wilhelmshorst zu. Einem Dichter zu, den man, während man ihn liest, nicht selten mit der Grubenlampe auf dem Kopf in der Vergangenheit graben sieht, einem Geräuscharchäologen, einem Schallarchivar, einem Meister des abschattierten, dunklen Tons. Es müsste also irgendwie schachtartiger sein heute. So wie gestern.

Ist es aber nicht. Der Sommer will noch was beweisen heute. Links abgebogen, dann rechts an Villen vorbei, die sich unter lichten Kiefern kaum verstecken. Kopfsteinpflaster. Neubauten – man kann auswählen, ob Typ Klassik oder Typ Exklusiv – werden gerade in den Wald gewürfelt. Es gibt mehr Bauarbeiter hier als Anwohner. Man kann noch Baugrundstücke kaufen. Direkt neben Lutz Seiler. Besser gesagt: neben Peter Huchel. Was seit gut zehn Jahren ein und dasselbe ist. Lutz Seiler veranstaltet ein Literaturprogramm und wohnt im Haus Huchels, der nicht ganz unschuldig daran ist, dass Seiler eben nicht auf dem Bau gelandet ist, sondern beispielsweise in Klagenfurt, wo er, der vielfach preisgekrönte Lyriker, nun auch noch einen Prosawettbewerb gewann. Den Bachmann-Wettbewerb.

Huchels Haus, inzwischen eine Gedenkstätte und ein literarischer Veranstaltungsraum, liegt ein bisschen zurückversetzt vom Hubertusweg. Im Schatten, geradezu unter einem Dom von Kiefern. Ein gelbes, vielgiebliges Haus inmitten eines Gartens, für den sich Seiler fast entschuldigt. Er lässt es wachsen im Halbschatten (Huchel hätte das wahrscheinlich gefallen, sagt er). Seltsame Muster entstehen dabei. Ihm kommt das zupass, die Weitläufigkeit, das Im-Holz-Sein. Ihm, der von sich sagt, als Kind habe er ein Sprachgefühl für Holz gehabt, ihm, der vom Land kommt, der das Gehen in der Natur braucht und das Sprechen, das Gehen und Sprechen. Der die Nähe von Bäumen, von Dingen braucht. Ihnen zuhört, ihrem Ton. Der Dinge, Bäume zum Erzählen bringt, ihre Jahresringe wie Tonträger nutzt.

Die Landschaft seiner Jugend sah anders aus. Es gibt sie nicht mehr. Als Lutz Seiler 1963 geboren wurde, lagen die Orte seiner Kindheit noch am Fuße künstlicher Berge, riesiger Abraumhalden im Uranbergbaugebiet. Manche Dörfer, Culmitzsch beispielsweise, neben Korbußen eines der beiden Dörfer seiner Kindheit, wurden wegen des Bergbaus geschleift. Von hier holten die Sowjets das Material für ihre Atombomben. Heute sieht man von alldem nichts mehr. Was übrig geblieben war, wurde für die gerade laufende Bundesgartenschau beseitigt. Die Halden sind weg. Geschichtsblinde, blühende Landschaften.

Früher waren es träge Landschaften. »Die müden Dörfer« wurden die Orte seiner Kindheit genannt. Merkwürdige Absencen befielen die Bewohner in dieser Pechblendengegend im Schatten der mit sogenannter Niedrigstrahlung tickenden Abraumhalden. Schwere, Müdigkeit und Abwesenheit hätten seine Kinderzeit geprägt, sagt Lutz Seiler. Vom Baum gefallen ist er, in der Schule eingeschlafen. Die Absencen, das Nebensichstehen, Ausderwelt-Inderwelt-Sein, Wachträumen mag ungesund sein, aber ein Grundzustand für Literatur ist – beiseitetreten und von da die Dinge jenseits ihrer Begriffe zu betrachten, neu und anders. Ein diffuses Bewusstsein nennt er das, auch eine Art Wahrnehmungsutopie.

Von Literatur war in seiner Jugend keine Rede. Hin und wieder hat er gelesen. Seine Gang hieß nach Stevensons Schatzinsel-Piraten Long John Silver – die »Silver-Gang«. Kleinbürgerlich nennt er seine Herkunft. Fast illiterat war sie wohl auch. Großvater hatte einen Hof, war ein Pferdenarr. Mutter und Vater arbeiteten nach der Enteignung des Hofes weiter in der Landwirtschaft. Aus der Zeit gefallen war auch die. Im Grunde, hat er mal gesagt, sei er in einer längst versunkenen Epoche, in den Restbeständen des 19. Jahrhunderts aufgewachsen.

Und ohne Bücher. Meyers Lexikon in neun Bänden plus Ergänzungsband hatten sie. Mehr war da nicht. Brauchten sie auch nicht. Lutz war ein Einzelkind und viel allein. Er entwickelte ein inniges Verhältnis zu den Dingen. Sprach mit ihnen. Monologisierte. In diesen Sprechschleifen entstehen heute seine Gedichte.

Vater und Sohn schraubten gern. Lutz fuhr Motorrad und spielte Fußball. Sie sangen »Wir lagen vor Madagaskar« in der Gang. Das war fast schon alles an Lyrik. Eine durchschnittliche (ost-)deutsche Jugend. Lutz lernte Baufacharbeiter mit Abitur, arbeitete drei Jahre auf diversen Baustellen. Dann kam er zum Militär, stationiert in Merseburg (dass ein Teil seines Zauberspruchtons daher kommt, spekulieren wir jetzt einfach mal). Eine bemerkenswert langweilige, hermetische Angelegenheit. Entweder man trank, oder man fertigte feine thüringische Laubsägearbeiten (Schwibbögen, Pyramiden, Kerzenhalter) in der Stube an, oder man fing an zu lesen. Da Lutz Seiler herzlich unbegabt zum Laubsägen war (einen einzigen Schwibbogen hat er hingekriegt und schon für den mehrere Sägeblätter seiner Kameraden gemeuchelt), ging er zur Leihbibliothek der »Leuna-Werke Walter Ulbricht«, die stapelte in einem Vorraum aussortierte Bücher für billig Geld. Da deckte er sich ein mit Lektüre. Hesses »Unterm Rad« war das erste Buch, Huchel folgte nicht viel später. Er las so wild, wie seine Stubenkameraden sägten. Er hatte eine Form der weltflüchtenden Weltteilnahme entdeckt, in der man »ganz bei sich sein und gleichzeitig in völlig andere Räume gehen« konnte, eine »Erweiterung der Möglichkeitsform« war das, seine Existenzform. Dass er, 21 war er da, gleich auch zu schreiben begann (in einem Zirkel schreibender Arbeiter, den er alle zwei Wochen besuchte, wenn er Ausgang bekam), stellt ihn heute noch vor ein Rätsel. Mit Prosa fing er an, Prosa in Kafkascher Manier. Lyrik kam direkt hinterher.

Das Bauen hat er dann gelassen, nicht Architektur studiert und nicht Bauwesen. Er ging nach Halle und Berlin, studierte Germanistik, machte 1990 seinen Abschluss.

Eine Leitfigur für sein Schreiben gibt es nicht. Seiler bekennt sich zu Lektürephasen. Und er liest noch immer außerordentlich viel. Von einer Art »fließendem Kanon«, wie es Cees Nooteboom einmal formulierte, spricht er gern, der wechselt, mäandert, beeinflusst ihn seit den Laubsägeabenden in der Kaserne.

Octavio Paz, Francis Ponge, Cortazar, Huchel natürlich. Und Wolfgang Hilbig, auch der ein Dichter aus der Arbeitswelt, dessen Singsang in der Stimme dem Seilerschen ähnelt. Einen Kanon hat er schon, trägt ihn mit sich herum. Eine Mappe mit um die zweihundert Gedichten, Lieblingsgedichten, in denen er hin und wieder herumliest, wenn er nicht weiterkommt vor allem, wenn er einen Ton sucht, seinen Ton verloren hat.

Töne sind wichtig für Seiler. »Jeder«, das Zitat von Paul Bowles hat er seinem zweiten Band »pech & blende« vorausgeschickt, »jeder hat nur ein Lied.« Oft steht eine Lautfolge, ein Rhythmus am Anfang eines Gedichtes, dem Seiler dann nachhört, dessen Mäandern er verfolgt von oben nach unten durch die Zeit. »Alles wird ins Ohr gesprochen«, sagt er. »Und kontrolliert. Immer wieder gesprochen in endlosen Wiederholungen, bis ich das Gefühl habe, es klingt so, wie ich das haben möchte«.

Die Arbeit am Ton, am eigenen Lied dauert. Elf Jahre nach der Leseepiphanie des Soldaten Seiler erscheint im Berliner Oberbaum Verlag sein erster Gedichtband. Er öffnet Seiler unbemerkt Türen, macht ihn in der Lyrikszene bekannt. Der Lektor Thorsten Ahrend holt ihn zu Suhrkamp. Der Hanser-Verleger (und Lyriker) Michael Krüger lässt sich anlässlich einer Umfrage des »Stern« zur Frankfurter Buchmesse mit Seilers neuem Band auf dem Sofa ablichten und singt ein Loblied. Noch vor Erscheinen von »pech & blende« wird Seiler mit dem Kranichsteiner Literaturpreis ausgezeichnet. Der Rest ist deutsche Preis- und Stipendiengeschichte. So sehr preisgekrönt wird Seiler, dass eine Kollegin schon mutmaßt, der Literaturbetrieb wolle an Seiler gutmachen, was die alte Bundesrepublik an der dahingeschiedenen DDR schlechtgemacht habe.

Gegen diese Form von Zwangsrubrizierung als ewiger Ostler verwahrt sich Seiler. Er ist kein Ostalgiker. Er versucht nicht, das untergegangene Land zu rekonstruieren, er trauert nicht. Aber er kommt halt aus Ostthüringen, wie andere aus Bayern kommen oder Hessen und auch von da erzählen. »Gibt es eigentlich«, fragt Seiler, »das Etikett ›westdeutsche Literatur‹?« Es ist das Quellgebiet seiner Literatur. Jeder hat seine Biografie, seinen Hallraum. Den kann man doch nicht zwanghaft zunageln, nur weil er im Osten stand. Hätte man Wolfgang Hilbig gezwungen, einen Ruhrpottroman zu schreiben, nur um seine Vielfältigkeit unter Beweis zu stellen und weil der Markt sich vermeintlich Ostgeschichten verweigert, es wäre ein grauenvolles Gekrächze herausgekommen.

Die Teilung Deutschlands, die fortbesteht in den Hirnen der Feuilletonisten, die geht ihm an die Nieren. In der Ostschublade möchte er jedenfalls nicht auf Dauer untergebracht werden, selbst wenn er da neben Ingo Schulze läge, der da auch nicht mehr hingehört. Das Problem ist nicht, sagt er, und die Vögel fangen mit einem Mal an kriegsartig zu zwitschern in den Kiefern über Huchels Dichterschuppen hinter uns, das Problem ist nicht, »dass man mit irgendeiner Herkunft in Verbindung gebracht wird, sondern dass diese Herkunft direkt mit einem ästhetischen Vorurteil verknüpft wird. Und das ist nicht fair.«

Er ist ein Nachwendeautor. Und Lyrik ist, wie Literatur überhaupt, eine sehr langsame Tätigkeit. Lyrik ist eine Zeitkunst. »Jedes Gedicht«, sagt Seiler, »ist auf der Suche nach einer Vergangenheit, die zu dem Moment der Gegenwart gehört, in dem es erstmals aufleuchtete.« Gedichte als irrlichternde Sterne also. Seilers Gedichte laufen, um jetzt nicht eine Schwangerschaftsmetapher bemühen zu müssen, wie Doppelgänger neben, hinter dem Dichter her. Er trägt sie herum, unwissentlich, bis sie laut werden. Und sie murmeln, sie erzählen Geschichten. Aber anders, als es Novellen oder Romane tun. Sie haben einen narrativen Gestus, sagt Seiler, erfüllen jedoch den Plot nicht. Vor jedem Gedicht, hat Seiler in einem seiner Essays geschrieben, »liegt eine Geschichte, die wir erlebt haben, das Gedicht trifft ihren Ton, es erzählt sie nicht, es erzählt ihren Ton.« Dennoch, darauf beharrt er, könnte jedes gute Gedicht der metaphysische, rhythmische, gestische Kern eines Romans sein.

Aus diesem Kern dann allerdings wirklich einen Roman zu machen, ist etwas vollkommen anderes. Dafür, dass es verschiedene Gattungen gibt, ist er zwar sehr dankbar. Und sieht seine Hinwendung zur Prosa auch als schriftstellerischen Neuanfang, freut sich darüber und darauf. Respekt vor der Prosa hat er doch.

Die Essays, die in »Sonntags dachte ich an Gott« gesammelt sind, die waren eine Brücke zum Erzählen. Da war er locker, sagt er, da hat er auch nicht so nachgedacht über die Struktur. Wenn er jetzt aber über einer Erzählung sitzt (im kommenden Jahr soll sein erster Erzählband erscheinen), sieht er sich selbst noch viel zu sehr zum zwanghaften Strukturalisten mutieren. Überprüft manisch, ob Perspektiven passen, ob überhaupt funktioniert, was da in der Geschichte geschieht. Locker machen muss er sich, sagt er. Und dass er noch Zeit braucht.

Aber das ist – beweist sein Klagenfurter Siegertext »Turksib« – Understatement. Die Sprache ist vielleicht nicht die gleiche wie in den Gedichten, aber ähnlich. Hat die gleiche musikalische Qualität, schwingt weit aus, reißt Räume auf, verzaubert, holt Geräusche, Klänge hervor aus der dunklen Kammer der Vergangenheit und ist doch schiere Gegenwart. Besonders hell ist es in ihr auch nicht. Sie ist lange mit ihm mitgegangen.

Im Dezember 2001 war er in Kasachstan. Und er war wirklich da (seit Ingo Schulzes vollkommen erfundenem Bericht aus der Ukraine des Juri Andruchowytsch, den er vergangenes Jahr zur Eröffnung der Leipziger Buchmesse hielt, kann man sich bei so was nicht mehr sicher sein). Seiler war wirklich da. Es war arktisch kalt. Und die Kasachen hatten ihr Land den Amerikanern nach den Anschlägen vom 11. September als Aufmarschgebiet zur Verfügung gestellt. Ein bisschen verrückt war das schon, ausgerechnet zu dem Zeitpunkt, zu dieser Jahreszeit nach Mittelasien zu fahren. Die Kasachen hatten ihn beruhigt. Es ist alles gut gegangen. Er war da und sah. Und ließ die Erinnerung erstmal liegen.

Beim Schreiben dann dachte er, sagt er (obwohl wir spätestens hier anfangen, an der Zuverlässigkeit dieses Erzählers zu zweifeln), dass er ganz nah an der Realität geblieben sei. Dass er nichts Wesentliches hinzuerfunden habe. Naja, gibt er später zu, einen Teil der Personage vielleicht. Der Märchenton, das Schwarzromantische aber, behauptet Seiler, das ist ihm einfach so passiert. Das muss der Lyriker im Prosaisten angestellt haben. Hat Fährten gelegt im Text, vom Zauberwort wird da gesprochen, das der Erzähler getroffen habe.

Den Lyriker wird es immer geben. Auf den Romancier Lutz Seiler müssen wir noch ein bisschen warten. Es gibt ein Romanprojekt, zu dem »Turksib« gehört, ein Teil ist fertig, einiges erst halb. Er braucht noch Zeit.

Jetzt lässt er erst mal seinen Garten wuchern und den Baumdom über dem Dichterschuppen allein, schließt das Huchelhaus ab und fährt nach Schweden. Wir rumpeln wieder an den Würfelhäusern vorbei, durch die Kreuzgänge aus Grün. Der Himmel ist wieder schwarz. Egal.

THOMAS STANGL

Ohne Titel

Er ist nicht dieses Kind (breite Kragenaufschläge, eine große Brille, Seitenscheitel, ein Haarflaum, der im zu grellen Licht auf seinen weißen Wangen erscheint und ihn beinah zu einem Erwachsenen macht, der oberste Hemdknopf ist geschlossen, er trägt einen Blazer, schaut ernst und zugleich vollkommen gedankenlos drein, verloren in seinem Ernst und seiner Gedankenlosigkeit). Er sieht diesen Kinderkörper, ein paar Jahre älter, den Hemdkragen über dem Pullover, in der Schulbank sitzen und die Spitze seiner Füllfeder ins Papier graben, bis der Tintenfleck sich ausbreitet, eine Faust schließt sich um sein Geschlecht, seine Nase ist verstopft. Er ist nicht das Kind aus dem Bild, aus einem dieser Bilder, Oberflächen, die unter seinen tastenden Fingern aufgehen und ihn hindurchschlüpfen lassen zu den Wörtern, den Sätzen ohne Vergangenheit, in die fremde Gegenwart. Wenn er schlaflos daliegt, reibt er mit einem Finger an der Tapete, bohrt Nacht für Nacht an einem kleinen Loch in der Wand neben seinem Bett, ruhige Atemzüge aus dem Nebenzimmer, spürt den trockenen, weichen Sand, in den sich die Mauern auflösen. Alle Speisen ekeln ihn an: es beginnt beim Frühstück mit der dünnen Haut, die sich auf dem Kakao bildet, dem Butterbrot, das in seinem Mund verklumpt und Bissen für Bissen an Masse gewinnt, geht mit dem Pausenbrot weiter, das er ausniesen möchte, dem gekochten Rindfleisch mit dem schwabbelnden weißen Fettrand, das mittags auf dem Küchentisch auf ihn wartet (er schneidet winzige zerfasernde Stückchen von dem Fleischlappen auf seinem Teller und wartet, bis die Großmutter ihm den Rücken zuwendet, wartet, bis das Fleisch kalt wird und auch noch das Versprechen und der Trost der zungenversengenden Hitze verloren geht) und endet mit dem Emmentaler- oder Wienerwurstbrot am Abend, er will sein Cola eiskalt dazu trinken, ein Schauer soll durch seine Kehle laufen und sich bis zu den Zehenspitzen ausbreiten. Wenn die Atemzüge aus dem Nebenzimmer aussetzen, wenn er morgens vergeblich auf das Ächzen des Bettes wartet, das gleich vom Ächzen der sich langsam aufrichtenden Großmutter, dem Knarren des Parkettbodens, dem Scharren der Kleider (breite Schlüpfer, beige Büstenhalter, Schürzen) an den Falten und Fettwülsten des Frauenkörpers, dem von einem Gurgeln und Spucken unterbrochenen Rauschen des Wassers aus dem Badezimmer und dann der Küche beantwortet wird, wenn all das unter seiner nachlassenden Konzentration versiegt, dann verschwindet mit der Großmutter und dem jeden Tag gleichen Muster von Bewegungen, das sie zeichnet, gleich auch die ganze Wohnung, sein Rückzugsfeld ist verloren, er ist allein unter den Menschen. Er glaubt, dass er kein Gesicht hat, er hat keine Stimme, er gräbt die Spitze der Füllfeder ins Papier, bis der Tintenfleck sich ausbreitet, eine Faust schließt sich um sein Geschlecht, er bohrt, auf dem Bauch liegend, durch den Mund atmend, mit dem Fingernagel in der Wand, spürt für Momente eine Wärme, ein Kitzeln, eine Blase von Wohlgefühl, die sich, von einer Stelle in seinem Unterleib aus, die er gar nicht genau bestimmen kann, von einem Geschlecht unterhalb seines Geschlechts aus, unterhalb von allem, was er oder ein anderer berühren, festhalten, reiben oder schlagen kann, ausbreitet: er schwebt im Inneren der Mauern wie unter Wasser, er ist hier aufgehoben.

In diesen Jahren dehnt der Mann seine Erkundungsgänge durch die Stadt immer weiter aus, lässt sich von Seitengassen, neuen Stadtvierteln einsaugen; er weiß, dass sein lila Trainingsanzug, seine geschmeidige, tierhafte Art zu gehen (mit weit ausgreifenden Schritten, ausladenden Armbewegungen, den Kopf scharf vorgestreckt) seltsam oder sogar lächerlich wirken muss. Er schaut an den Passanten vorbei; seine Beine sind empfindsam wie Insektenfühler; er kann durch die Wände, in die Wohnungen, Korridore und Keller hineinsehen. Im Dunkel eines Kinosaals, zurückgelehnt in seinen Sessel, mit einem warmen, winzigen Schmerz in seinem Rücken, breitet sich an manchen Abenden eine Idee vom Glück und von der Vollendung in seinem Kopf aus, der dunkle Raum pulsiert um seinen Körper, Lichtflächen, Orte, die Licht sind, suchen seinen Blick, schneiden sich und damit seinen Blick aus der Zeit heraus; wenn er draußen durch den Nieselregen geht, eine Stunde lang oder mehr, auf immer neuen Abwegen, sind die Orte und der Blick immer noch da, er ist ein anderer und zugleich niemand. Lange steht er vor den dunklen Fensterscheiben eines verlassenen Lokals, die Stühle sind auf die Tische gekippt, er konzentriert sich. Hinter den Fassaden der Gründerzeitgebäude am Neuen Markt oder am Schwarzenbergplatz mit ihren Erkern, Giebeln, Giebelfiguren und dunklen Fenstern verzweigt sich das Netz von Gängen, Treppen, Zimmern, Aufzugsschächten und Rohren, die Erweiterung, beinah ins Unendliche hin, befreit und schmerzt. Er bleibt am Bauernmarkt stehen: er könnte den Nacken durchstrecken, mit aufgerissenen Augen, den Atem versiegen lassen, die Nacht über ihm, und dann atmen: eine fremde Luft, mit fremden Lungen, aus der Zeit gefallen, ohne Vergangenheit, ohne Eigenes; er ist ins Innere einer alten Fotografie getreten, und die längst gestorbenen niedrigen, verwinkelten Häuser hocken still vor ihm da, die schwarzweißen Räume öffnen sich; weite, graue Flächen, wie unbekannte Gewässer, breiten sich auf den Plätzen aus, Licht auf den Pflastersteinen, säurezerfressene Fotoplatten. Zu seiner Rechten steht ein prunkvolles Wohnhaus aus der vorigen Jahrhundertwende, mit zwei an der Fassade übereinander angebrachten Gedenktafeln. Er sieht eine Wohnung mit ungeheuren, saalartigen Zimmern, in die nur an den längsten Sommertagen das Tageslicht fällt und schmale Streifen auf den Holzboden zeichnet, mit gewundenen Korridoren und langen Gängen, die bis in ein Nachbargebäude hineinführen; eine Holztreppe verbindet ein hohes, mit Holzstößen angefülltes Gewölbe neben der Küche mit einer Dachkammer, er denkt, von seiner Schädeldecke her kann sich ein Spalt auftun und seinen Körper zweiteilen. Er wünscht sich diesen Riss, diese Wunde, in die alle Bilder hineinsickern: Vergangenes, von dem niemand gewusst hätte, dass es irgendwo aufgehoben ist, dass die Steine noch davon sprechen können; dass es so einen wie ihn gibt, der es hören kann. Frauen und

Pärchen, die ihm begegnen, wenden den Blick ab, räuspern sich und beschleunigen ihre Schritte. Jemand kann ihn schlagen und treten wollen, junge Burschen, nur so zum Spaß, die Grüppchen von jungen Burschen am Rabensteig und am Schwedenplatz, nah dem Kanal, sie erkennen ihn mit einem Blick. Eine Taube, verwirrt vom späten Lärm, flattert nah am Boden über die Straße, fliegt knapp über den Autodächern zum Geländer hin, er spürt, mit einem Beben des Zwerchfells, den weiten Bogen, den sie, plötzlich hoch über dem Wasser, mit ausgebreiteten Schwingen zieht.

Er ist nicht dieses Kind, der gedankenlos kluge Achtjährige auf dem Foto, der Zwölfjährige, der die Sprache der Menschen verlernt, der schlaflos daliegt, zurücksinkt in seine Stuhllehne, mit tintenverschmierten Fingern, zwischen Adamek, Berger, Kernberger, Tröstl, er kann die Reihe von Namen wie ein Alphabet hersagen, den Kreis von Wörtern nachzeichnen, der ihn umschließt, und was im Einzelnen und im Augenblick widerlich ist, gibt in der Aufzählung, in der täglichen Wiederholung Bedeutung und Halt; er spürt ab und zu die Faust Adameks, die Finger Kernbergers auf seinen Eiern, zeichnet Schleifen und Schlingen rund um die Buchstaben und die Ziffern der Bruchrechnungen in sein Schulheft; er hört aus der Küche die schlurfenden Schritte und den schweren Atem seiner Großmutter, Tassen, die verschoben werden, das Gluckern der Milch und das Zischen des Wasserkessels, ein Löffelchen fällt zu Boden, trifft klirrend auf den Kacheln auf, der Klang macht ihn glücklich, die kleinen zarten Rufe, die von Zeit zu Zeit die Gegenstände, nur für ihn hörbar, ausstoßen, machen ihn glücklich. Es könnte dem Löffel gelingen, sich zu verstecken, unter dem Tisch (die Großmutter kann sich nicht bücken), dann langsam hinter den Heizkörper zu kriechen, um von Staubfäden, langsam wachsenden Netzen, wie von hohem Gras, überwuchert zu werden. Er zieht unter der zu warmen Decke die Knie an, sein Ohr auf den Oberarm gedrückt, die Finger ineinander verschränkt, den Kopf zur Wand gerichtet; er schaukelt auf seinem Stuhl, lehnt seinen Hinterkopf an die Rückwand des Klassenzimmers, die schleifende, monotone Stimme des Lehrers im Ohr und während der Stunde beinah sicher vor den Stimmen der anderen Schüler, die per *Missgeburt* und *Gestörter* mit ihm sind, schlimmer ist es, wenn sie ihn sanft und zart bei seinem Vornamen nennen und ihn offen anschauen, wie ihresgleichen, dann will er die Fingernägel ausfahren, sich das Gesicht zerkratzen, das Gesicht seines Feindes und Nachbarn zerkratzen; alle sind sie sofort bereit, Erwachsene, Menschen, Männer zu werden, Adamek, Berger, Kernberger, Tröstl glauben dem, was in ihnen vorgeht; spüren nicht die Anziehungskraft; spüren nicht die Abstoßung. Er weiß, wenn ihm die Luft zu dicht und undurchdringlich wird, kann er im Innern der Wände weitergehen, er kann unter Wasser weitergehen, atmen, den Atem versiegen lassen; zugleich darf er nicht die Kontrolle verlieren: So wie er nicht weiß, was seine Gedanken, Handlungen und Bewegungen in der Welt der Menschen bedeuten, so kann er auch die geheimen Zusammenhänge nicht kennen, jede seiner Bewegungen, jeder seiner Gedanken beantwortet, steuert, stützt Bewegungen und Ereignisse in der Außenwelt, gegen seinen Willen, aus der todmüden Überwachheit heraus. Die Stille kann schlimmer sein als jeder Schrei oder jede Explosion; jeder von ihm achtlos übergangene Moment der Stille kann den Tod bedeuten, so wie es den Tod bedeuten kann, wenn seine Großmutter einmal vergisst, ihre Herztropfen einzunehmen. Er würde nie mit ihr darüber reden, er spricht zu ihr mit seinem Daliegen: nicht er, sein Körper; nicht zu ihr, zu ihrem Körper; zu der Wohnung, die ihren Körper umhüllt, dem Boden, der sie trägt, er sieht die nackten, geschwollenen Füße vor sich, die rissigen, kurz geschnittenen, grauen Zehennägel, die gekrümmten und in alle Richtungen zerbogenen Zehen, hört das Knirschen des Parkettbodens. Sein Herz pumpt Blut durch das Netz der Gefäße in seinen Gliedern, seinen Eingeweiden, seinem Gehirn: in diesen Innenräumen bildet sich die Wohnung ab, die Entfernungen und Wege, die Strömungslinien, die winzigen Veränderungen der Kraftverhältnisse. Er schaukelt am Ende der Stunde, niemand hört dem Lehrer, der immer weiterredet, noch zu, auf seinem Stuhl, die Finger Adameks, die Faust Kernbergers auf seinen Eiern, lehnt sich an die Rückwand, spürt aus der Bank vor ihm einen freundlichen Blick; langes Haar, eine Jeansjacke, die über der Stuhllehne hängt, ein weißer Rollkragenpullover, er spürt, dass er ein Gesicht hat.

Der Mann ist frei, bewegt sich über Zeitalter hinweg, auf fremde Leben zu: solange er nur den Dingen zuhört; solange er nicht das Reich der Dinge verlässt. Dieser Afrikaner bei der U-Bahn-Station in der Kettenbrückengasse ist vielleicht gar nicht wirklich da, er spielt auf einem Sperrholzbrett Gitarre, singt leise und absichtlich falsch in ein Sperrholzmikrophon, ein Abstand entsteht, ein Kreis von Leere in dem müden Flohmarktgewimmel von Touristen, Punks und Polizisten. Der Mann durchmisst die Räume, hört die Stimme, wirft ein Eurostück in den aufgeklappten Koffer neben dem Holzmikrophon, ohne dem Sänger ins Gesicht zu schauen, lässt sich mit vorgeschobenem Kopf in den Markt hineingleiten, die Stimme bleibt in seinem Kopf; eine immer wiederholte Zeile aus einem Lied, das er gar nicht mag, Billie Jean ist not my queen, er greint die Zeile vielleicht schon selbst leise und falsch vor sich hin, während er von Tisch zu Tisch, von Wühlkiste zu Wühlkiste gleitet, die Widmungen auf den Vorsatzblättern verschiedener Bücher liest; meinem großen Lehrer Karl Marx, 24.12.1971, mit Füllfeder hineingeschrieben in einen der schweren, blauen Bände des Kapitals, herausgegeben vom Institut für Marxismus-Leninismus beim ZK der SED, unseren lieben Kindern, in Erinnerung an die unvergesslichen Sonntagnachmittage im Burgtheater, Papa und Mama, Oktober 1901, ein kleines Bändchen mit Prosa von Grillparzer, er steckt das Buch ein, nicht um es zu lesen, sondern wegen des Satzes und des festgehaltenen Datums. Einmal wird er eine Studentin im Jahr 1971 sein, denkt er eine Sekunde lang, er sitzt am Schreibtisch, öffnet das schwere blaue Buch, kriecht mit seinem neuen Körper in die fremden Gedankengänge, die Sätze und Analysen hinein, die Füllfeder noch in der Hand, eine einzige, immer wiederholte Geste, ein einziges Datum, ein Lernen, das nie vergeht. Natürlich kann auch die Frau, die am Büchertisch neben ihm steht, ein Gespenst sein; ist sie nicht seltsam bunt und lose gekleidet; ist sie ihm nicht merkwürdig nahe, schaut ihn vielleicht an, er will nichts von ihr wissen und beugt sich ruckartig noch tiefer hinab; jeder der Gegenstände auf den Tischen und in den Kartons, der ganze lächerliche Ramsch ist das weggeschnittene und übriggebliebene Stück eines Menschenlebens. Er hat keine wirkliche Verwendung für die Dinge, die er Samstag für Samstag heimschleppt und in die letzten freien Ecken seiner vollgeräumten Wohnung zwängt, auch die Bücher, die er liest, versucht er kaum zu verstehen oder in Erinnerung zu behalten: er baut Kreise, zarte, sich zart erweiternde Netze um sich und das Buch auf; er liest im Gehen, den Kopf vorgestreckt, ein Taschenbuch in der einen Hand, in der anderen eine Bierdose; er liegt nackt auf dem Bett, hinter sich die nackte Wand, dahinter die nackte Straße, das Netzwerk von Straßen, Innenräumen, Kanälen und Schächten; dann die Flussarme rund um die Leopoldstadt, dahinter die Berge und Wälder im Westen, das Flussbett und die ebenen Felder im Osten: sein Körper schließt die Sätze mit diesen Räumen, die Räume mit den Sätzen zusammen. Er blättert in Pappkartons voller Briefe, Ansichtskarten und Fotografien, eine gleichgültige Aneinanderreihung von Landschaften, Gesichtern, für gleichgültige Finger, einen gleichgültigen Blick, hundert Jahre alte, vergilbende Studiofotos (weite, graue Flächen, wie unbekannte Gewässer, lassen die Haut der Gesichter, die Züge eines toten Menschen mit der Umgebung ineinanderfließen), Kinder- und Hundeporträts aus den Dreißiger-, Fünfziger-, Sechzigerjahren, unbeschriebene oder in für ihn unlesbarer Kurrentschrift beschriebene Postkarten; Fotoalben mit den immer gleichen Urlaubs- und Festtagsfotos. Ein gesenktes Augenlid, ein Muttermal, ein Schatten auf einer Wange, die Blumenranke auf einem Kleid kann dann diese Welt für ihn öffnen; er wird, wie durch einen tiefen Schlaf hindurch, aus dem Bild heraus, aus einem fremden Leben heraus angeschaut; rund um den einen, mit größter Genauigkeit festgehaltenen Moment breitet sich das Vergessen aus, ein endloser Raum für Wörter, Sätze ohne Vergangenheit, die Gegenwart von Sätzen. In einer Schublade des Schrankes findet er, auf einem staubigen Spannteppich kniend, ein Foto eines Kindes, nichts unterscheidet es von irgendwelchen in den Wühlkisten aufgefundenen Fotos von Schulkindern; er fühlt eine Zärtlichkeit über Jahrzehnte hinweg, ein Entsetzen über Jahrzehnte hinweg. Er sieht, in der Wühlkiste, in der Schublade kramend, das Bild, das Gesicht, den Körper einer einzelnen Frau unter den anderen Bildern hervorscheinen, tastet an den Grenzen eines fremden Körpers, eines fremden Lebens entlang, so als wären die Nacktheit oder der Tod bloß Türen, durch die er hindurchgehen kann. Ganz langsam, von welcher Seite der Zeit aus, hintreiben (während er auf dem Rücken zu liegen, dazusitzen, durch die Straßen zu gehen scheint) aufs Dunkel, die Demütigung und Katastrophe zu, ganz langsam, schwankend, in die Zukunft, ins Vergangene hinein. Er geht durch eine kleine Lücke im dichten Autoverkehr über die Wienzeile, die Geschäfte sind geschlossen, er verlässt seine Wohnung und geht zwischen den Ständen am Volkertmarkt herum, es ist Sonntag, die Rollläden sind heruntergezogen, die Sonne brennt vom Himmel herab. Er schaut auf das graue Straßenpflaster, streckt die Finger seiner rechten Hand aus, schaut sie an, eine Hand, nichts sonst, nacktes Fleisch, im Abstand zum nackten Stein, durch Nervenstränge mit seinem Bewusstsein verbunden, die Seele einer Hand, die Seele des sonnenbeschienenen Steins. Vielleicht ist kein anderer mehr wirklich da.

Durch die Fensterscheibe des Lokals, in ihrem Rücken, spürt sie den Blick, redet weiter, die Zigarette in der Hand, das Bierglas vor sich, weiß, wer es sein muss, der, in seinem Trainingsanzug, mit struppigem Haar durch die nächtlichen Straßen streift, nicht die Tür aufmacht, aus Freundlichkeit, wie er glaubt, um sie nicht zu stören, um ihr nicht lästig zu sein, nicht ins Bild zu treten; würde sie sich umdrehen, wäre das Spiel ein anderes, ihre Jacke hängt über der Stuhllehne, das Licht streichelt sie, stört sie; er zögert lange vor dem Eingang, verschwindet, um eine Runde um den Häuserblock, um zwei Häuserblocks zu drehen, eine Spur zu ziehen, in der er ein Muster, einen Sinn zu erkennen glaubt; der Rhythmus des Gesprächs, ohne dass die anderen es merken, verändert sich, sie atmet auf, fühlt sich freier und zugleich gespannter; warum sollte sie nicht für einen Moment, nur für sich selbst, so tun, als würde sie warten. Ein kleiner Blitz durchzuckt sie; sie vergisst sekundenlang, wo sie ist, wer sie ist; einen Satz, wie eine Frage, der sich in ihrem Körper, nicht in ihrem Kopf bildet, kann sie nicht fassen.

Es ist ein Kind ohne Stimme, ohne Lächeln, zwölf, dreizehn Jahre alt, mit einer großen Brille, einem ärmellosen Pullover über dem Hemd, die Hände Adameks, Kernbergers lösen sich von ihm, unter dem fremden Einfluss, so als wollten sie ihm nun einen Platz in der wirklichen Welt freihalten. Er fühlt sich sicher in seinem Bannkreis; in dem Alphabet von Namen gibt es eine Leerstelle; er kann sich herausnehmen, und er wird nicht fehlen, er wird sich nicht fehlen. Er spürt den Blick, der ihn trifft; spürt die Striemen, die der Blick, beinah ein Lächeln, mit seiner Wärme in sein Gesicht zeichnet, die warme, rote, zerfließende Haut seiner Schläfen und Wangen; ihn entsetzt, dass er den Namen des Mädchens im weißen Pullover, mit der Jeansjacke über der Stuhllehne, kennt, er kann ihre Nähe beinah riechen, könnte die Jeansjacke berühren, an ihr riechen, den Abdruck des fremden Körpers durch seine Nase einsaugen, starrt zurück, bis sie den Blick abwendet und im Stimmengewirr der Großen Pause aufsteht und auf den Gang hinausgeht, er möchte, dass die Fäuste (Adamek, Berger, Kernberger, Tröstl) Hämmer sind und seine Knochen zerschlagen. Er bleibt auf seinem Platz sitzen, während sich das Klassenzimmer leert, er kann auf dem Bauch liegen, zerfließen, ein Glücksgefühl durch seinen Körper strömen fühlen, das Pochen eines Geschlechts unterhalb seines Geschlechts, das Schlagen eines zweiten Herzens, aus dem sich zarte blutige Fäden in die Matratze bohren, um die Bettfedern schlingen, in die Mauern, in sandiges Wasser gleiten. Er glaubt nicht an Blicke, die ihm gelten, er glaubt nicht an ein fremdes Lächeln, jedes Sich-Abwenden, jedes Fortgehen ist entscheidend und endgültig. In der Städtischen Leihbücherei in der Rabengasse liest er sich durch die Reihen der Zukunftsromane, die alle in einer Zeit spielen, in der er tot ist und sich niemand an ihn erinnert, auf Planeten, wo niemand von der Erde weiß; er findet ein Buch, das mit dem Tod einer Mutter beginnt und mit Schreien des Hasses endet, liest es in den Stunden zwischen den Torturen des Mittagessens und des Nachtmahls, auf seinem Bett liegend, sein Kopf hinterlässt einen Fettfleck auf der Tapete, er spürt die Mauer, den trockenen Sand, hört aus der Küche, wo die Großmutter bügelt und über Kreuzweh jammert, das Wunschkonzert von Radio Burgenland, eine Musik, die zu den schwabbelnden Fetträndern des gekochten Rindfleisches, zur Haut auf dem Kakao, zur Schlaflosigkeit und zum Aufstehenmüssen am Morgen passt, er möchte, dass die Fäuste Hämmer sind, wird weich wie das Bett, sandig wie die Mauer, verschwindet in seinem Buch. Alle seine Tage verklumpen, außerhalb der winzigen Blase, in der er sich aufhält, zu einem einzigen Tag, den er mit einer einzigen Geste löschen kann; die Wohnung einer Greisin und eines Kindes im zweiten Stock eines Erdberger Gemeindebaus mit rutschigem Linoleumboden im Vorraum und in der Küche, diese Wohnung, wo die Tapeten lose und die Wände löchrig werden, existiert als Abdruck in seinem Kopf, die Ordnung der Räume würde sich auflösen, wenn nicht er, das Kind, im Geheimen darauf achtete. Wenn er schlaflos daliegt und aufs Anspringen des Radioweckers wartet, spürt er die Verlockung eines tieferen Schlafes, einer süßeren Angst; er könnte seine Ohren verschließen, die Kontrolle aufgeben, sich verwandeln: er sieht sich für Momente als ein knollenförmiges, loses Gebilde aus Drähten, ein kleinerer Auswuchs, sein Bruder, ein knollenförmiges, loses Gebilde aus Drähten, ist durch einen einzelnen dünnen Draht mit ihm verbunden; er wird von Menschenhänden gepackt und zusammen mit dem neuen Bruder in eine kleine Kiste gesteckt, deren Deckel schlecht schließt, weil der Auswuchs (sein Bruder, sein Kind), kaum hineingebogen, immer wieder an dem dünnen Draht, wie an einer Sprungfeder, hochschnellt: er spürt es als eine Art von gemeinsamem Lachen, schläft für Sekunden, taucht für Sekunden unter in der vollkommenen Leere. Aus dem Radio hört er eine verschnupfte Stimme singen, Tell me why I don't like Mondays, er singt in seiner Blase den Text leise nach (er, der keine Stimme hat) und träumt davon, zu töten, ein anderer zu sein, der tötet, ein anderer oder eine andere: das Töten wäre wie das Aussprechen eines Satzes, der sagt, ich bin ein anderer, ich bin eine andere, schön und nackt und ausgesetzt, ein Mörder: ein Zucken der Strömungslinien, die Räume schieben sich, wie Bausteine, ineinander: die zwei Zimmer mit Bad und Küche, der muffige Gang, das Treppenhaus mit seinem Geruch nach gekochtem Rindfleisch, die Innenhöfe, die mit Greisen und Schulkindern überfüllten Straßenbahnen, das Klassenzimmer und die Wand hinter ihm, die in ihn hineinwächst, er malt, anstatt mitzuschreiben, die weichen Linien in sein Heft, ab und zu greift eine Hand, schlägt eine Faust zwischen seine Beine, Adamek, Berger, Kernberger, Tröstl, er streichelt sein Kopfkissen, die Linien (Melodielinien, Worte, aus der Zeit herausgedehnt) streicheln ihn, sein Kopfkissen streichelt ihn, sagt, du bist einer wie wir, Stoff, nichts als Stoff.

Sie kann in der Tür stehen und ihn anschauen, so deutlich, als wäre sie geträumt, mit ihrem gespenstischen Menschenkörper, kann die Dinge um ihn anschauen, die Stöße und Haufen von Zeitungen, Büchern, Möbeltrümmern, Schuhen, Kabeln, Koffern, Kartons, hohläugigen Stoffhunden, die den Weg zwischen seinem Bett und dem Schrank voller Fotografien verbauen. Er sieht sich für einen Moment mit ihren Augen; er liegt in seinem Bett, dünn und nackt, woran erinnert ihn seine bleiche, behaarte Haut, worauf bezieht sich dieser Körper. Sobald er die Augen schließt, nur noch das eigene Daliegen spürt, kann alles verloren gehen. Er müsste aufräumen, bevor sie kommt, aufstehen, sich anziehen, aber alles muss bleiben wie es ist, für alle Zeit, alles außer ihm selbst; jedes der Dinge kann für etwas anderes stehen, jedes Sperrholzstück kann eine Gitarre, ein Mikrofon sein und sich an Lieder erinnern, die er hasst und nie vergessen wird, und dann vielleicht an einen Klang, den es nirgendwo sonst mehr gibt; einen Klang, der die Gedanken in seinem Kopf, die Erinnerungen ersetzt. Unsichtbarer als hier, mit klopfendem Herzen in seinem Bett, wird er sein, wenn er die Wohnung zurücklässt, sich erhebt, sehr langsam, gegen den Widerstand, sich zum Schrank durchkämpft, ein weißes Hemd, einen dunklen Anzug findet, er lässt das Hemd am Kragen offen stehen, kämmt sein strähniges, schwarzes Haar, sieht es, wie in einem Spiegel, glänzen, als er sich, wie in einem Spiegel, durch die Straßen gehen sieht, über den Volkertmarkt, durch die Pazmanitengasse, weiter Im Werd, nackt und frei in diesem Anzug. Er schaut sich nicht mehr um; er muss nichts besitzen, nirgendwo daheim sein, kein Bild von sich haben. Die Wohnung, Zimmer und Küche im Ausländerviertel zwischen den Bahnhöfen, wird kleiner, löst sich aus seinem Gesichtsfeld, bleibt da; im Bogen der Großen Schiffsgasse, zwischen den hohen Gründerzeithäusern, vor sich das Wasser, fühlt er sich wie auf einem langen Bootssteg, sich wiegen lassen, singt er, wie auf schwankem Kahne der See. Es geht darum, Raum an Raum zu setzen, mit schmalen Verbindungsgängen, Winkel für Winkel öffnend, er spürt sich ganz langsam, von welcher Seite der Zeit aus, hintreiben in die Zärtlichkeit, sieht den Sonnenschein am Boden; nach einer Stunde, mit aufgequollenen Füßen, stinkend, steht er vor einem Gemeindebau, bald dahinter die Autobahn, die Gemüsegärten, die Simmeringer Heide; der Wind bringt das trockene Laub auf der Straße zum Sprechen, er hört aus den Wohnungen die früheren Bewohner an den Wänden kratzen (bröckelnde Mauern, weißes Bettzeug, die Decke über einem Menschenkörper, die er abzieht, wie eine Papierschicht über alten Fotografien in einem Album, wie dünne, weiße Haut über pochenden Venen und Adern), hört ihr Flüstern, denkt, es ist möglich, es war möglich, es wäre möglich gewesen

Aus der Diskussion der Jury zu Thomas Stangl

Daniela Strigl: Das war, glaube ich, Solipsist Nr. 4 hier in Klagenfurt. Aber die Erzählung ist ein Beispiel dafür, wie wenig damit über ein literarisches Werk gesagt ist. Es geht um einen Einzelgänger, der sich selbst allerdings keineswegs genug ist. Er will hinaus in das Leben der anderen, in die Vergangenheit, in alte Fotos. Das alles ist gut, solange er sich die, die ihn umgeben, die wirklich da sind, vom Leib halten kann. Und das Vom-Leib-Halten wird auf eine sehr eindrückliche Weise wörtlich genommen. Der Körper ist die Achse dieses Erlebens, der Körper ist in dieser Geschichte in einer geradezu magischen, unheimlichen Weise präsent. Das ist mit großer Kunstfertigkeit gemacht. Alles strebt mit einer unglaublichen Gewalt auf die Auflösung zu, auf das Nichts. Es gibt zum Schluss keinen Punkt, irgendwie ist alles offen. Ganz kurz liebäugelt der Erzähler wohl damit, uns in Richtung Selbstmord zu führen, aber das wird wieder abgebogen. Es gibt nichts Plumpes und dabei entsteht eine klassische Topografie Wiens als einer toten und gleichzeitig traumhaften Stadt. Es heißt ja auch einmal von einer Figur, sie sei »so deutlich, als wäre sie geträumt« – das Deutliche ist das Geträumte und das Wirkliche ist das, was man nicht erwischen kann. Ich bin sehr angetan und bewundere diesen Text.

Ilma Rakusa: Ich bewundere diesen Text ebenfalls. Ich glaube, Zeit und Raum sind sozusagen die Grundkonstanten, die den Text prägen, so wie auch das Ich, das kein Bild von sich haben will, wie es ausdrücklich heißt, obwohl es sehr viel von Bildern redet, vor allem von Fotos. Ich finde den ersten Satz schon sehr schön: »Er ist nicht dieses Kind«, und dann kommt wieder: »Er ist nicht das Kind aus dem Bild.« Es sind Bilder, Fotos aus verschiedenen Zeiten, aus verschiedenen Epochen dieser Biografie. Wir erfahren auch, dass dieses Kind mit einer Greisin zusammen war. Es werden immer wieder kleine und größere Topografien geliefert. Die Topografie einer Wohnung, aber dann auch, wie schon erwähnt, die Topografie der Stadt selbst, ohne dass dieses Wien richtig plastisch wird. Es ist interessant, der Text erinnert mich mit seiner »erschwerten Form« an den Nouveau roman, den französischen Nouveau roman, der sehr stark bildhaft ist, doch auf eine ungefällige, sperrige Weise. Der Ausdruck »erschwerte Form« stammt von den russischen Formalisten und meint syntaktisch komplizierte Gebilde, Sprachgebilde, die sich selber Hürden bauen. Nehmen wir das Beispiel Claude Simon. Davon gibt es hier einiges, aber gleichzeitig wird die Genauigkeit der Bilder auch wieder wie aufgelöst in etwas Allgemeines, in etwas Schwebendes, Somnambules. Ein Satz ganz am Schluss: »Es geht darum, Raum an Raum zu setzen, mit schmalen Verbindungsgängen, Winkel für Winkel öffnend« usw. Da geht es nicht mehr nur um Genauigkeit, sondern um sehr viel größere Bewegungen einer topografischen Erkundung, oder besser: Eroberung, die vor allem dadurch interessant ist, dass hier nicht nur ein Subjekt den Raum erkundet, sondern der Raum zum Subjekt wird, der dieses Ich sozusagen durchmisst, durchläuft, durchdringt. Auch das eine Auflösung der üblichen Subjekt-Objekt-Beziehung. Das Treibende, das in den häufigen Wassermetaphern zum Ausdruck kommt, geht in Richtung dieser Grenzenlosigkeit, in der die Räume nicht mehr gegeneinander abgegrenzt sind, sondern etwas Fließendes bekommen. Ich möchte noch etwas zur Sprache sagen: Wir haben es gehört, diese Sprache entwickelt einen ganz eigenen Sog, einen eigenen Sound. Das liegt auch an den Assonanzen und Alliterationen, aber es liegt vor allem am Satzbau, an dieser Syntax, die sich immer weiter generiert in zum Teil sehr langen Sätzen. Auch das hat etwas Nouveau-Romanartiges, aber ich will den Vergleich nicht überstrapazieren, weil er auch nicht wirklich aufgeht bis hin zu diesem offenen Schluss, der bewusst auf den Punkt am Ende verzichtet. Es wird etwas offengelassen, bewusst offengelassen. Ich bin von diesem Text sehr angetan.

Martin Ebel: Für mich ist das ein schwieriger Text in der Spannung zwischen Selbstverlust und der Lust an diesem Selbstverlust. Das Ich dieses Textes ist ständig davon bedroht, verloren zu gehen, hat aber verschiedene Mittel, diesen Verlust aufzuhalten. Also erinnert er sich an seine Kindheit und konzentriert sich dabei auf jeden Moment. Wenn er sich nicht konzentriert, wenn er einschläft, die Augen zumacht, ist alles verschwunden. Er bewegt sich in einer Zeitblase, um ihn herum ist alles weg. Da ist auf der einen Seite diese große Angst, sich verloren zu gehen, auf der anderen Seite gibt es auch eine große Lust, verloren zu gehen. Also entwickelt er Gegenstrategien, ein anderer zu werden, zum Beispiel mit diesen Ordnungssystemen und mit dem manischen Herumgeistern in Wien. Er möchte in Ordnungssystemen Sicherheit finden; im Einzelnen findet er seine Schulkameraden furchtbar, die quälen ihn, aber wenn er in dieser Reihe ist und sie nacheinander aufgerufen werden, ist da sein Platz. Er wühlt auf Flohmärkten herum, schleppt Dinge nach Hause, meint, durch ein Loch in eine Vergangenheit, in ein Bild eintreten zu können und da ein anderer zu werden. Das ist sehr logisch, von großer Konsequenz und imponierend umgesetzt in diese manische Sprache, die dem manischen Herumwandern in Wien entspricht. Ich muss aber auch sagen, dass mich dieser Text gleichzeitig völlig kaltlässt. Ich finde ihn unsinnlich und er springt mich überhaupt nicht an.

Ijoma Mangold: Es ist in der Tat nicht leicht, den Text von Thomas Stangl zu deuten. Ich will versuchen zu erklären, wie ich ihn gelesen habe. Die Muse der Erinnerung ist immer auch die Schwester der Muse der Erzählung, das ist die Proustsche Form des Erzählens als großer Wiederbringungsakt der Vergangenheit, der dann gewissermaßen gipfelt in einem Moment der Präsenz des ganzen Lebens. Ich glaube, Thomas Stangl macht genau das Umgekehrte, die Erinnerung ist gewissermaßen nicht das eschatologische Ziel, sondern im Gegenteil etwas absolut Bedrohliches, etwas, von dem es zu viel gibt. Die gelebte Gegenwart scheint mir hier immerzu augenblicklich ins Archiv zu fallen. Aber im Archiv vergeht nichts, alles bleibt. Er versucht, daraus eine Perspektive in die Zukunft hinein zu gewinnen. Das ist, meine ich, in dieser Szene in der Stadtbibliothek angedeutet, wo es um Science-Fiction geht. Da ist der Blick nach vorne gerichtet, aber das Leben bleibt dann doch wieder nur in der Gleichgültigkeit des Archivs und wirft keine echte Spur in die Zukunft. Das Leben ist in jedem Sinne Stoff, nichts als Stoff, und das ist eine Bürde und auch das ästhetische Prinzip dieses Textes. Ich habe das Gefühl, das ist ein perfekt gewebter, unendlicher Textteppich, der quasi in alle Richtungen weiterlaufen könnte. Daher denke ich, dass wir hier einen sehr begabten und vor allem sprachstarken Autor haben, der aber mit diesem Beispiel keinen mich überzeugenden Text geschrieben hat.

Ursula März: Es gab vor zehn oder fünfzehn Jahren einmal ein Buch, das hatte den Titel: Ich will kein In-Mich sein. Das war ein eigenartiges Produkt eines autistischen Jungen, der war zwölf, dreizehn, vierzehn Jahre, hatte bis dahin mit niemandem kommuniziert, auch nicht gesprochen und …

Karl Corino: Der Text ist mit hoher Wahrscheinlichkeit eine Fälschung der Mutter gewesen.

Ursula März: Wie auch immer, ich wollte auf das In-Mich hinaus, und dann, so heißt es oder behauptete die Mutter, hat er einen PC bekommen und fing an zu schreiben und schrieb: »Ich will kein In-Mich sein.« Ich würde sagen, das hier gehört zur In-Mich-Literatur, es gibt einen geschlossenen Raum, einen Kopf, eine Stimme, es gibt viel Material, aber es gibt keine Öffnung zur Welt. Das hier ist In-Mich-

Literatur auf einem ganz hohen Niveau, aber ich hege eine gewisse Skepsis. Diese Art von Literatur ist ein Selbstläufer, denn sie geht irgendwie immer weiter. Auch dieser Text hat ja im Grunde überhaupt keine Lücken, es gibt keine Lücken von etwas, das von außen kommt. Es gibt keine Dynamik in diesem Text, und das macht mich ein bisschen unzufrieden.

Klaus Nüchtern: Ich kann gut verstehen, was Sie meinen. Das hat auch mit dem zu tun, was Frau Rakusa das Fließende genannt hat. Es ist wie eine gleichmäßige Kamerafahrt durch eine abstrakte Stadt. Mir liegt das nicht besonders, trotzdem fand ich den Text unglaublich suggestiv in dieser Gleichförmigkeit der Bewegung. Ich kenne die Gegend ganz gut. Hin und wieder treffe ich den Autor vor einem Regal im Supermarkt. Wahrscheinlich auch den Helden. Es wundert mich nicht, dass der Typ stinkende Füße hat, denn wenn er in einer Stunde zu Fuß vom Karmeliterviertel in der Simmeringer Heide ist, hat er einen ganz schönen Speed drauf. Da hätte ich gerne etwas mehr erfahren und es ein bisschen weniger abstrakt gehabt. Schwer zu verstehen finde ich das allerdings nicht. Das ist ein durchaus philosophischer Text, da geht es um den Möglichkeitsmenschen, jemanden, der verlustfreudig ist und sich in andere Identitäten hineinbegibt, sicher auch, um der drückenden Gegenwart zu entkommen, diesen Normalos. Das finde ich ganz wunderbar, ist leider ein bisschen unterlesen worden. Adamek, Berger, Kernberger, Tröstl – in diesem daktylisch-trochäischen Sound steckt das ganze Elend eines österreichischen Gymnasiasten- oder Schülerdaseins. Da hängen die Faustwatschen in der Luft, die können einem buchstäblich auf die Eier gehen. Es gibt einen Zentralsatz, der lautet: »Adamek, Berger, Kernberger, Tröstl glauben dem, was in ihnen vorgeht«. Das, finde ich, ist eine grandiose Beschreibung vom blöden Erwachsenenwerden. Die sind ständig bei sich zu Hause. Das was in ihnen vorgeht, daran glauben sie, das wird nicht eingeschränkt.

André Vladimir Heiz: Mir gefällt der Begriff Philosophie im Zusammenhang mit diesem Text. Ich denke dabei an Emmanuel Levinas, einen Philosophen des zwanzigsten Jahrhunderts, der sinngemäß sagt: »Wenn ich alles wegdenke, dann gibt es immer noch etwas, dieses Etwas ist aber noch nicht ein Sein.« Dies ist ein Text über die Gegenwart, die von einem dritten Auge quasi ubiquitär wahrnehmend abgetastet wird. Das erinnert beispielsweise an Doderer, bei dem es sinngemäß etwa heißt: »Wenn ich das alles aufnehmen möchte, dann müsste ich in verschiedenen Zimmern Schriftsteller deponieren, damit die sozusagen die Bestandsaufnahme machen können.« Es ist also auch ein Text über das Dasein der Dinge mit all den Qualitäten, die schon genannt worden sind. Wo ich einen kleinen Vorbehalt hätte: Darf sich so ein Text autobiografischen oder psychologisierenden Fragen aussetzen? Diese autobiografischen Reminiszenzen – machen sie den Text nicht angreifbar? Hat er psychologische Motivationen nötig? Da unterscheidet er sich eben vom Nouveau roman, Frau Rakusa.

Ilma Rakusa: Weil der Nouveau roman Psychologie überhaupt nicht vorkommen lässt, ja.

Iris Radisch: Frau Strigl und Ilma Rakusa haben meine Meinung schon weitgehend vorweggenommen. Ich finde den Text leicht zu verstehen und käme nie auf die Idee, dass es hier um ein weltloses Ich geht, was ja in manchen Beiträgen anklang. Ich finde, das klare Gegenteil ist der Fall. Es ist ein Ich, das sich zur Welt hin öffnet, fast grenzenlos öffnet, und nicht nur zur Welt, sondern auch zur Zeit und zur Topografie hin. Das ist natürlich ein Riesenprojekt. Man kann sagen, das metaphysisch-ästhetische Projekt der Literatur schlechthin ist doch das Öffnen der Räume und der Zeiträume und das Nicht-Beharren im Hier und Jetzt und in den Schranken des zufällig gewählten Augenblicks. Auf das eigene Ich ist der Blick ja hier auch überhaupt nicht beschränkt: Bilder werden in der Erinnerung lebendig, die alte Zeit steigt fast sinnlich aus den Bildern auf. Das ist sogar ein weiteres klassisches Motiv, dass man anhand der Dinge, in denen sich die Zeit gestaut hat – davon ist ja auch die Rede – diese Zeit wieder erlösen kann, sie wieder herauslösen, sie wieder sinnlich machen kann. Das ist natürlich das Proustsche Verfahren und die Mémoire volontaire, wo man eben auch nicht weiß, wann es klappt. Wo ist der Durchschlupf, wo öffnet sich die Gegenwart? Was ich damit sagen will, ist, über den ganzen Text hinweg klingt und surrt, schnurrt, sprudelt und rauscht es. Er hat diese sinnliche Qualität, in der die Dinge zu leben anfangen. Ich finde, das ist ein sehr beglückender Text, der natürlich in einer großen literarischen Tradition der klassischen Moderne steht. Es gibt nicht nur Texte, die einen Plot haben, der sich dann erfüllt. Es gibt eine andere Ästhetik neben dem Realismus, und der Text gehört einfach in diese Schule.

Ilma Rakusa: Ich möchte ganz kurz Ursula März replizieren, die mangelnde Spannung feststellte. Dennoch hat dieser Text im Kleinen immer wieder Überraschendes zu bieten. Mir gefällt an diesem Text, dass er pointenlos ist, dass er sich aber im Detail als sehr reich und vielfältig gibt und dass er die Motive immer wieder aufgreift und verschränkt. Man kann von diesem Text sogenannte Spannung, wie wir den Ausdruck üblicherweise gebrauchen, gar nicht einfordern, weil er einfach ganz anders funktioniert. Er zeigt uns, wie er funktioniert, und er hat seine eigenen, sehr großen Qualitäten.

Karl Corino: Wir haben es hier wieder mal mit Variationen über das nun fast schon zu Tode traktierte Motto »Ich ist ein Anderer« zu tun. Ich warte auf einen Text, der endlich einmal sagt: Ich bin Ich! Wir haben hier die Impressionen eines Mannes, der in seinen besten Partien manchmal an die Sensibilität eines Malte Laurids Brigge erinnert, nur dass er nicht durch Paris flaniert, sondern durch Wien. Aber es ist ungeheuer schwierig, sich in diesem Text zu orientieren. Das hängt nicht zuletzt damit zusammen, dass er keine Struktur hat. Ich versuche zu verstehen, wieso sich dieses Subjekt so verhält, wie es das tut. Also: bei der Großmutter aufgewachsen, elternlos. Dann erhalten wir eine Andeutung, dass der Held sich mit einem Buch befasst, das mit dem Tod einer Mutter beginnt und mit Schreien des Hasses endet. Da liegt möglicherweise eine Spur, die zu verfolgen wäre, die wir aber nicht verfolgen können. Der Text überrascht uns immer wieder mit Volten, für die es keine Begründung gibt. »Er glaubt, dass er kein Gesicht hat«, und kurz darauf heißt es: »Er spürt, dass er ein Gesicht hat.« Warum das aber so ist, kann kein Mensch nachvollziehen, weil einem sozusagen das Subgewebe vorenthalten wird. Ein Teppich hat Kette und Schuss und manchmal werden absichtlich Fehler eingeknüpft. Absolut erlaubt, aber das hier ist mehr ein Knäuel, das sich immer fester verknotet, wenn man daran zieht, und einem den Zugang verweigert. Ich sehe durchaus große sprachliche Qualitäten, aber ich fürchte dennoch, der Leser wird in Ratlosigkeit gestürzt.

PETERLICHT

Die Geschichte meiner Einschätzung am Anfang des dritten Jahrtausends

Es ging mir gut. Ich war gesund, und ich hatte Geld. Nicht gerade unglaublich viel Geld, aber ich hatte. Ich konnte mir leisten, was ich mir leisten können wollte, und ich konnte auch mal einen Schlag drauflegen. Zwar war der Schlag so groß jetzt nicht. Aber immerhin. Ein mittelgroßer Schlag. O. k., sagen wir, eher mal an der unteren Grenze von mittel, oder vielleicht am oberen Rand von unten, also auch nicht ganz oben am oberen Rand. Sagen wir, in einem gemessenen Abstand zu diesem oberen Rand. Oder vielleicht mit der leichten Tendenz zu »mittel«. Sprich:

Ich hatte mittel Geld. Mittel Geld im Bereich von »unten«. Obwohl, das müsste ich noch mal genauer fassen. Die natürliche Fruchtfolge vom Geld ist ja das Auf und Ab, und die Natur meines Geldes war wohl doch nicht »mittel«, sondern vielleicht einen Tacken in Richtung ein wenig unterhalb von mittel von unten. Das klingt jetzt ein wenig kompliziert. Um es zu vereinfachen, würde ich sagen, dass man es auch als »unten« bezeichnen könnte.

Also o. k., mein Geld war unten. Aber immerhin, Geld war irgendwie da. Wenn auch vielleicht eher so: Das **Thema** Geld war irgendwie da. Also das kann ich sagen, das **Thema** Geld, da war ich so im Bereich **voll oben**. Ich könnte also sagen, ich war voll von Geld. Überall kam es mir aus den Poren. Geld, Geld, Geld, Geld. Geld flog in meinen Gedanken umher. Es klimperte unentwegt. Alles, was ich aufmachte, klimperte mir entgegen. Münzen, Münzen, Münzen. Man könnte auch so sagen: Meine Schulden waren halt geringer geworden. Sie waren vergangen. So wie der Winter vergeht, und jetzt ging es auch schon wieder aufwärts, also aufwärts im Sinne von: im Prozess sein im Sinne von: in Bewegung hin zu *dem* Punkt, von dem an man die neuen Schulden als weniger betrachten könnte, wenn man wollte. Also die neuen Schulden wurden immer weniger. So könnte man vielleicht sagen. Es kam kein Minusgeld mehr hinzu, es überhäufte mich nicht, wie es mich mal überhäuft hatte. Ich war ja mal im Minusgeld **geschwommen**, das kann ich wirklich sagen. Geschwommen. Gekrault. Delfin. Alles. Ab einem bestimmten Punkt kommt man ja nur noch per Delfin **drüber**, so hepp, **drüber** über sein Minusgeld. Wie ein Raddampfer mit flachem Kiel. Ich möchte mal so sagen: Ich lag wie ein gestrandeter Wal auf der Seenplatte meines Minusgeldes. Aber vielleicht – kann man ja ruhig sagen – vielleicht auch eher auf dem Ozean meines Geldes von unten. Vielleicht besser: Weltmeere. Also ich lag wie ein gestrandeter Wal, aber vielleicht sollte man eher vom Ozeandampfer oder Flugzeugträger sprechen, aber warum nicht gleich Ölbohrplattform? Wobei Ölbohrplattform einen Schuss ins Beschönigende hätte. Ich würde dann vielleicht besser von einer, sagen wir mal – kost ja nix – gestrandeten Insel sprechen.

Also dies wäre mein Zwischenergebnis: *Ich lag wie ein gestrandeter Erdteil auf dem Weltmeer meines Minusgeldes.*

*

Aber o. k.: Ansonsten gings mir gut. Die Sonne schien mir, und ich hatte helle Gedanken. Irgendwo schien immer die Sonne über mir. Und ich immer wieder Kontrollblick: Ahh, o.k. Sonne – da bist du ja und Ahh – ich! Da bin **ich** ja. Also da Sonne. Da ich.

Gut, jetzt nicht wirklich **jeden** Tag, **nur** Sonne. Immer Sonne heißt: es gibt ein paar Graustufen, Angrauungen, *etwas* dunklere Fleckchen. Dann und wann ein Wölkchen, einen kleinen Kumulus-Amigo, sagen wir – einen weißen Bausch, der sich in der Ferne am Horizont verliert über dem gleißenden Land. Und was dann ja ganz natürlich ist, wenn ein Störer die ewige Sonne kreuzt – dann gibt es einen Schatten, und es ist für einen Augenblick etwas dunkler. Für einen Moment, oder mal eine kleine Phase, eine Zeitspanne. Also es gibt eben auch **mal** das kurze

Gegenteil von Sonne. Eine momentane Eintrübung. Und dann ist es nicht ganz so hell und strahlend, sondern hat einen kleinen Stich ins etwas Dunklere. Wollen wir durchaus mal so sagen: Es gab schon mal auch nicht so helle Momente in meinem Leben, und wenn dann die Sonne durchbricht durch die dunkleren Phasen, dann muss ich sagen, ist es schon ein freudvoller Moment, also manchmal durchaus auch ein nicht so immer da seiender Moment.

O. k.: Ich freue mich, wenn dann und wann die Sonne durchbricht im trüben Himmel, der auch mal dunkler sein kann und vielleicht sogar ein wenig finsterlich anmutet. Eigentlich gibt es schon rabenschwarze Momente, d. h. Momente im Sinne von: Kann ruhig auch mal was länger dauern, der rabenschwarze Himmel, der auch eigentlich schon gar nicht mehr unter Himmel läuft, sondern unter Erdmatsche. In der Ewigkeit der Schwärze gab es vereinzelte Lichtblitze, die aber eigentlich alles *noch* dunkler machten, weil man sich ihretwegen nicht an die Dunkelheit gewöhnte, sondern immer wieder daran erinnerte, dass es ja eigentlich auch **nicht** dunkel sei müsste. Also o. k. Das Ergebnis lautet:

Ich befand mich in dauernder, ewiger, schwarzer totaler Nacht. Ich befand mich im Inneren eines Gebirges. Ich befand mich in absoluter Finsternis. Na gut – immerhin regnete es nicht. Es war trocken, und so konnte man es ganz gut aushalten. So würde ich das mit mir umschreiben: es war zwar schon durchaus ein wenig dunkel, aber es regnete nicht, und die Wärme der Nacht umwehte mich. Es war daher alles gar nicht so tragisch. Es war o. k. Hepp. Was jetzt nicht heißen soll, dass es so unangenehm staubtrocken juckig gewesen wäre. Nein, es fielen schon mal ein paar Tropfen vom Himmel. Und – hepp – Glückspilz, der ich war! Da landete auch schon mal ein vereinzelter Regentropfen – hepp – direkt auf meiner Lippe. Ah – schöner Regen –, so lass ichs mir gefallen. Lippen trocken – zack schon benetzt. Tröpfchen auf die Unterlippe. Gut gehts mir.

Was dann vielleicht ein bißchen unokay ist, wenns dann hin und wieder – selten zwar, doch aber dann schon –, zu nieseln anfängt oder zu schütten und wenn dann der Monsun einsetzt (was durchaus selten vorkam oder häufiger oder mitunter oft mit der Tendenz zu immer), und die Straßen verwandeln sich in Schlammwasserkanäle, und ich wate mit der Brust durch die Fluten, und wenn dann die Gullydeckel hochgehen, weil das Wasser sie von unten aus der Kanalisation drückt, und man läuft durch die Brackwasserstraßen, undurchdringlich verdreckt und undurchschaubar das Wasser, und man bemerkt eben nicht den Gullydeckel, der nicht mehr da ist, und tritt ins Nichts, sprich versinkt im Dreckswasser – und so eine Stadt hat ja schon einen ganz schönen Dreck zu bieten, das muss man sagen, und man sinkt also und sinkt, und überall nur braunes Dreckswasser voll von Rückständen und Gegenständen der unterschiedlichsten Art, wobei das dann auch leblos gewordene Lebewesen sein können, von denen man gar nicht reden will in so einer Situation, und man hat ja auch nicht immer seine Atemflaschen an, und wenn man sie anhätte, wären sie wahrscheinlich abgerissen, weil die senkrecht nach unten in die Unterhölle führende Kanalröhre so schmal ist, dass man mit den Pressluftatemflaschen auf dem Rücken da gar nicht mehr durchkommt, und dann ist man eben ohne Luft unterwegs, was dann natürlich die zeitliche Länge der Reise im Unterwasserdreckswassergebiet der Stadt ein wenig oder doch schon erheblich begrenzt. Also das muss man sagen, wenn dann zu den Wassermassen noch Sturmeinwirkungen, aufpeitschende Oberflächenwasser, hinzukommen, dann muss ich sagen, ist damit ungefähr das Gefühl beschrieben, das aufkommt, wenn ich insgesamt den Themenkomplex »Liebe« bedenke. Also Phänomen Liebe, wo ja auch die Gullydeckel aus den Halterungen geschwemmt sind und man in Löchern versinkt, die man nicht sieht, weil man bis zum Hals in was drin ist, und in jedem Loch, da steckt auch schon ein anderer Unglücklicher, der es nicht gesehen hat oder zu unvorsichtig war, und es gibt auch ein allgemeines Überschwemmtsein; es schwimmt ja schon eine Menge Zeugs umher, so eine Gesellschaft, die bringt ja schon was hervor.

So ungefähr gestaltete sich das bei mir mit der Liebe. Das war natürlich schlimm. Tendenziell muss ich aber doch einschränkend hinzufügen, dass meine Freundin und ich uns eigentlich ganz gut verstanden und es deshalb eigentlich nur *halb* so schlimm war. Gut, all diese furchtbaren, verstörenden und deformierenden Einwirkungen, denen eine Persönlichkeit im Rahmen einer Liebe so ausgesetzt ist, muss ich schon sagen, das ist allerhand. Aber meine Freundin und ich, es war einfach wunderbar. Wir liebten uns, wie es schöner nicht sein kann. Es war das reinste Wasser. Und das leichteste. Dies war die beste aller möglichen Zeiten, und wir waren mittendrin. Das Licht lag in großen Bündeln auf den Feldern. Ballen von Sonnenlicht. Und wir konnten uns so viel davon nehmen, wie wir wollten. Ja, wir lagen *tatsächlich* viel in Wiesen, und die Schmetterlinge ließen sich auf uns nieder, und der Himmel war groß, und ein Ende war *tatsächlich* nicht in Sicht. Was soll ich sagen? Ich war einfach nichts als glücklich. Die Bäume trieben die Blüten in den Himmel. Und unsere Blüte – ich will gar nicht davon sprechen. Wir standen in einem wogenden Kornfeld. Das Feld rauschte. Soweit die Sinne reichten, war niemand zu sehen. Die Welt roch nach dem frischen Wind des Universums. Der Himmel war blau, die Wolken weiß. Und es war alles möglich. Wir waren hierhergekommen wie durch ein Wunder. Es hatte sich einfach so ergeben. Wie sich alles so ergab. Wir hatten Zeit, und wir waren mittendrin.

*

Im Zuge dieser Umstände saß ich gemütlich zu Hause auf dem Sofa. Ein Tag, ein zufriedenstellender Tag aus der langen Reihe meiner zufriedenstellenden Tage war zu Ende gegangen, ich hatte gerade das von meiner Freundin gemachte Abendessen eingenommen und wartete – im guten Zustand wartend –, mit geschmeicheltem Magen und ermatteter Brust – angenehm vom Tage ermatteter Brust –, darauf, auf den Schwingen einer geglückten Abendunterhaltung nun in die Nacht zu segeln. Am folgenden Morgen dann, erfrischt und in guter Kraft, würde ich dem Tabernakel meines Herzens wieder die Hostie meiner Arbeitskraft entnehmen und sie dem Arbeitsmarkt zur Speise reichen. Im Kreise meiner guten Kollegen würde ich den Tag verbringen und manches Problem lösen, manchen Schritt vorwärts treten, manchen Erfolg verbuchen können. Ich würde gute Worte hören und anerkennende Blicke ernten. Wie dem auch sei. Ich saß auf dem Sofa, ein wenig geneigt schon mit zerflossenen Gliedern und dem Blick in den milden Himmel. In weiter Ferne die Abendmaschine. Im Flug einen sanft errötenden Streifen ziehend. Einen Zauberstreich. Aufgeflockt von der kühlen Brise der Stratosphäre. Der Friede des Abends. Ich in einem Schimmer. Es ging mir gut.

*

Das hing vielleicht auch damit zusammen, dass es ein sehr gutes Sofa war, auf dem ich mich befand. Ein Sofa von hoher Qualität mit einem dementsprechend exzellenten Sitzkomfort, der mich dazu neigen ließ, meine Sitzposition ein wenig schon ins Sich-Neigende zu verlagern, dass ich also ganz angenehm so halb saß, halb lag. Ein wenig zwischendrin.

Obwohl ich sagen muss, dass das Sofa – und es ist ja eine wichtige und deshalb langwierige Entscheidung, welches man denn nun kauft, das ist nicht ohne –, also die Sofasituation war hochqualitativ und sitzkomfortabel, aber nicht **brandneu**. Es war also nicht direkt vom Händler hierhergekommen und – zack – saß ich jetzt darauf. Es hatte schon ein paar vereinzelte *Gebrauchsspuren*. Man könnte sagen: das Sofa befand sich gerade auf der Reise vom Ursprungszustand zur Anfangspatina. Auf der Sofafahrt zur beginnenden Andeutung von Vorpatina, so könnte man vielleicht sagen. *Es war echt ein total schönes Sofa.* Ja gut, man konnte sehen, dass schon Leute drauf gesessen hatten, dass das ein oder andere Faserknötchen sich gebildet hatte, mein Gott, solche Sachen eben. Man hätte es noch gut verkaufen können, mit einem kleinen Abschlag vielleicht, aber o.k. (wenn man gut verhandelt hätte aber schon fast wieder zum gleichen Preis). Allerdings, das muss man schon sagen, das Sitzen – oder das von mir ausgeübte leichte Geneigtsein, das ja meine angenehme Abendhaltung verursachte, war schon vielleicht einen Hauch zu viel, denn der Winkel, in dem ich mich auf dem Sofa positionierte, war – und das hing wohl mit der beginnenden Patinanähe zusammen – ein wenig, ein weniges bisschen zu stark. Will sagen: Es gab die leichte, ja gewisperte Tendenz, die nur geahnte Möglichkeit, über die Sitzkante hinwegzurutschen, im Sinne von: dem Sofa entgleiten. Aber das auch nur für jemanden, wie **mich** gerade, der wegen Abendröte, Abendstimmung, Schimmer, errötendem Zauberstreich und so weiter so sehr empfindsam gewesen wäre. Wo man aber doch sagen muss, wenn man genauer darauf achtete, wies dieser unangenehme Rutscheffekt solch einen Grad auf, dass das zu einer insgesamten Abwertung der Sitzkomfortintensität geführt hätte. Oder eben führte. Genauer betrachtet war zu erkennen, dass **ein** Sofabein mit dem anderen nicht so richtig mithalten konnte. Es war kürzer und deshalb war das Sofa in Schiefe befindlich. Das Sofabein war aber leider nicht nur kürzer. Man muss schon sagen, dass es durchaus ein ganzes *Stück* kürzer war. Es war so viel kürzer, dass man fast sagen muss, es war gar nicht mehr da.

Ja gut, es war so: Das Sofabein fehlte. Hinzu kam noch, dass auch das **andere** vordere Sofabein nicht so ganz bei der Sache war. Es konnte das vordere Gewicht des Sofas nicht alleine tragen, weil es von seiner Dimensionierung her viel geringer angelegt war als die Sofabeine, welche üblicherweise zu dem Sofa geliefert und montiert wurden. Es war eigentlich ein ganz okayes Bein, es war nur so, dass es eben **auch** nicht so richtig da war und darüber hinaus **auch** fehlte.

Gut, das ist ja kein Beinbruch. Aber ich muss sagen, dass das mit dem Sofa und dessen Komfortbereich – frank und frei gesprochen – so eine Sache war. Seinem Zustande nach war es nämlich sehr weit entfernt von einem regulären Gemütssofa. Der Bezug war aufgerissen, die Eisenfedern sprangen hervor, die Innereien quollen. Ein Gewölle aus synthetischen Schäumen, Wollfasern, Plastikknöchelchen, Pressspanmehl, Drähten und sonstigem ermüdetem Material. Ans Sitzen war gar nicht mehr zu denken. Auch ein halbgeneigtes Liegen war tatsächlich unmöglich, allein schon wegen der enormen Hitze. Die Eisenfedern glühten. Es roch unangenehm nach angesengten Polymerenketten und reinkarniertem Erdöl. Obwohl das Sofa seiner Qualität nach ganz hervorragend war, explodierte es, man muss es so sagen, wie eine Supernova. Aber was nützt das ganze Gerede vom ollen Sofa, das es ja eigentlich nie gegeben hat.

Also gut, man könnte es so sagen: Es hat nie ein Sofa gegeben, auf dem ich gelegen haben könnte an diesem Abend. Das hätte ich mir auch gar nicht leisten können in Anbetracht meiner Lage. Ich blickte wie ein steinerner Zeuge in ein erstaunlicherweise recht großes, sagen wir, sehr großes Loch im Betonboden meiner Wohnung. Man hätte unentwegt Waschmaschinen hineinwerfen können, so groß war es. Ja, man hätte sogar von den Rändern her *mehrere* Waschmaschinen unentwegt hineinwerfen können und trotzdem wäre, während die Waschmaschinen durch das Loch gingen, in der Mitte des von den Maschinen noch nicht erreichten Schlundes ausreichend Platz gewesen, dass eine ordentliche Therapiegruppe, eine lukrativ große Einheit, darin einen Sitzkreis hätte machen können, während die Maschinen hinter ihrem Rücken ins Nichts sanken. Und irgendwie war ich diesem Schlundloch gefährlich nahe. Ich fühlte mich wie ein Käfer in einer Badewanne, dem der Abguss entgegensteht.

Das Loch im Betonboden wäre ja schon für sich gesehen gar nicht so **unbeunruhigend** gewesen, aber o.k. – eigentlich war der Boden, insbesondere der Beton, wirklich ein sehr guter Beton, mit dem man Pferde hätte stehlen können. Der Boden hatte eine sehr gute Qualität, so viel ist sicher. Ein Komfortboden. Trittschall, Wärmedämmung, Raumklima. Nein, das alles wäre ja vielleicht noch o.k. gewesen, wenn nicht ausgerechnet die Scheiben auch zersprungen gewesen wären. Ein abstrakter Sprühregen aus Splittern, Aluminiumfetzen, Stahl-, Mörtel-, und Betonraspeln geisterte umher. Mit der Wucht eines Kometen musste irgend etwas in dieses Haus gefahren sein. Die ganze

Wohnung zeigte sich auf einmal von einer ganz anderen Seite. So als würde man mit Gewalt ein Pferd auf links drehen. Und das ganze Pferd würde nun von außen aus Magenwänden, Organhäuten, Venenröhren etc. bestehen, die einem das Streicheln schwer machten. Die Scheiben, die Rigipswände, der Laminatboden, die Kupferrohre, die Sanitärkeramik, die Dämmmatten, die Kunststoffrohre, die Silikonfugen, die Spaxschrauben, die Holzlatten, die Elektroverkabelungen, Designerstühle, Kleider, Schuhe, Stifte. Alles war von seinem Mikrokern her in Wallung gekommen und hatte sich zerstäubt, verpulvert, erhitzt, verkocht. Ich kniff die Augen zusammen und hob schützend die Arme um den Kopf. Der Küchenschrank hatte sich geöffnet, was heißt geöffnet, die Schranktür sprang einfach weg, wie ein Lachen hervorplatzt, und ein Schwall von günstiger Keramik in allerlei Farben schoss auf mich zu. Ich machte einen entsetzten Satz in den Flur Richtung Gästeklo, in den Schutz eines noch verbliebenen Mauerstumpens. Die Tassen sprangen gegen die gegenüberliegende Wand und blieben in der Tapete hängen wie Mandelsplitter im Schokoladenhasen. Lange hingen sie nicht, dann brach auch diese Wand weg. (Wie das mit Schoko eben so ist.) Noch bevor das geschah, gab es ein Geräusch von einer solchen Quantität, wie ich es vorher noch nicht erlebt hatte, und ich konnte nicht anders, als die Ursprungsquelle dieses Geräusches in einer Resonanztonne in der Größe des Mondschattens zu vermuten. Wer auf diese Tonne zu schlagen in der Lage gewesen war, musste wahrlich wissen, wie man mit großem Besteck hantiert. Es war, als würde allein schon dieser Urton gereicht haben, um die Bäume der ganzen Stadt zu entlauben und den Putz all ihrer Häuser von den Wänden zu blasen. Tatsächlich rauschte es auf, und der Blick aus dem Fenster, vielmehr aus den traurigen Augenhöhlen meiner Wohnung, wurde verdunkelt von einer grünen Wolke aus jungen Blättern, die in senkrecht strichhaftem Aufstieg am Fenster vorbeizogen. Die schönen kirchhohen Platanen unten auf dem Platz, die man von hier oben immer ganz gut hatte sehen können, waren weggesunken und lagen dort unten wie alter Draht. Während des Knalls, der in meiner Empfindung ungefähr 1–2 Tage gedauert hatte und mein zeitliches System außer Kraft setzte, hatte ich – wie ich jetzt feststellte – gar nicht bemerkt, dass er mit der Unmöglichkeit einherging, den üblichen Atemvorgang fortzusetzen. Die Luft sackte weg wie im Sog einer Welle. Die Lungen verpressten sich. Es gab keine Kraft, die hier noch gegenan kam. Mein Hals und meine Brust schmerzten. Ein eigentümlich trauriges Gefühl erfasste mich. Ich stolperte über das Geröllfeld meiner Wohnung und musste erkennen, dass das Loch in meinem Boden auch das Loch im Boden unter mir, und dann wiederum das Loch im darunterliegenden Boden war und sofort. Man konnte bis in den Keller sehen. Ich blickte nach oben, und über der Kratéröffnung irrten vereinzelt ein paar frische grüne Blätter durch den Himmel.

Der zweite Knall kam, als ich gerade versuchte, mir mit dem Nachbarn zwei Stockwerke unter mir etwas zuzubrüllen. In all dem Krach der abbrechenden Beton- und Glasplatten und des pfeifenden Unterdruckwindes war es mir unmöglich, die verschiedenen Laute zu dechiffrieren. Es wehten die Worte in Stücken. Ich hörte den Nachbarn rufen:

»… oben … hier … weiter …«

Ich brüllte zurück:

»… Vergeltungsschläge … üblich … mittags …«

Doch außer dem Blut, das mir aus der Nase rann, blieb davon nichts übrig. Der Staub hüllte es ein und der Wind trug es davon. Ich sah noch einmal hinunter und hörte die Stimme des Nachbarn, der jetzt verschwunden war, wie sie rief:

»… staunen …«

Die jetzt folgenden Schläge fanden schon eigentlich außerhalb meiner Wahrnehmung statt. Das ganze Gebäude war auf eine nicht erkennbare Weise in einen Schüttelzwang geraten. Ich befand mich in einer Gebetsmühle des Zorns, und irgendeine unbekannte fromme Hand meinte es besonders gut und schwang und schwang den Klöppel weit und immer weiter. Jetzt begann es zu qualmen. Aus neu entstandenen Ritzen kam es hervor. Die Versorgungsschächte mit ihren allerlei Gas-, Strom- und Wasserleitungen waren aufgegangen; vieles war aufgerissen und weggeraten, und es war auf einmal vieles offen. Es hatte zu brennen begonnen. Der Qualm, ein schwerer Atem auf direktem Weg in meine Augen und Lungen. Draußen brach die Dunkelheit über die Stadt. Ein letzter rötlicher Schimmer schien dem Himmel. Dann wurde es Nacht. In versetzten Abständen hörte ich die Wasserleitungen platzen. Das Wasser strahlte hervor und lief an den Wänden hinab. Ein stärker werdender Sogwind zog von den Fenstern her. All unsre Sachen, das ganze Zeug, die Kleider meiner Freundin wehten vorbei. Ich erkannte manches, doch vieles auch erschien mir unbekannt. Ohne Sinn qualmte es weiter, obwohl das Wasser lief. Es kam nicht zusammen und erledigte sich. Mit engen, gekniffenen Augen sah ich nach draußen, wo gegenüberliegend eine Zeile von Häusern in sich zusammenbrach und sackte. Die Dreckwelle war augenblicklich später bei mir, und die Staubdecke, die sich über den Platz schob. Ein Regen aus Videokassetten, Dachziegeln, Besteckkästen, Neonröhren, Plastiksandalen, Teppichresten, Kunststofflaschen und Hausmüll. Eine unendliche Reihe, die man ewig hätte fortsetzen können. Ein Regen aus allen Gegenständen, die man sich denken kann oder mal denken wollte. Ein jedes Ding kam vorbei. In Gänze oder als Teil. Ob jemand zu Schaden kam, war ungewiss. Man sah niemanden. Ich hörte niemandes Stimme oder Laut. Nur das Dröhnen und Tosen. Während ich noch in all dem Durcheinander einen blauen Stuhl am Fenster vorbei seinen Weg nehmen sah, überkam mich mit einem gewaltigen Schlage ein größenwahnsinniger Schwall Wasser. So wie wenn man in einen Wasserfall spränge, doch das Wasser sprang über mich. In den Stockwerken über mir musste sich wegen der geplatzten Leitungen ein See gebildet haben, der sich nun über mich ergoss und sich mit mir zusammen eine Spur bahnte durch die unterseeische Landschaft unserer Wohnung. Mit aufgerissenen Augen trieb ich dem Betonloch entgegen, in dessen Strudel sich schon meine Freundin befand, die mit unserer Waschmaschine kämpfte. Im Vorbeischleudern traf sich unser Blick. Wir reagierten nicht. Wir konnten es nicht, wir hatten keinen Platz dafür. Es war ein ledigliches Erstaunen. Zwei völlig unbekannte Menschen. In perplex verdrehter Haltung verschwand sie, und mir rammte sich die metallverstärkte Ecke eines Aktenordners mit der Steuererklärung vom letzten Jahr in die Rippenschwünge und blieb dort stecken. Ich fühlte mich unendlich enttäuscht. Und wollte irgendetwas in die Wassermassen murmeln, doch es gelang mir nicht. Weder hatte ich eine Sprache, noch einen Gedanken. Jeder Gedanke schien mir nur noch der Beweis seines Gegenteils zu sein. Jedes Ding, jedes Wesen, jeder Zustand – alles – war da zum Beweis, dass es gerade **das** nicht gab. Ich rauschte durch das Loch inmitten der Wassersäule und schoss durch das Haus, in dem wir einmal gelebt hatten. Stockwerk für Stockwerk. Hinab. Hinab. Schwerelos schwebte der ein oder andere Fernseher an mir vorbei. Manch ein Salat und manches Brot. Ich sah verschiedene Menschen. Mitunter schien es, als schliefen sie. Ich fühlte mich, als ob es mich nie gegeben hätte, als ob alles, was ich je berührt hatte, mit meinen Händen oder meiner Seele, ein negatives Abbild gewesen wäre in einer Welt der Verneinung. Unfassbare Mengen an negativer Energie. Jedes Ding, jeder Mensch, jede Idee hatte eine reinste negative Kraft in seinem Innersten, die sich nun entlud und freifuhr. Ich erkannte das Ende jeder Hoffnung, und das traf mich mit einer Traurigkeit, wie ich sie nicht für möglich gehalten hätte. All meine Zellen, meine vergangenen Tage, meine gehandelten Handlungen bildeten ein gleichgeschaltetes Reich der Traurigkeit. So, als ob alles Nichts wäre.

*

Doch glücklicherweise war es das nicht. An einem hellen, sonnigen Montagmorgen etliche Zeit später saßen wir zusammen, und es war ein freundlicher Morgen. Wir frühstückten und ließen uns ein bisschen mehr Zeit als sonst. Ich trank einen Roibuschtee und machte ausnahmsweise zwei weiche Eier für uns beide. Das Radio dudelte, ihr Kaffee duftete. Die Schläge waren heute für den Nachmittag angekündigt. Es war also noch Zeit bis dahin. Wir besprachen den Tag, und ich muss sagen, dass ich mich heute richtig freute auf die Fahrt durch den noch kühlen Sommermorgen zu meiner Arbeit. Es standen ein paar Besprechungen an. Ich würde ein paar Probleme lösen, ein paar neue würden sich ergeben. Ein kleiner Erfolg hier, ein gutes Wort da. Auf dem Rückweg würde ich noch leichte Besorgungen machen. Brot, Milch, Grünzeug für die Woche. Vielleicht Sandalen kaufen oder Gartenmöbel suchen. Die Sonne schien herein. Kein Wölkchen am Himmel. Es ging mir gut.

*

Ende

Aus der Diskussion der Jury zu PeterLicht

Klaus Nüchtern: Wie ich den Mienen einiger Juroren entnehme, werden sie sicher gleich versuchen, davon zu überzeugen, dass das überhaupt nicht komisch war. Ich fand es unfassbar komisch. Von all den vielen Selbstberuhigungstexten, die wir nicht nur heuer, sondern auch in den letzten Jahren gehört haben, ist das vielleicht einer der hysterischsten, der es aber zugleich schafft, diese Hysterie in ein Equilibrium zu verwandeln. Am schönsten ist das Gleichgewicht kurz bevor es zusammenbricht. Diese Bewegung wird ständig noch einmal inszeniert, und das ist für mich eine erstaunliche Leistung des Textes, für den ich mich jetzt einfach einmal ganz haltlos begeistere, weil ich ohnehin wieder heruntergezogen werde. Die Leistung des Textes besteht darin, dass er einerseits das Prinzip durchschaut, aber es dann doch in raffinierter Weise variiert, das heißt er läuft nicht stur auf ein auszumachendes Ziel, auf die Apokalypse zu, sondern er macht unglaublich Tempo und nimmt es dann wieder zurück, und wenn man glaubt: »O. k., jetzt hab' ich's raus«, dann kommt ein Schnitt und es kommt die Liebe – und mit der ist es genauso katastrophal. Das ist Jazz im Helge Schneiderschen Sinne, der mit seinen Texten auch unglaubliche Soli bauen kann, diese dann wieder ganz langsam macht und plötzlich kommt ein Hakenschlag. Und von all den schon gehörten Texten, die sich an sich selbst berauschen, hat mir der am besten gefallen, weil er ein unglaubliches Genre-Switching betreibt, tolle poetische Zeilen generiert, wunderbaren Unsinn also: »Ich lag wie ein gestrandeter Erdteil auf dem Weltmeer meines Minusgeldes« – ein Gefühl, das jeder kennt. Er beschreibt einen Kumulus-Amigo, dem ich beim Radfahren auch schon oft begegnet bin, den ich in Zukunft auch so nennen werde. »Hallo, Kumulus-Amigo, schön, dich wiederzutreffen.« Das ist einfach grandiose Literatur, und diese fröhliche Apokalypse hat ja auch einen gewissen Bezug zur österreichischen Literatur: Wiener Gruppe, Konrad Bayer und dergleichen. Das ist eine genuin-literarische Leistung, weil es funktioniert, die Welt in einem derartigen Tempo auf- und abzubauen. Das funktioniert in einem anderen Medium nicht auf derart überzeugende Weise.

Ijoma Mangold: Es ist natürlich nichts enttäuschender als mit haltloser Begeisterung hinter jemand anderem hertrotten zu müssen, aber ich versuche es trotzdem. Ich bin nämlich auch völlig begeistert von diesem Text, ich muss einige der Stichwörter unvermeidlicherweise aufnehmen, die Sie schon genannt haben. Natürlich kann man relativ einfach beschreiben, nach welchem Verfahren ein Teil dieser Pointen erzeugt wird. Ich würde es dem Text aber keineswegs vorwerfen, weil die Pointe gar nicht als Ziel dieser Textbewegung im Vordergrund steht. In diesem Pointengeprassel entsteht eine ganze Welt – meistens eine Unterwelt. Wie effizient diese komische Sprachbewegung vor dem Leser das Panorama, in dem sich der jeweilige Vorgang abspielt, aufscheinen lässt, hat mich schwer beeindruckt. Dieser Autor hat eine große Zartheit und das bei einem Thema, das gerne in der Literatur aufgegriffen wird und für mich meistens nur im Status der Behauptung verharrt – nämlich die Apokalypse. Und warum klappt es hier ganz anders? Ich glaube, deswegen, weil er eine Ambivalenz hineinbringt, denn natürlich ist dieser Text auch ein spielerischer Text. Sie haben von Equilibrium gesprochen. Diese durchaus ernst gemeinte Apokalypse wird gestützt von einem spielerischen, von einem sprachspielerischen Moment, und diese beiden Momente kommen auf großartige Weise zusammen. Einzelne Formulierungen innerhalb dieser irrsinnigen Sprachbewegung entwerfen höchst zarte, poetische Bilder, wenn zum Beispiel von den Schmetterlingen die Rede ist, die sich auf uns niederlassen. Großartig ist auch diese ganze

Bewegung von dem Sofa, das es gar nicht gibt, das immer mehr abgleitet und dann von dieser Schieflage in das immer größer werdende Erdbodenloch rutscht. Der ganze Text ist nichts anderes als eine Schieflage. Dann wird dieses nächste Bild gebraucht, dass nicht nur unendlich viele Waschmaschinen hineingeworfen werden können, sondern dass in der Mitte noch Platz für eine Therapiegruppe ist, die natürlich überhaupt keine Rolle spielt, aber es ist einfach das beste Bild, dass es diese Therapiegruppe ist, die dort Platz finden würde. Komik und Schmerz, Irrsinn, Hysterie und Traurigkeit, auch Sentimentalität kommen vielleicht ganz besonders gut in dem Bild des auf links gedrehten Pferdes zum Ausdruck, die Formulierung selbst tut schon weh! Dass man diese Formulierung, die aus der Welt der Textilien kommt, auf ein organisches Wesen überträgt, ist sowohl komisch als auch eine wirklich unangenehme Vorstellung, wenn man darüber nachdenkt, was das gewissermaßen taktil beim Streicheln bedeutet. Ich würde, damit ich nicht zu lange rede, abschließend sagen: Ich bin sehr, sehr froh, dass PeterLicht aus der Welt der Musik in die der Literatur hinübergewechselt ist.

Martin Ebel: Keine Angst, Klaus Nüchtern, ich möchte den Text jetzt nicht humorlos runterziehen. Ich finde ihn auch schön, habe genauso herzlich gelacht, bin vielleicht nicht ganz so begeistert wie Sie und der Kollege Mangold. Es steckt in der ganzen Komik ja ein ernster Kern. Das darf man wohl sagen, ohne dem Text zu schaden, und dieser Kern ist: Die Sprache kann alles und deswegen kann man ihr nicht trauen. Das führt der Autor hier vor. Das Verhältnis zwischen Autor und Leser oder in diesem Fall Zuhörer ist ja immer ein Machtverhältnis. Der Autor kann alles mit uns machen und wir sind darauf angewiesen, ihm zu glauben. Er führt uns hier regelrecht an der Nase herum und interessant ist, dass wir dabei ein Lustgefühl empfinden. Wir nehmen ihm das nicht übel, sondern wir sagen: »Ah ja, er ist reich!«, »Nein, er ist doch nur halbreich!«, »Nein, er ist nur viertelreich!« und so weiter und so fort. Das macht man gerne ein paarmal mit und dann kommt die Sofastelle, das ist auch meine Lieblingsstelle, die ist wirklich wunderbar, aber da fängt es an, als Schema ein bisschen vorhersehbar zu werden, und ein anderes Stilmittel übernimmt die Herrschaft in diesem Text. »Gott sei Dank«, muss man sagen, denn allein mit diesem Schema Erwartungsenttäuschung könnte man so einen Text nicht durchziehen. Der Autor kann bewundernswert mit Sprachebenen umgehen. Er mischt den Jargon, er mischt den hochtheologischen Stil und das alles immer so, dass genau das kommt, was man nicht erwartet. Also der Text funktioniert, indem er Erwartungen enttäuscht – und nun ein ganz böser Nachsatz: und das ist aber vielleicht schon alles.

André Vladimir Heiz: Es gibt eine ästhetische Qualität bei Texten, die durch die Beurteilung in dieser Runde noch an Klarheit gewinnt. Ich bin bei diesem Text vollkommen von dem Sowohl-als-auch überzeugt. Die Apokalypse ist auch musikalisch unglaublich gut eingesetzt. Ich liebe Texte, die zuerst als ästhetische Qualität daherkommen und sich als solche affirmativ in die Welt setzen.

Iris Radisch: Es wird niemanden verwundern, dass ich das für einen grandiosen Text halte, und ich brauche ihn Gott sei Dank nicht gegen den Vorwurf des großen Alberismus in Schutz zu nehmen. Davor habe ich natürlich Angst gehabt, dass gesagt wird, das ist hier das große Durchgequatsche, das große Durchironisieren der Welt. Ich spüre es selbst und es ist natürlich auch gesagt worden, dass einem das Lachen im Halse stecken bleibt und dass man trotzdem lacht. Das ist eben das Tolle, dass alles gleichzeitig ist. Das, was ich wirklich groß finde an dem Text, ist, dass er natürlich diese Wellness-Rede über die Welt hält und dabei gleichzeitig ganz ernst genommen wird, weil es ganz ernst ist. Und dass er natürlich diesen Alarmismus, Katastrophismus, unser Gerede über das Leben und auch unsere Wahrnehmung der Welt bedient und dass er es ernst meint. Immer der doppelte Blick und das Produzieren von Idyllen, die er aber nicht nur veralbert. Das ist wie so ein Kippbild, wo man das eine und das andere gleichzeitig sehen kann. Ich kenne keine ähnliche Könnerschaft in dem doppelten Blick auf die Welt. Was mir wahnsinnig gut gefallen hat und was ich fast für ein Porträt von uns halte, ist die Therapiegruppe im Schlundloch. Das ist eine Beschreibung, die unserer Realität sehr nahe kommt, so wie ich überhaupt das Gefühl habe, dass dieses doppelte Hingucken, dieser einerseits ganz ernste und trotzdem ganz lose Realitätsbezug unser Weltverhältnis abbildet. Das heißt, dass auch sehr viel Ernstes über uns und unsere Welt erzählt wird. Ein Satz, den ich an ganz anderer Stelle bei PeterLicht gefunden habe, ist vielleicht sogar der Satz, der den Text zu Ende interpretiert. Der heißt: »Das ist das Ende. Ab jetzt geht es so wie immer.«

Daniela Strigl: Das sind an diesem Tag die dritten Mandelsplitter, die uns serviert werden, und das macht gar nichts, wir können mit diesen Mandelsplittern wunderbar leben, denn sie werden immer schmackhafter. Das, was hier vorgeführt wurde, ist natürlich ein Kunststück. Ich glaube auch nicht, dass Komik und Tragik gleichzeitig passieren, sondern es gibt wirklich diesen Umkehrpunkt, an dem plötzlich der Stil, der Ton anders wird und die Apokalypse ernst genommen werden muss. Der Geldmangel ist noch nicht das Ende, wie wir wissen, und ebenso wenig die Sofa-Apokalypse, da fällt man nur auf den Boden, aber wenn sich der dann plötzlich auftut und die Welt, wie wir sie kennen, zusammenbricht, dann wird es ungemütlich. Auch dieses Pferd ist ein schönes und bekanntes Bild – der Reiter, die Apokalypse, das passt alles wunderbar zusammen. Bemerkenswert finde ich den schnellen Auf- und Abbau der Welt. Der Autor zeigt zunächst, dass man nichts glauben kann, was behauptet wird, es heißt ja einmal: »Ich würde dann vielleicht besser von einer, sagen wir mal – *kost ja nix* – gestrandeten Insel sprechen«. Das ist es: Es kostet ja nichts. Also wird gezeigt, dass man alles behaupten kann, es kostet ja nichts. Literatur besteht auch daraus, dass man gratis alles behaupten kann, also werden wir sobald niemanden mehr glauben, der uns sagt, es gehe ihm gut. »Es ging mir gut«, ist der erste Satz, »Es ging mir gut«, ist der letzte Satz und der letzte Absatz spielt nach der Apokalypse, die angeblich gut ausgegangen ist, und gleichzeitig wird mit den Schlägen schon die nächste angekündigt. Das ist für mich die ernste Diagnose hinter allem. Was macht er? Er geht arbeiten, freut sich richtig auf den Tag und auf die Besprechungen, und er wird auf dem Rückweg auch etwas für den Konsum tun und Sandalen kaufen oder Gartenmöbel, möglichst stabile wird er suchen, aber wir wissen, wie das ausgeht, wenn die Schläge kommen. Es geht dann in Wirklichkeit erst richtig los, und wir können uns nicht beruhigt zurücklehnen. Aber das ist immer gut bei Literatur.

Ursula März, Karl Corino und Ilma Rakusa enthielten sich eines Kommentars.

JAN BÖTTCHER

Freundwärts

22 Uhr 35, die allerletzte Überfahrt. Als Jo Brüggemann auf die Fähre hinabrollte, krachte die eiserne Rampe, bog sich unter der Last des Wagens. Er reckte den Kopf nach der Fährfrau, und prompt trat sie an Deck, in ihrem gelben Öljackenponcho. Ein Kommando blieb aus – warum auch sollte sie ihm mit ehrgeizigen Bewegungen einen Stellplatz zuweisen. Er war der einzige Fahrgast an Bord. Niemand war vor ihm, niemand würde ihm folgen.

Jo wechselte Blicke mit seinen Außenspiegeln, links, rechts, kurbelte am Lenkrad, konzentriert auf eine ideale Parkposition, die es gar nicht gab. Schließlich rastete die Handbremse ein, und die Scheinwerfer zeigten hinaus auf die Elbe. Die gelbe Boje verlangte ihre drei Euro fuffzig, Jo Brüggemann stieg aus dem Wagen und zählte ihr das Geld in die Hand. Fünfzehn, sechzehn, dachte er dabei, siebzehn Jahre waren jetzt vorüber – und noch immer keine Brücke von West nach Ost.

Für Oktober stand der Fluss recht hoch, Wind riffelte das Wasser auf, und die Strömung zog die Fähre anfangs so stark flussabwärts, dass sie in einer Kurve auf den östlichen Anleger zuarbeiten musste. Der satte Bass des Dieselmotors strömte ihm in die Füße, unruhig hob und senkte sich vor ihm der Bug.

Keine fünf Minuten später machte die Fähre fest, und es kam ihm vor, als sei die Eisenrampe am Ostufer um ein Vielfaches steiler als jene, über die er im Westen auf die Fähre gerollt war. Ein leichter Anstieg noch bis zum Deich, dahinter verbreiterte sich die Straße zur Landstraße. Seine Heimat war platt, aber kurvig, immer wieder musste man mit der Motorbremse arbeiten, in den zweiten Gang zurückschalten. Jo sah im Scheinwerferlicht, dass andere schneller gefahren waren als er: Hundert Meter nach dem Ortsausgang steckten schon frische Kreuze am Straßenrand. Die Vornamen darauf klangen jung, sagten ihm nichts, aber den Nachnamen, den er einmal im Vorbeifahren las, kannte er.

Die hatte sein Großvater jetzt auch noch alle überlebt.

Sein Vater hatte ihn angerufen, weil es Fritz schlechter ging. Und Jo hatte seine Nachtschicht einem anderen Funker übertragen und war losgefahren. Dass er überhaupt in die Dienstpläne eingreifen konnte, war der einzige Vorteil seiner Degradierung – er nutzte ihn nur allzu häufig aus. Die Kollegen mochten mittlerweile denken, Jo habe sich versetzen lassen, um nachts aufs Land zu fahren und sich um seinen Großvater zu kümmern.

Bögen und Kurven und reflektierende Warnpfeile. Jo saß aufrecht hinter dem Lenkrad. Von Richtung Neuhaus war die Straße eine schnurgerade Allee, beidseitig gesäumt von knorrigen Apfelbäumen – von Westen aber, wo er herkam, schlängelte sie sich durchs Gelände wie die Elbe selbst.

Er hatte das Radio lautgedreht, war ins Gitarrensolo von *Stairway to Heaven* geraten. Dann lieber das Klavierkonzert auf der nächsten Frequenz. In Moll, mehr hörte Jo Brüggemann da nicht heraus. Die Dunkelheit begann ihn zu demütigen. Als müsse er hier noch heimlich ankommen und unerkannt bleiben.

Endlich gab sich die kurvige Straße auf, gab sich der Apfelallee hin, wurde erstmals für viele hundert Meter zur Geraden. Jo Brüggemann hatte immer das Gefühl, dass die Straßen hier ineinanderflossen, sich versöhnten, hier, wo das Schild aufleuchtete, knallgelb: *Stolpau 1 km*. Stichstraße nach rechts. Er hatte vor der Fahrt viel Kaffee getrunken, und all seine Wachheit legte er jetzt in die raumgreifenden Bewegungen, mit denen seine Arme das Lenkrad herumdrehten. Für einen Moment kam es Jo vor, als sei der Wagen ein mächtiger Stadtbus, der in eine enge Straße einschwenkte.

Alles Licht und Leben im Dorf schien erloschen, auch der Deichkrug hatte schon geschlossen. Jens Lewin, dachte er, sein Jahrgang, sein Jugendfreund, der würde sich eher foltern lassen als den Gasthof hier zu übernehmen. Der war in Hamburg angekommen, konnte seine Alten auch mal links liegen lassen.

Jo fuhr an der Kirche vorbei, eine Anhöhe hinauf. Ab hier verlief die Straße auf dem Deich. Er parkte. Als er hinaustrat, fing es ganz leicht an zu regnen. Der Fluss war nicht vom Himmel zu scheiden. Jo drehte sich herum, binnendeichs sah er nun doch hinter einigen Fenstern funzeliges Licht.

Fritz lag im Obergeschoss und atmete flach. Er war jetzt wieder etwas mehr sein Großvater als im Sommer, da hatte sich der Alte zu einer dicken, wächsernen Puppe aufgebläht, in Armen und Beinen hatte sich Wasser abgelagert, das Herz war immer schwächer geworden. Die Ärzte aber hatten entschieden, das Gerät nicht abzustellen. Dieses Gerät war ein Defibrillator, ein implantierter Rhythmusmesser, der das Herz bei Unterschreitung einer eingestellten Schlagfrequenz ruckartig zu höheren Leistungen antrieb. Der zuverlässigen Hilfe wegen nannte Fritz es liebevoll *Defi*.

Jo saß am Bett. Was sollte er hier? Seit zwölf Jahren hielt er Händchen, machte Wickel, redete vor sich hin. Seit zwölf Jahren zeigte der alte Mann die Wirkung der Handgriffe und Worte beinahe ausschließlich dadurch, dass er überlebte. »Wisch doch die Schrift mal wieder aus«, flüsterte Fritz ihm zu. Jo nickte lächelnd: »Dir geht's wohl zu gut. Wo kommen denn hier plötzlich ganze Sätze her?«

Er ging hinunter ins Bad, kleine Handtücher einweichen.

Natürlich fiel ihm das ein: Wie er diese Treppe nur *hinter* seinem Großvater hinabgestiegen war, immer morgens kurz vor sechs, über den Hof, in den Stall, um frisches Futter für die Kühe und Schweine in die Koben zu gabeln, zu schütten. Was heute auf dem Nachttisch lag, hing damals noch am Stall: das kleine, angerostete Blechschild einer Feuersozietät, ein weißes Pferd, das sich auf rotem Grund streckte. Dieses Wappen hatte Fritz täglich berührt, bevor er zu den volkseigenen Tieren ging. Es war das niedersächsische Pferd, es war Großvaters Schutzpatron.

Das Badezimmer roch wie üblich nach Mull, es stapelte sich frisches Verbandsmaterial, links die Rollen, rechts die Kompressen, dazwischen der Spiegel, in den Jo blickte. Wer gab den beiden eigentlich die ewige Erlaubnis, ihn herbeizurufen wie einen Diener?

Die Schrift auswischen, einen Dreck würde er.

Er schlug sich kaltes Wasser ins Gesicht. Rieb sich die Augen mit den Zeigefingern. Weichte die Handtücher ein. Und konnte das Bild schon nicht mehr loswerden. Wie sich Fritz sonntags nach der Tierfütterung ein Ledertuch genommen hatte und auf die Leiter gestiegen war, um die geschnitzte Hausschrift zu reinigen, jeden einzelnen gelb gestrichenen Buchstaben auf den drei dunklen Balken, die das Fachwerk seit 1886 über dem Parterre umrahmten und hielten: *Wer nur den lieben Gott lässt walten / und hofft auf ihn alle Zeit, / den wird er wunderbar erhalten / in aller Not und Traurigkeit. / Wer Gott, dem Allerhöchsten traut, / der hat auf keinen Sand gebaut.* Wie Fritz Brüggemann sich weit nach beiden Seiten reckte. Erst wenn er beim nächsten zu säubernden Buchstaben zu fallen drohte, stieg er von der Leiter und stellte sie um. Jo stand unten, ein Junge, der zwei- oder dreimal pro Ritual geschickt wurde, den dreckigen Lappen auszuwaschen. Neben ihm wartete der Abschnittsbevollmächtigte auf die Leiter, denn die gab es im Sperrgebiet nur geliehen.

Die Hausschrift der Brüggemanns war die erste Strophe eines alten Kirchenliedes, das die Bewohner Stolpaus und der umliegenden Dörfer noch heute sangen. Kein Text sprach den Christen am Fluss mehr aus dem Herzen, denn natürlich ließ Gott die Sterblichen genau hinterm Deich seit Jahrhunderten auf nichts anderem als auf Sand bauen. Sand allerdings, aus dem er wunderbar fruchtbaren Boden geformt hatte. Die Elbauen waren ein Geschenk, und solange Fritz aufstehen konnte, war er nicht nur sonntags, sondern täglich hinübergegangen in die Kirche, um im Gebet zu bekennen, dass außer Gottes Herrschaft keine, auch die der dollsten Einheitspartei nicht, ihn von Feuer, Blitz und Flut verschonen könne.

Es reichte, diese Treppe rauf- oder runterzugehen, um sich selbst zu verlieren. Auf der sechsten Stufe war wohl eine Art Lichtschranke. Wenn Jo die durchschritt, musste er sich fragen, ob im Stockwerk, das er gerade im Begriff war zu verlassen, wirklich alles in Ordnung war. Ob er dort nicht noch gebraucht wurde.

Auch jetzt drehte er auf dieser Stufe um, ging über den Flur und trat ins Wohnzimmer seines Vaters ein. Viertel nach elf war für Hans Brüggemann spät, aber er saß aufrecht in seinem Lehnsessel, als wollte er sich einem Gespräch stellen. Der Sohn küsste ihn auf die Stirn.

»Wie geht's ihm denn?«, fragte Hans leise.

»Wie immer«, sagte Jo.

»Aber er hat gebimmelt.«

»Ich weiß.«

Der Blick des Vaters ruhte auf dem Sohn, lange schwiegen sie sich an. Hinter Hans hing das Simplex-Gerät an der Wand wie eine Trophäe. Mit dem Ding war er früher auf Patrouille gegangen, ein Freiwilliger Helfer der Grenztruppen. Simplex, wusste Jo, hieß entweder empfangen oder senden, beides gleichzeitig ging damit nicht. So hielt man es im Haus noch heute: In der rechten Zimmerecke kam ein Holzstab aus der Decke, daran war eine Glocke befestigt, die Fritz vom Bett aus zum Klingen bringen konnte. Oft genug empfing Hans Brüggemann am Abend hier unten das Signal und sendete ein anderes nach Hamburg, an seinen Sohn.

»Ich wollt dich nur noch kurz sehen.«

»Na ja.«

»Ich geh denn zu Bett.«

»Tu das, Papa.«

Der Vater stemmte sich aus dem Sessel und trat plötzlich zur Seite ab, ohne sich noch einmal umzudrehen. Zur Tür seines Schlafzimmers sagte er:

»Wir sehn uns zum Frühstück, nä?«

»Ja.«

Der Sohn blieb zurück, jenes Sprichwort im Kopf, das auf Plattdeutsch sagte: Sperr nie ein bockiges Jungpferd mit einem sturen Gaul zusammen. Ja, die Alten, was für ein Gespann! Für die beiden würde es noch auf dem Mond keine gemeinsame Partei geben.

Jo ging die Treppe hinauf, legte dem Großvater die Wickel an, saß eine halbe Stunde am Bett. Natürlich erkannte ihn Fritz, aber er konnte die Augen nur selten schlitzweit öffnen. Vielleicht sollte Jo ihm zum Einschlafen aus der Bibel vorlesen, irgendeine dieser Parabeln, dieser Glaubensbebilderungen.

Wenn Jo einfach so losheulte (was er jetzt nicht tat), dann nur über die unbändige Kraft, die sein Großvater einmal besessen hatte. *Meckerfritze,* das hatte er nicht nur als ulkigen Titel, sondern immer auch als Aufforderung verstanden, er meckerte ja gerade dann sehr gern, wenn man es ihm verbieten wollte. Ein Landwirt natürlich, und Land*raub* nannte er, was der Staat mit der Kollektivierung in den Fünfzigern an ihm verübt hatte. Wann immer er der DDR Versäumnisse vorwarf, musste man seinen persönlichen Verlust an Kühen und Ackerfläche mitdenken.

Jo vermisste die Tiraden des Großvaters, das waren bewegende Momente in diesem Haus gewesen, gern getarnt als Abriss der ostdeutschen Agrargeschichte. Fritz hatte bei den *schwachsinnigen* Überlegungen zur Bodenreform begonnen und endete jedes Mal mit wenigen, aber vernichtenden Worten über den LPG-Typ III, für den sein Sohn Hans als Brigadier damals immerhin die Mitverantwortung trug. *Ihr habt nicht mal 'n Plan für fünf Minuten,* rief mit glühendem Gesicht derselbe Alte, der jetzt vor Jo lag und nur grunzte, wenn er zu wenig Luft bekam.

Wieder griff ihn die Stille an. Jo hatte plötzlich Lust zu rauchen, aber Zigaretten gab es nur in Lewins Deichkrug. Also nahm er sich einen Whisky aus dem Eckschrank, nippte daran, hielt das Glas seinem Großvater unter die Nase. Nicht einmal lächeln konnte Fritz. Schließlich ging Jo mit dem zweiten Whisky hinüber, legte sich aufs Sofa, ohne Licht zu machen, starrte an die Decke seines Jugendzimmers, das ihm über die Jahre zum Gästezimmer geworden war. Das Glas stand auf seinem Bauch.

Und was hätte man als Jugendlicher tun sollen, in diesem Irrenhaus! Einmal hatte Jo gesagt, er könne *bei so 'ner Lautstärke* nicht einmal darüber nachdenken, ob er den Hof später weiterführen werde. Da hatten die Streithähne zu krähen aufgehört, kurz mit dem Kopf gezuckt, einander angesehen und über das, was Jo gesagt hatte, wieder zu streiten begonnen.

Einschlafen? Das konnte er grad mal vergessen. Das hatte hier noch nie geklappt, wenn er es sich vornahm. Jetzt gingen seine Gedanken auch noch den eigenen Lebensweg ab. Für ein Studium war nie genug Geld da gewesen. Aber machte er heute tatsächlich wieder das, was er mit dem Ende der DDR hingeschmissen hatte? Nachrichtentechnik. Nur nicht mehr, um in Erfurt die Mikroelektronik für Computer zu verfeinern, sondern ganz woanders, ganz schnöde – am Mikrofon des Hamburger Polizeifunks.

Zur Karriere bei der Polizei hatte ihm Hans geraten, mehr als das, der Vater hatte so lange auf Jo eingeredet – *dein hohes Unrechtsbewusstsein, dein gutes Auge, die nötige Strenge für den Beruf* –, bis er den Schmeicheleien nicht mehr widerstehen konnte. Aber die Entscheidung selbst war doch kein Fehler! Jo hatte die Ausbildung bei der Hamburger Polizei mit Bravour bestanden. Ein guter Schütze, korrekt im täglichen Dienst. Sechs Jahre später war aus dem Polizeimeister ein Kommissar geworden. Man entnahm seinen Akten, dass er einmal Zusatzkurse zum Funker belegt und auch die ungewöhnlich gut abgeschlossen hatte.

»Ja, eine Leidenschaft.«

»Interessant.«

Dieser kurze Dialog fand allerdings in einem Disziplinarverfahren statt, welches eröffnet wurde, weil zwei Beschwerden über Jo aus der Bevölkerung und eine von Kollegen vorlagen, die sein Auftreten als *überhart* einstuften. Jo Brüggemann war angeeckt. Na gut. Aber *zynische,* sogar *menschenverachtende* Kommentare gegenüber unschuldigen Passanten? Hätte er sicher nicht abgegeben, konnte ja wohl nicht wahr sein.

In der Nacht Westwind, sehr unstet. Die meiste Zeit ließ er den Regen zwischen die Höfe fallen, um ihn sich plötzlich zu greifen und Jo Brüggemann auf die Dachfensterscheibe zu drücken. Und der lag weiter wach unter dem Prasseln. Er hörte außerdem das Schnarchen des Großvaters nebenan.

Vor dem Polizeigericht zitierte Jo einen Satz Friedrichs des

Großen, den er sich früh eingeprägt und nun endlich sehr ernst aufgesagt hatte: *Wie ein Land an der Grenze funktioniert, so funktioniert ein Land.* Ein Lieblingssatz seines Großvaters.

Seine Vernehmer sahen sich ratlos an.

Jo fuhr fort, er würde niemals behaupten, größeres Unglück als andere durchlitten zu haben, aber er habe schon immer gefunden, dass in diesem Friedrich-Zitat alles über seine Jugend gesagt sei, und auf seine Jugend wolle er sich jetzt mal berufen, wenn das nicht auch schon wieder verboten sei. Die gewaltige Präsenz des Eisenzauns. Die Sirene. Die Schüsse. »Wenn Sie mich also hart nennen, kann ich nur sagen: Humorige Menschen wachsen woanders auf.«

Seine Vernehmer nickten nur, weil sie so staunten. Es hieß, er solle erst mal wieder zur Ruhe kommen, wofür er nach dem Verfahren in ein Gefilde versetzt wurde, das die Ruhe selbst war, auch wenn viel gesprochen wurde: der Polizeifunk. Funken kam Jo vor wie Angeln, die Kabine wie ein Platz am See. Härter konnte die Strafe nicht sein.

Härter war nur, dass die Strafe seit vier Jahren anhielt. Hob Jo die Hand und meldete Ansprüche an, musste das als sicheres Zeichen dafür gelten, dass er noch nicht zur Ruhe gekommen war. Unter den Kollegen kursierte die Frage, *ob sich Brüggemann wirklich über die Sirene beschwert habe.* Ein Missverständnis wurde zum Witz auf seine Kosten. Jo wurde nur bei Demos gegen die Castor-Transporte eingesetzt, um wie alle anderen auch seine Überstunden anzuhäufen. Ansonsten ließen ihn seine Vorgesetzten auf der Funkstation vergammeln.

Wann hatte es aufgehört zu regnen? Und jetzt das unverhoffte Licht! Er musste also doch geschlafen haben. Jo stieß sich in die Senkrechte, etwas Besseres als einen frühen Spaziergang konnte man hier nicht erleben. Er schlüpfte in die Gummistiefel seines Vaters. Sein Atem in der Hofluft. Stumpf stand die Sonne auf den Stolpauer Wiesen, versilberte die Nässe.

Jo Brüggemann ging nicht auf dem Deich entlang, er ging *freundwärts,* ins Binnenland. Seine Hände lagen auf dem Fernglas, das vor seiner Brust hing. Er atmete tief durch, wechselte in den Laufschritt, um seinen Körper zu spüren. Ließ ein brachliegendes Feld hinter sich, durchquerte Gestrüpp. Am Waldrand stand die Buche mit dem Seeadlerhorst, Jo empfand tiefen Respekt vor dem Gebilde. Kein Herbststurm hatte den Horst zerstören können, seit die Adler hier vor zwanzig Monaten ihre letzte Brut ausgetragen hatten. Wo sie in diesem Jahr nisteten, wusste er nicht, aber er sah die Altvögel recht häufig im Revier. Ihren Nachwuchs nie. Wie machte das Seeadlermännchen? *Kjü, Kjö* oder *Jou*? Ein ansteigender Laut? Ein Jubeln, wenn ja, ein fragendes Jubeln?

Drei Jahre lang ging das jetzt schon so; seit sein Vater Hans sein muffiges Zimmer verlassen und es sich in den Kopf gesetzt hatte, einen Vogelatlas zu erstellen. Drei Jahre sammeln, trennen, kombinieren. Hans mit Digitalkamera, vor allem aber mit dem Minidiscgerät, Vogelstimmen aufzeichnend und seine Imitation davon. Und Jo hatte ihn auch noch mit dem ganzen Zeug ausgestattet, ihn logistisch unterstützt! *Papa, die Leute wollen heute keine Schwarte mehr, mach 'ne DVD, 'ne Website!* Jo hatte seinem Vater von *Usern* erzählt, als seien sie die einzig mögliche Zielgruppe, er hatte in Hamburg einen Programmierer für das Projekt besorgt. Und Hans Brüggemann warf seine Lethargie ab und nahm Kontakt mit dem Naturschutzbund auf, der sich an dem Vogelatlas überaus interessiert zeigte. Hans begann wieder, fremde Menschen *Idioten* zu nennen und zu sagen: *Am Ende verkauf' ich sowieso meistbietend.*

Seitdem also ging sein Vater nicht mehr spazieren, sondern *auf Tour*. Jo verstand das nur zu gut, auch er hasste Hobbys, solange sie bloß Beschäftigung blieben. Ein Ziel war nur ein Ziel, wenn man ihm einen Namen gab und ihm seine Zeit unterordnete. Mit Judo hatte Jo schließlich auch bloß begonnen, weil es diese ganzen Gurte gab, an denen man seine Leistung sichtbar messen und steigern konnte.

Stopp! Wie viele Kraniche? Jos Lider zitterten, als er die Augen schloss und die Vögel herannahen hörte. Sie flogen direkt über ihn hinweg, ein Kreischen wie von Bremsen und Keilriemen. Acht, dachte er und öffnete die Augen. Es waren zehn. Die Vorhut. Jo Brüggemann hob das Fernglas. Diese ruhige Hand war durch viel Training mit Hans auf ihn übergegangen. Lange war es her, dass die beiden gemeinsam Vögel beobachtet hatten. Der Alte trug das Fernglas an der Lederschnur um den Hals. Jo hatte unter dem Band hindurchzutauchen und sich mit dem Rücken vor den Bauch des Vaters zu stellen. Der Junge war gar nicht dazu gekommen, sich der körperlichen Nähe zu schämen, denn wenn Hans Brüggemann von hinten das Glas vor Jos Augen hielt, hockte punktgenau im Fokus ein Vogel. Hans konnte die Vögel noch ins Glas bannen, wenn er gar nicht selbst hindurchsah! Als bestünde da ein Bündnis zwischen Mensch und Tier.

Im November würde am Himmel wieder die Hölle los sein, aber jetzt waren noch keine weiteren Zugvögel ins Glas zu kriegen. Fast zwei Stunden war Jo gegangen, bis er schnellen Schrittes auf der Stichstraße zurück ins Dorf kam, auf den Sandweg vor den Deichgehöften einbog. Hans würde sicher schon mit dem Frühstück auf ihn warten. Frau Jessen, Elbdeich 3, versäumte es, zu grüßen. Die alten Leute grüßte Brüggemann höchstens zurück. War das so verwunderlich, dass er nicht übers Wetter reden wollte? Darin, sagten sie, sei er seinem Vater doch sehr ähnlich.

Der alte Lewin winkte aus dem Garten vor dem Deichkrug. Es war aber kein grüßendes Winken, es war ein Heranwinken. Verwundert trat Jo durch die Pforte und ging hinüber. Der Vater seines Jugendfreundes baute sich vor ihm auf:

»Das muss jetzt mal ein Ende haben, Jo. Dein Vater …«

»Was ist denn?«

»Was ist denn, was ist denn. Immer taucht Hans irgendwo zwischen den Feldern auf, streicht ein paar Äste zur Seite und steht plötzlich an der Straße, steht im Weg. Das ist.«

»Ach was«, wehrte Jo ab. »So'n Quatsch.«

»Die Leute haben Angst, Jo. Dass der nie damit aufhört.«

»Wer fühlt sich denn belästigt?«

»Ich hab auch die Schnauze voll davon«, sagte Lewin.

Keine Replik.

»Du, dein Herr Vater ist hier zwanzig Jahre rumgelaufen mit seinen Bleistiftstummeln im Hemd.«

Jo winkte ab, ohne ein weiteres Wort verließ er den Garten. Natürlich wusste er, dass man in Stolpau seit vielen Jahren versuchte, Hans Brüggemann auszuweichen. Deshalb hatte der ja so lange in der Stube gehockt und Löcher in den Deich geglotzt.

Jo war das Blut in den Kopf geschossen. Er konnte nicht gleich ins Haus gehen, stieg für einen Rundumblick auf den Deich. Hoch über dem Fluss hing ein Ballon mit roten, schwarzen und gelben Streifen. Jo nahm ihn ins Visier und erschrak über das heftige Rauschen. Den Brenner hörte man bis hier drüben. Es gab Zeiten, da wäre für dich schon lange Schluss gewesen, dachte er, da hätten sie dir Kugeln in den Wanst gejagt wie einem Wildschwein.

Er hörte hinter sich ein Auto vorbeifahren und den Schlamm zu den Seiten des Weges spritzen. Bald würde der Schlamm aushärten, die Kälte an Trockenheit gewinnen. Er spürte den Frost schon auf den Lippen. So ein Herbsttag war das. Jo drehte sich einmal um die eigene Achse, das Fernglas vor den Augen. Dabei fiel sein Blick auf Hans, der die Gardine zur Seite gestrichen hatte und ihn aus der Wohnstube ansah. Der Sohn nahm das Glas nicht runter, sondern fixierte den dunklen Balken über dem Fenster. Die gelbe Farbe war fast überall abgeplatzt, die Hausschrift völlig verwittert. Niemand stieg mehr auf die Leiter. Jetzt hielt Jo das Fernglas aufs Obergeschoss. Da war natürlich nur Gardine, regte sich nichts.

Sein Großvater hätte hier der große Sieger sein können.

Wenn man bedachte, wie dieses Lächeln ins aufgedunsene Gesicht des alten Fritz getreten war! Er wollte wohl seinen Triumph zeigen, damals, vor dreizehn Jahren, aber sein Herz war schon zu schwach, die schlaffen Wangenmuskeln ließen nur noch Sanftmut zu. Jo hatte am Bett gesessen und zu erkennen geglaubt, wie all die angestrengte Abschätzigkeit, mit der sein Großvater die DDR und den darin funktionierenden Sohn Hans auch nachträglich noch bedacht hatte, einer späten Erfüllung Platz machte. Am 1. Juli 1993 wurde die Gemeinde Amt Neuhaus, in der sie lebten, rückgegliedert in Fritzens geliebtes Niedersachsen. Jo hatte es seinem Großvater aus der Tageszeitung vorgelesen.

Das war sein Erbe, das war, was dem Enkel hinterlassen wurde: ein Ballonmann, der die Hände auf der Bettdecke zueinander führte. Eine heisere Stimme, die *Nun danket alle Gott* flüsterte. Ein Blechschild mit einem weißen Pferd auf rotem Grund, das auf dem Nachttisch lag. Fritz Brüggemann feierte mit dreijähriger Verspätung die deutsche Wiedervereinigung.

Aber hätte er danach nicht abtreten sollen, wie Sieger es auf dem Höhepunkt ihrer Karriere eben machen? Musste sich der alte Mann diese vier schweren Operationen antun? So vom Wasser beherrscht, von innen aufgerieben zu werden. Und musste er seinem Enkel das antun, ihn andauernd in Stolpau einfahren und aus Stolpau hinausfahren lassen?

Der eine war in die Kirche gegangen, der andere zur Kreisleitung. Und welche Art der Unterweisung konnte Jo nun besser verstehen? Was genau sprach dagegen, so zu denken wie sein Vater, der da unten hinter der Gardine stand? Hineingeboren in ein Grenzland, in dem es vor Westagenten wimmelte, das sich schützen musste vor feindlicher Spionage. Ja, *feindlich, feindwärts der Elbe. Hans Brüggemann,* so hatte es doch geheißen, *gerade am Zaun gehört sich ein klares Bekenntnis zur Partei.*

Vor ein paar Jahren hatte Jo darüber noch gespottet. Aber auch der Spott war ihm vergangen. Sein Vater hatte sich diese Sprache ja auch nicht ausgedacht.

Jos Herz schlug nicht für Hamburg, aber es schlug auch nicht für Mecklenburg oder Niedersachsen. Er schritt durch die Gartenpforte auf das Hallenhaus zu, im Windfang zog er seine Gummistiefel aus und stellte das Fernglas daneben. Dann ging er hinein zu seinem Vater.

»Die ersten Kraniche«, sagte Jo.

»Deine ersten.« Hans goss seinem Sohn Kaffee ein, dem man ansah, dass er nicht mehr heiß war. Jo köpfte sein Ei. Sie saßen an den Enden des Tisches, der Ältere hatte die Ellbogen aufgestützt.

Eine Weile verging.

»Gehst du eigentlich wieder in den Deichkrug?«

»Zu Lewin? Was soll ich da.«

Hans nahm eine Scheibe Pumpernickel aus der Packung und bestrich sie dünn mit Margarine. Auf seiner Tischhälfte stand ansonsten nur noch ein Glas Honig. Auch er musste schlecht geschlafen haben, Jo meinte sogar eine dünne, aufgeplatzte Ader auf der rechten Wange seines Vaters zu erkennen, die gestern Abend noch nicht dort zu sehen war.

»Was macht die Polizei?«

Jo biss in sein Leberwurstbrötchen.

»Sie funkt. Hat er heute Morgen noch gebimmelt?«

Hans schüttelte leicht den Kopf.

Jo nickte.

Eine Weile verging.

»Der bimmelt erst wieder, wenn du weg bist.«

Vor der Abreise ließ Jo Flüssigseife und Wasser in eine Schüssel. Er hob den Oberkörper des alten Mannes an, knöpfte ihm den Pyjama auf und wusch ihn unter den Achseln. Er kämmte ihm den weißen Haarkranz.

Jo musste nicht ständig Fritzens Hand halten, das fand der unnötig. Anwesenheit wäre ihm viel wichtiger, hatte er ihm oft gesagt. Also trat der Enkel ans Fenster.

»Weißt du noch, wie wir die Elbe sichtbar gemacht haben?«

»Mmmh«, kam die schwache Stimme aus dem Hintergrund.

Eine Streckmetallplatte nach der anderen hatten sie zwischen den Betonsäulen herausgerissen. Jens Lewin war mit dem Mofa dort auf dem Deich rumgekurvt, und er, Jo Brüggemann, hatte hintendrauf gestanden, sich mit einer Hand an der Schulter festgehalten und mit der anderen Hand die Fahne wehen lassen. Die Fahne mit dem großen Loch in der Mitte. Oder haarscharf am Zaun entlang, Brüggemann hatte Arbeitshandschuhe getragen und damit immer wieder in die Chromnickeldrähte gegriffen, durch die der Strom geflossen war, er riss die Drähte mitsamt ihren Isolatoren nach unten.

»Auf fünf Kilo war der Zaun geeicht, nicht?«

»Mmmh?«

Der Großvater drehte seinen Kopf auf dem dicken Kissen Richtung Fenster, mit einem Auge konnte er Jo wohl sehen.

»Bei mehr Gewicht hat er ja sofort Alarm gegeben«, sagte der

Junge. Er küsste seinem Großvater auf die Stirn, strich ihm auch über die Wange. »Jetzt muss ich aber, Opa.«

Fritz schloss kurz die Augen. Ein Zuzwinkern, ein Ja.

Jo Brüggemann hatte keine Tasche dabeigehabt. Er trat im Parka vor das Haus, ging die Treppe hinauf, auf sein Auto zu. Es war jetzt beinahe windstill, und als er fest auf den asphaltierten Deich stampfte, sich den Sand von den Schuhsohlen trat, hallte das Geräusch nach. Sogar ein Hund schlug an, drei Höfe entfernt. Jo zog die Fahrertür auf, sein Blick glitt noch einmal über den Türrahmen hinweg, er suchte die Ferne ab. Menschen waren nicht zu sehen, kein Mensch diesseits oder jenseits der Elbe. Er legte den Kopf in den Nacken. Über ihm war der Himmel aufgesprungen in lauter Fünfecke und Sechsecke. Schön sah das aus. Nur in den Rissen zeigte sich die Sonne.

KURT OESTERLE

Wunschbruder

(Romanauszug)

An dem Tag, als seine Eltern die Gewissheit erhielten, kein Kind mehr zeugen zu können, wurde ihr Sohn Max im Alter von fünf Jahren zum zweiten Mal geboren: als einer, der endgültig und hoffnungslos ohne Geschwister bleiben musste. Noch am Krankenbett der Mutter, das kein Kindbett werden wollte, stieg der Verdacht in ihm auf, dass die Eltern ihr Versprechen nicht halten konnten. Sie weinten, doch seltsamerweise um ihn, den bereits vorhandenen Sohn, er, Max, wurde von ihnen bedauert, getröstet und aufgemuntert. Eines von drei oder vieren hätte er sein sollen. Von jetzt an würde er für immer der Erste und Letzte zugleich sein. Ein schneebleiches Häufchen Kind, so war Max anzuschauen, als er im grellweißen Licht des Klinikzimmers stand und gegen seine Tränen anzwinkerte.

Bald kannte das ganze Dorf seinen Mangel. Einen zweiten von Maxens Art gab es weit und breit nicht; rings galt noch immer die Bauernregel: »volle Ställe, volle Stuben«. Mit Max zog das Wort »Einzelkind« im Waldtal ein. Auf der Straße, bei Nachbarn oder Verwandten wurden oft ähnlich klingende Wörter auf ihn abgeschossen, alle mit der spitzigen Ein-Silbe vorne dran: »einzig«, »einsam«, »einzecht«. Geschwisterlos, so war daraus zu lernen, bedeutete noch weniger als allein, geschwisterlos bedeutete unvollständig: ein Schlitten mit nur einer Kufe, ein Schatten ohne Körper, ein Schuh, zu dem der andere erst gefunden werden musste. »Aber einen Kopf für zwei!«, riefen manche unter Lachen, weil sich auch an Max Dinanzer die für seine Sippe typische Manneskopfform grandios und unverfälscht zeigte.

Darauf begann er, sein Gesicht hinter Fratzen zu verstecken. Selten trat er ohne geschürzte Lippen, gebleckte Zähne oder geriffelte Stirn auf. Mit Vorliebe blickte er einäugig in die Welt oder blies die Backen auf, bis ihm die Augen hervorquollen.

Öfter auch zuckte sein Mund, als führe er scharfe Gespräche mit einem Unsichtbaren neben sich. Doch wenn er einmal wirklich reden musste, besonders vor Fremden, sprach er hinunter zu seinen Füßen.

Nur ihn allein zu haben, die dickschädlige Eingeburt, erschien ihm krass ungenügend. Max war die Armut seiner Familie. Aber er war auch ihr einziger Reichtum. Eltern und Großeltern verteidigten ihn stets auf dieselbe Weise. Schamrot und fuchtelnd schrieen sie durcheinander: »Er darf … er kann … er muss … er wird … LERNEN!« Vor viel zu vielen Zeugen schworen sie, alle Bildung auf ihren Einzigen zu häufen. Was seine ungeborenen Geschwister nicht benötigten, sollte ihm allein zugutekommen. Keiner seiner Vorfahren hatte je solches Glück gehabt, keiner war je weiter ins Niemandsland Zukunft vorausgeschickt worden. So mochten die lange ungenutzten Talente der Familie sich in Max entwickeln, von ihm ausgetragen werden.

Eine seiner ersten Lektionen lautete, in der Geschwisterlosigkeit den Grund allen Leidens zu erkennen. Wenn er traurig, ängstlich oder mürrisch war, wurde ihm sogleich ins Ohr gesetzt: »Dem Max fehlt ein Geschwisterchen!« Dieser Satz konnte mitleidig oder höhnisch intoniert sein und so oft wiederholt werden, bis Max mit einem Ja antwortete, obwohl der Satz gar keine Frage, sondern selbst eine Antwort war. Damit man leichter zugab, was einem fehlte, tat der Satz so, als wäre »der Max« ein abwesender Dritter, über den mit dem anwesenden Max, der ihn ebenfalls kannte, nur ein bisschen unverschämt geplaudert werden sollte. Mitunter hätte er nicht einmal widersprochen, wenn ihm gesagt worden wäre, sogar Nasenbluten oder Bauchweh rührten daher, dass er ein Geschwisterloser sei.

Wie etwas, das es nie gegeben hatte, so fehlen konnte.

Und die Welt zeugte täglich von Neuem gegen Max. Sie war unübersehbar geschwisterlich eingerichtet. Alle, die er kannte, hatten Geschwister: Vater einen in der Ferne lebenden Bruder sowie einen, der im Krieg gefallen war; Mutter zwei jüngere Schwestern, seine Tanten; Großvater und Großmutter ungezählt viele von beiderlei Geschlecht, einige waren bereits tot, andere verschollen, wieder andere konnten jederzeit zu Besuch kommen. Wenn sie dann mit am Tisch saßen, Bruder bei Bruder, Schwester mit Schwester, war es möglich, sie zu vergleichen. Doch in keinem Fall überzeugten sie. Max wollte nicht glauben, dass es auch alte Geschwister gab. Geschwister, das war doch nur ein anderes Wort für jung, frisch, neugeboren – und weißes Haar auf Geschwisterköpfen so unvorstellbar wie ein Vollbart in einem Kindergesicht. Geschwister erstrahlten in einem Morgenglanz, den er an diesen Alten nicht finden konnte. Und je ähnlicher die Besucher seinem Großvater oder seiner Großmutter waren, desto peinlicher wurden sie: schlecht nachgemacht, unecht, bemitleidenswert.

Aber sonst sah er Brüder und Schwestern überall. Auch in seinem Dorf war das Geschwisterwesen reich entwickelt. Max, unterwegs an der Hand der Mutter, nahm davon im Vorübergehen, Bild um Bild mit nach Hause: zwei Bauernbuben, die hintereinander auf einem ungesattelten Pferd saßen und in unfassbarer Höhe an ihm vorbeischwebten; dann eine lange Reihe von Geschwisterköpfen, gesehen durch die Rückscheibe eines Autos und treppenartig abgestuft; ebenso Brüderchen und Schwesterchen, nebeneinander in einem Fenster: Max' Handgruß erwiderten sie nicht, so sehr gehörten sie zusammen; oder die Zwillingsmädchen aus der Werksiedlung, wenn Max sie erblickte, bog er sich jedesmal vor Entzücken – noch beim zehnten Wiedersehen wollten sie nicht unterscheidbar werden, und am liebsten hätte er das eine am Ohr gezupft, um herauszufinden, ob das andere es ebenfalls spürte.

Hinter jeder Hauswand hörte er Geschwister flüstern, bei jedem Einzelgänger auf der Straße dachte er dessen Brüder und Schwestern mit, zu jeder Spur fand Max die Geschwisterspur.

Einmal entdeckte er Kinder in einem Nussbaum, fünf, sechs, sieben, die auf den Ästen hockten und Nüsse herunterschüttelten, bis eines der Kinder mit vom Baum fiel, worauf die anderen brüllend loslachten – und gleich lachte es geschwisterlich mit. Ein andermal trat eine Anzahl Jungen aus einem Haus und bildete einen Trupp, der lärmend die Straße hinunterzog. Die kleinen Brüder sprangen im Gehen an den großen Brüdern hinauf, zum Teil bis in Augen- und Ohrenhöhe. Manche liefen rückwärts mit oder drehten sich hochschnellend immer wieder um die eigene Achse. Ein Tanz, ein Reigen, ein lustiges Dahintoben und Fortstrudeln – das war die Geschwisterwelt. Er wollte mehr über diesen Trupp wissen, aber die Mutter sagte, nicht alle, die man für Brüder halte, seien auch welche.

Doch konnten ihm auch echte Brüder gezeigt werden: die drei Pfarrerssöhne, die, in gleichgrauen Lederhosen und gleichroten Strickjacken, zwischen Blumen stehend, darauf warteten, von ihrem Vater fotografiert zu werden. Seinem mehrmals gegebenen Befehl zu lächeln folgten sie nicht, und die dreifachbrüderliche Weigerung kam mit aufs Bild.

Beim Friseur begegnete Max ihnen wieder. Sie wurden in rascher Folge nacheinander geschoren, ohne dass ein anderer Kunde zwischendurch drankam. Man behandelte die drei, als wären sie einer – während sich unter dem Stuhl ihre abgeschnittenen Haare vermengten, untrennbar, ununterscheidbar. Als die Haare am Ende weggekehrt wurden, fiel Max auf, wie wenig es waren. Seine Haare würden nachher zwar unvermischt und unverbrüdert auf dem Boden liegen, doch wären es bei ihm allein vermutlich mehr als bei den drei Pfarrerssöhnen zusammen. Durfte er sich damit trösten? Denn offenbar hatte er nicht nur einen Kopf für zwei, sondern auf diesem auch Haare für drei.

Näher als auf Sicht- oder Hörweite kam Max der Geschwisterwelt einstweilen nicht. Daheim blieb sein Mangel am ehesten vor ihm verborgen, denn dort gab es nur Erwachsene, seine Eltern und seine Großeltern. Die Familie Dinanzer wohnte nahe dem Ortsrand, in einem der letzten Häuser an der Straße zum Friedhof und in enger, schattenreicher Nachbarschaft zu einem Kastanienbaum. Maxens Erwachsene waren fast immer um ihn, mühelos erreichbar und stets für ihn da, selbst sein Vater, der zum Arbeiten nicht aus dem Haus musste, sondern im Erdgeschoss seine Schreinerwerkstatt hatte, in der er Fenster, Türen, kleinere Möbelstücke und bisweilen auch Särge fertigte. Schräg gegenüber besaßen die Dinanzers einen Garten mit Gemüsebeeten, Obstbaumwiesen und einem gemauerten sowie einem gezimmerten Stall für Hasen, Ziegen, Hühner und ein Schwein.

Ganz vorne stand ein verwitterter Schuppen, in dem der Vater Holz lagerte und zu jeder Zeit einen Sarg vorrätig hielt.

Tagsüber flitzte der Sohn und Enkel zwischen seinen Erwachsenen hin und her, überbrachte Botschaften, tauschte Blicke, Grüße, Zeichen, rief zum Essen, obwohl alle wussten, wann Essenszeit war, oder zerrte den Vater ans Telefon. Manchmal sprang er aus dem Verborgenen vor sie hin, dass sie erschraken, oder rief ihnen von fern etwas Unverständliches zu, worüber sie grübeln sollten. Es war, als dürfe er keine Stunde lang versäumen, sich in Erinnerung zu bringen; oder als spanne er bei seinem Gerenne heimlich Bindfäden aus, mit denen die Familie zusammengehalten wurde. Bei mindestens zwei seiner vier Erwachsenen wusste er immer, wo sie sich gerade aufhielten. Die übrigen waren schnell wiedergefunden.

Abends spielten seine Großeltern in ihrer Küche mit ihm Karten. Gespielt wurde um Pfennige, die aber zum Schluss wieder herausgerückt werden mussten; man konnte nur siegen, aber nichts gewinnen. Mit sich allein zu spielen hingegen, gelang Max selten. Lediglich von ihm berührt und angeschaut, wollten sich seine Spielsachen nicht beleben. Sooft man die Plastikritter oder die Blechautos auch anspuckte oder anhauchte und am Ärmel rieb, sie erwärmten sich nicht und schmiegten sich nicht in die Hand, oder nur kurz. Wenn die Eltern in der Nähe waren und leise miteinander sprachen, fürchtete er, angesichts seines Ungeschicks im Spiel falle ihnen sein Mangel ein. Wenn sie, umgekehrt, einmal blass und müde herumhockten und ihrem Sohn kein einziges Wort geben mochten, glaubte er, sie trauerten um eines ihrer ungeborenen Kinder; dann kroch er still unter den Tisch, an dem sie einander gegenübersaßen, und hielt von Vater und Mutter jeweils ein Bein fest, weshalb sie ihm von oben den Kopf tätschelten, ohne vielleicht zu ahnen, wofür sie getröstet wurden.

Plötzlich musste der Vorschlag verhandelt werden, einen Fernsehapparat anzuschaffen. Niemand wusste, von wem er gemacht worden war. Möglicherweise stammte er von Max, der ihn mit verstellter Stimme durchs Schlüsselloch hereingesprochen hatte. Doch keiner forschte nach, alle waren beschäftigt damit, den Vorschlag zurückzuweisen, und jeder schien dabei der Eifrigste sein zu wollen – noch nie hatte Max seine Erwachsenen so wütend erlebt, aber auch so furchtsam. Sie schlugen mit Sätzen wie mit Schwertern um sich, und ihre Stimmen waren kaum noch zu unterscheiden. Für einen wie Max, predigten sie, sei ein Fernseher das Verderben: der adoptiere ihn; der locke ihn in den Sessel oder ins Sofa und lasse ihn darin versinken; ein falscher Kamerad und Rabenbruder sei der Fernseher, gegen den ein Einzelner nichts auszurichten habe; mit seinem Licht, blau und giftig wie Kunstdünger, trockne er die Lebenssäfte aus; und am Ende mache er nicht nur einen dummen Kopf, sondern sogar dumme Füße, mit denen kein Mensch mehr richtig laufen könne.

Jedoch, so schlossen sie, wollten sie ihrem Kind den Fernseher nicht einfach vorenthalten oder verbieten, sondern er, Max, solle von sich aus und zu seinem eigenen Schutz darauf verzichten – geradeso wie sie, seine Eltern und Großeltern, darauf verzichten könnten. Gerne folgten sie seinem Beispiel. Gerne nähmen sie ihn zum Vorbild. Wenn *er* keinen wolle, wollten *sie* auch keinen.

Solcher Liebe war schwer zu widerstehen, obwohl Max sich nicht ohne Misstrauen darüber wunderte, dass die beschworenen Gefahren nur ihm allein oder fast nur ihm allein drohten. Trotzdem freute er sich an dem Gefühl, der Nachgiebige und Vernünftige sein zu dürfen. Auch war es schön anzuhören, dass »unser Einziger« seinen Jahren voraus sei. Wenn zu diesem Glück noch ein Fernsehapparat gekommen wäre, es wäre ein blitzblankes und kugelrundes Glück gewesen. So aber würde in naher Zukunft keine Antenne von Maxens Hausdach in den Himmel aufragen wie eine nach oben geöffnete Krallenhand und verkünden, dass hier ein Fernsehbesitzer wohnte.

Auf den Bahnen, die Max zwischen seinen Erwachsenen zog, fielen ihm hin und wieder kleine Aufgaben zu. Es wurden immer mehr, und allmählich wuchsen sie sich zu richtigen Tätigkeiten aus. Alles ging unmerklich vonstatten und ähnelte dem Zufall. Anfangs war dem Großvater Feuer für seine Zigarre zu reichen, dann hatte die Großmutter ein Wollknäuel zu entwirren oder Zwirn durch ein kaum sichtbares Nadelöhr zu fädeln, schließlich bemerkte die Mutter, dass das Parkett in der Stube leichter zum Glänzen zu bringen sei, wenn beim Bohnern jemand auf dem gusseisernen Gewicht des Bohnerbesens kniete. So wurde Maxens Nützlichkeit entdeckt. Er lieh seinen Erwachsenen Auge, Hand, Fuß oder Ohr, und erst durch ihn wurde jeder von ihnen zu einem Ganzen. Bald fand man ihn beim Tischdecken, Geschirrspülen oder Rettichschaben, bald beim Äpfellesen, Brennholztragen oder Ziegenfüttern, bald auch beim Hofkehren, Stallausmisten oder Marmeladekochen. Immer gelang es Max, im richtigen Augenblick dort aufzutauchen, wo jemand fehlte; dafür wurde er von allen gelobt. Die Werkstatt des Vaters jedoch durfte er einzig dann betreten, wenn darin keine Maschine lief, sondern bloß etwa Hobelspäne in einen leeren Sarg einzufüllen waren, damit der Tote nicht nur sanft ruhe, sondern auch weich liege.

Abends war Max müde wie ein Großer, nur dass er früher ins Bett musste. Doch die Nacht trennte ihn nie lange von seinen Erwachsenen. Schon beim Einschlafen dachte er an den kommenden Morgen voraus. Noch durch seine herabgefallenen Lider konnte er den ersten Lichtstreif des kommenden Tages sehen. Die Vorfreude würde ihn zeitig wecken, auf sie war Verlass.

Angst erfasste Max, wenn er in den Keller hinabgeschickt wurde, einen Krug Most, eine Flasche Wein oder, in einem Korb, nicht zu groß für seine Hand, Kartoffeln zu holen. Niemand begleitete ihn dorthin, und anscheinend wollte ihn auch niemand begleiten, obwohl jeder seiner vier Erwachsenen mitleidig zu ihm hinsah, bevor Max Stufe um Stufe abwärts stieg. Ihm war, als müssten sie es sich verbieten, ihn zu begleiten, vielleicht sogar gegenseitig.

Die Angst wuchs, je näher der Keller kam. Und die Angst zupfte die Erinnerung wach, dass etwas fehlte und wie sehr es fehlte. Jetzt wäre ein Geschwister vonnöten gewesen, ein Mitkind, das wenigstens den halben Weg mitginge und von oben her mit einem redete, während man sich an seinen Worten, seinen Sätzen immer steiler und tiefer hinunterfädelte. So aber waren nur ein paar rasch leiser werdende Werkelgeräusche aus der Küche der Großeltern zu hören. Die breite, niedere Kellertür, nicht leicht aufzustoßen, musste nach dem Eintreten sofort wieder geschlossen werden, damit es im Keller kühl blieb. Sobald sie zu war, riss die Hörverbindung nach oben ganz ab, egal wie sehr man beim Weitersteigen auf der nächsten Treppe auch hinauflauschte. Ein Bruder oder Hilfsbruder hätte es vielleicht gewagt, die Tür entgegen der Anweisung offen zu halten.

Ganz unten war der Keller eine ausgemauerte, halbrunde Höhle; der Boden bestand aus nackter, festgetretener Erde, die einen Geruch ausströmte, für den Max keinen Namen hatte. Das einzige Licht, das hier brannte, kam aus einer vergitterten Lampe im Gewölbe und konnte nur von oben, von den Wohnräumen aus an- und abgeschaltet werden. Doch es erhellte den Keller nicht eigentlich, sondern sprenkelte allenfalls die Gegenstände in seinem Dunkel mit gelbbraunen Flecken. Wäre das Licht auch nur für einen Moment erloschen, Max hätte kaum angenommen, noch da zu sein, wenn es wieder angegangen wäre, sondern vermutet, durch diese eine einzige Schalterumdrehung mitausgelöscht worden zu sein; so schwach und nichtig, so zufällig und mangelhaft im Leben abgestellt fühlte er sich hier unten. Um so größer die Dankbarkeit, wenn seine Hand endlich den Fasshahn gefunden hatte, und der Most in den Krug floss. Trotzdem wurde der Krug bei ihm nie voll – und was darinnen war, nicht selten beim Gang treppauf noch verschwappt. Wenn Max oben ankam, versuchte er seine Erwachsenen mit demselben wortkargen Ernst zu mustern, mit dem sie ihn losgeschickt hatten. Auch umrundete er sie, um sie von hinten zu sehen, vielleicht verriet sich dort etwas. Doch nichts war ihnen anzumerken; man musste wohl mehr Mut aufbringen und länger fort sein, um vermisst zu werden.

Kurz vor Weihnachten erfuhr Max, dass er von seinen diesjährigen Plätzchen an arme Dorfkinder abgeben solle. Ein Urheber dieser Empfehlung war nicht auszumachen, doch hinter ihr schien wieder ein vierfacher Wille zu stehen. Max müsse das Teilen lernen, hieß es aus mehreren Mündern, nur wer teilen könne, bleibe vor Eigensucht bewahrt, vor dem Ich-ich-ich, diesem Untier, das sonst einen wie ihn leicht in seine Klauen bekäme.

Tagelang buken Mutter und Großmutter jedes Jahr abwechselnd in zwei Küchen das Weihnachtsgebäck miteinander: Lebkuchen, Zimtsterne oder sogenannte Makronen, in denen sich von fern pummelige Engel mit Haselnussköpfen und schaumweißen Halskrausen erkennen ließen. Auch puderzuckrige Spritzgebäckkringel wurden hergestellt, die man sich wie Ringe an die Finger stecken konnte, auch mehrere hintereinander. Manchmal trug Max mehrere von ihnen an jeder Hand, bevor er sie von dort weg nach und nach verzehrte. Niemand machte ihm seine Plätzchen streitig, niemand außer der Zeit, die sie, je nach ihrer Beschaffenheit, zerbröselte oder aushärtete. Den härtesten war nur noch auf eine Art beizukommen: Man warf sie in eine Tasse mit selbstangerührtem, gezuckertem Milchtee und wartete, bis sie untergingen. Oder man tunkte sie gleich selbst hinab, und zwar so lange, bis sie drunten zerfielen, zu Schlamm wurden und breiig warm heraufgelöffelt werden konnten.

Die Übergabe der Plätzchen in dem von seiner Familie ausgewählten Haus hatte er sich jubilierender vorgestellt. Noch auf der Treppe vor der Wohnungstür bedankten sich die Eltern: fast demütig und anscheinend erschreckt, als hätten sie kein Geschenk, sondern eine schlechte Nachricht erhalten. Sie bedankten sich nur bei der Großmutter, auf Max wollte ihr Dank nicht überspringen. Auch vom Teilen und Opfern sowie der Hauptperson, die beides vollbracht hatte, war nicht die Rede. Ein wenig unterhalb der geschüttelten Hände, auf Maxens Augenhöhe, rissen derweil die beschenkten Geschwister mit groben Händen die Plätzchentüte auf und wühlten suchend darin herum. Gleichzeitig blickten sie Max so wortlos frech und vorsätzlich undankbar ins Gesicht, dass sie ebenso gut hätten sagen können: Willst ein Engelchen sein, kannst aber nicht fliegen. Dabei verspeisten sie die blind herausgefischten Plätzchen oder vielmehr: Sie rieben sie mit der flachen Hand von unten nach oben in ihre aufgesperrten Mäuler hinein, dass die Brösel, die Nuss- und Mandelsplitter, die Schokoladenkrümel nach rechts und links davonspritzten.

Es war gleichfalls die Großmutter, die ihrem Enkel riet, endlich sein Gesicht stillzuhalten und nicht in einem fort Falten zu werfen, Schnuten zu ziehen und Wülste zu bilden; sonst niste das Alter sich vor der Zeit in seinen Zügen ein. »Niemand muss sich für sein Gesicht schämen«, sagte sie, »jeder darf es frei durch die Welt tragen und sehen lassen.« Am schönsten sei das eigene Gesicht, wenn man nicht daran denke, sofort beginne es zu strahlen, öffne sich wie eine Blüte, werde freundlich und lächelbereit. Sie streichelte Max die Wangen und fuhr mit der Fingerspitze über den Sommersprossensattel auf seiner Nase. Das Streicheln ging in ein Glattstreichen und sanftes Massieren über, das ihm wohltat und ihn ein bisschen schläfrig machte. So entspannte er Muskel um Muskel, wie die Großmutter es verlangte. Gleichzeitig wurde ihm in ihrem Gesicht vorgespielt, was er mit seinem Gesicht alles anstellte: wie er die Augen aufriss oder zu Schlitzen verengte; wie er den dreieckigen hellblonden Haarkeil mit der Hand über die vordere Schädelwölbung herniederzog und darunter ein Gärtchen mit Runzeln anlegte; wie er die Lippen, wenn sie einmal nicht aufgeworfen waren, in seinen Mund hineinsaugte, bis sie weiß waren vor Blutleere.

Als die Großmutter abließ, spürte er sein Gesicht nicht mehr, es war wie weg oder schwerelos und noch nie so leicht zu tragen gewesen, grad als wäre mitsamt seinen Grimassen ein Gewicht daraus fortgenommen worden. Allein die Stirne legte sich gegen Max' Willen gleich wieder von selbst in Falten, da sie wahrscheinlich aus Scheu oder Verlegenheit daran gewöhnt war, und beide, Großmutter und Enkel, mussten lachen über sie.

Ein andermal schlug die Großmutter ihm vor, ein Gedicht zu lernen. Von ihrem Tischende aus rief sie Max einen Vers zu. Er merkte sich diesen Vers, indem er ihn zuerst halblaut, dann in Gedanken nachsprach, und rief ihn, auf Verlangen der Großmutter, von seinem Tischende wieder zu ihr zurück.

Eine Kraft wie die Auswendigkraft hatte Max bisher noch nicht verspürt. Kaum erhob sich seine Stimme, um Verse zu sprechen, wurde ihm warm, sein Gesicht straffte sich, der Atem strömte beim Sprechen wie von selbst aus und ein, und ungeahnter Mut flog ihm zu. Nicht satt konnte er sich hören an den selbst hervorgebrachten Wörtern, die zwar nicht seine eigenen waren, aber doch mehr Kraft besaßen als alle, über die er bisher verfügt hatte. Man musste einen Vers nur am Zipfel erwischen, schon folgte ratternd das ganze Gedicht. Küche und Stube ließen sich mit seinem Klang ausfüllen. Wie der Wind aus dem Blasebalg in Vaters Werkstatt fuhr das Gedicht in die Ecken und scheuchte Staubflusen auf. Zum Fenster konnte man es hinausschreien. Oder hinein durch eine Tür, die man danach zuhaute. Am machtvollsten tönte das Gedicht ins Dunkel einer leeren Gießkanne gesprochen. Auch auf dem Abort, wenn zäh die Zeit verstrich, tat es gute Dienste. Es war treu, das Auswendiggelernte. Selbst stumm ließ es sich noch gebrauchen, indem man es vor sich hindachte. Und nie ging es verloren, noch am anderen Morgen, nach durchschlafener Nacht, in der man es vergessen glaubte, war es wieder da.

Bald schien es der Großmutter auch an der Zeit, die Bitte um ein Geschwisterchen aus Max' Nachtgebet zu entfernen. Da meistens sie ihn zu Bett brachte, entging ihr nicht, dass der Enkelsohn betend noch immer um etwas bat, das nicht zu bekommen war. In seiner Gegenwart trug sie es beinahe verstohlen den drei übrigen Erwachsenen vor und sprach unwidersprochen davon, dass Gott sich verhöhnt fühlen müsse, wenn er mit unerfüllbaren Wünschen belagert werde; außerdem mache sich selbst zum Narren, wer betend und flehend einer grundlos gewordenen Hoffnung nachhänge. Also sei um Gottes wie um Maxens Willen die falsche Bitte aus dem Gebet zu nehmen. Damit wurde freilich auch die hart gegen das letzte Bittwort stoßende Dankesformel überflüssig, die Max gern laut, händeringend und mit heftigem Kopfnicken wiederholte, um den Himmel, falls nötig, vollends zu erweichen.

Das Beten hatte er von der Großmutter gelernt. Fast hatte er überhaupt mit dem Beten das Sprechen gelernt. Zuerst war ein von der Großmutter mitgesprochenes kurzes Reimgebet aufzusagen. Daran wurde eine Litanei von Bitten und Fürbitten gehängt, die Max frei erfunden und eingeübt hatte und alleine sprach. Sie war lang, doch nie gleichlang, und auch die Reihenfolge des Erbetenen änderte sich häufig. Zugleich wurde Max ermahnt, mit dem rasenden Herunterbeten aufzuhören, das er sich angewöhnt hatte und für einen glaubwürdigen Ausdruck seiner Wünsche hielt. Gott und der Großmutter zuliebe tilgte er die Geschwisterbitte aus dem Gebet, das er von diesem Tag an auch langsamer zu sprechen versuchte. Doch immer wenn er an die Stelle kam, an der noch jüngst die Geschwisterbitte erhoben worden war, musste er sich vorsehen, sie aus Gewohnheit nicht wieder einzufügen; so blieb sie unvergessen.

SILKE SCHEUERMANN

Die Furchtlosen

Der Tag pumpte sich ein letztes Mal auf und schickte Sonne und Energie. Das Licht war butterweich – ein abnehmendes Licht, aber noch stark genug, dass die Konturen verschwammen; der Asphalt vor mir glitzerte wie eine Wasseroberfläche. Seit ich mit dem Bus von der Arbeit nach Hause fuhr, kam ich fast eineinhalb Stunden später heim als sonst. Die Abende waren viel kürzer als früher, und doch schien es mir, wenn ich von der Haltestelle durch die Neubausiedlung ging, als ob die leeren Straßen noch einiges mit den Bewohnern vorhatten, bevor sie zuließen, dass es dunkel würde.

Ich zuckte zusammen, als ich die fette, getigerte Katze auf der grün glänzenden Motorhaube meines Minis liegen sah wie eine Raupe auf einem überdimensionalen Blatt. Ich hatte nicht zu dem Auto hinsehen wollen; das Tier hatte sich gestreckt und meinen Blick darauf gelenkt; ich fühlte mich hereingelegt. Meine Hände zitterten, als ich die Haustür aufschloss. Im Flur sprang mir die leere obere Seite des Notizblocks auf dem Telefontisch ins Auge. Ich starrte darauf, dann streifte ich die Pumps ab. Anstatt wie sonst zuerst nach dem schlafenden Julian zu sehen, ging ich in den Garten, wo ich Ralph vermutete. Er war in die Zeitung vertieft, neben sich einen Krug Orangensaft und ein Glas, an dem noch ein paar Fruchtfetzen klebten. Ich blieb auf der Terrasse stehen. Er hatte mich nicht kommen hören; ich zögerte plötzlich, ihn zu begrüßen, formulierte in Gedanken einen Satz, der gut wäre. Mutig, aber nicht zu direkt. Es war schwer; er war oft gereizt in letzter Zeit, das lag an meiner ständigen Verspätung.

»Hat denn immer noch niemand auf das Inserat geantwortet?«, platzte ich heraus. »Können wir nicht ein bisschen mit dem Preis runtergehen?«

Er sah auf: »Du willst ihn unbedingt loswerden, stimmt's?

Kathrin, du hast doch keine Ahnung, dreizehntausend für einen Oldtimer, das ist geschenkt.«

Ich sagte nichts, biss mir nur auf die Lippen. Normalerweise bin ich die Sparsame, aber in dem Fall war es mir egal, wenn wir Verlust machten. Ralph faltete die Zeitung gründlich zusammen, steckte die Teile so ineinander, dass sie aussahen wie neu und lächelte mich an: »Hör mal, ich habe eine andere Idee. Wir können den Wagen genauso gut Sylvia schenken. So wie es aussieht, braucht sie nur die Mindestzahl Fahrstunden, und zu ihrem Geburtstag nächste Woche hat sie den Schein. Warum soll sie einen billigen Gebrauchten bekommen, wenn wir den schönen Mini haben?«

Er sah mich von unten an, halb erwartungsvoll, halb provozierend, und ich dachte, wie gut er immer noch aussah. Seine Schläfen wurden grau, aber er war ein Mann, der wie zum Spaß alterte. Keine Traurigkeit, reine Würde.

»Ich glaube nicht, dass sie einen Wagen braucht«, sagte ich vorsichtig. »Mein Gott, Ralph. Sie kann mit dem Fahrrad zur Schule fahren, das ist viel gesünder.«

Das klang, als gönnte ich ihr den Wagen nicht. Was ich nicht sagen konnte, war: Ich glaubte nicht mehr, das Auto brächte *irgendwem* Glück. Aber ein Wort wie Aberglaube kennt mein Mann nicht, auch wenn man es ihm buchstabiert.

Ralph sagte: »Und nächstes Jahr an die Uni radeln? Wenn sie hier wohnen bleibt?«

Auf dem Rand des Kruges krabbelte ein Marienkäfer, die Flügel halb gespreizt; wie ein winziges aufgeklapptes Handy empfing er seine Informationen aus der Luft. Plötzlich war mir das Gespräch zu viel. Die eine Sache war, dass ich nichts mehr von dem schrecklichen Auto hören wollte, die andere, dass ich praktisch pausenlos von ihm redete.

»Lass uns nicht wieder streiten!«

»Dann hör doch auf, es zu beschwören!«, sagte Ralph und klopfte auf die massive Lehne des Liegestuhls, zum Zeichen, dass ich mich zu ihm setzen sollte, aber ich schüttelte den Kopf, es war mir zu heiß. Wenn ich das vom Arzt verschriebene Medikament gegen die Angst genommen hätte, *dürfte* ich gar nicht in die Sonne gehen, fiel mir ein. Ralph hatte sich darüber lustig gemacht, »Wo gibt es denn so was«, hatte er gesagt, »du hast sogar Angst vor einem Medikament gegen die Angst.«

Ich riet Ralph, bald ins Haus zu kommen, es würde dunkel, und dachte daran, dass es um unsere Liebe im Moment wie um meinen Führerschein stand, noch gültig, aber derzeit nicht gebraucht. Er nickte spöttisch, griff wieder zur Zeitung, und ich ging in den ersten Stock, um nach Julian zu sehen, der schon schlief. Wie er das Gesicht zur Decke gedreht dalag, mit diesem hellen Haar, sah er so schutzlos und unschuldig aus, dass es wehtat. Ich streichelte ihm über den Kopf, über die verkrampfte Hand, die den Kuschelhund hielt. Ich glaubte an nichts, das war mir in diesen Tagen aufgefallen. Nicht an irgendetwas Religiöses oder Metaphysisches, nicht an eine politische Utopie. Eine Stimme in mir sagte, aber an das Leben glaubst du doch, und das stimmte zum Glück.

Ich zog die Tür nicht ganz zu, als ich auf Zehenspitzen das Zimmer verließ. Das Telefonkabel lief unter der Tür ins Nachbarzimmer, man konnte stolpern, aber ich wollte nichts sagen, wenn Sylvia unseren uralten Apparat statt ihres Handys benutzte, sparten wir immerhin Kosten.

Kathrin hatte mich schon immer genervt, aber seit dem Überfall war sie ein Problem. Immer stritten sie, wenn sie abends heimkam, ich hatte die Fenster offen und hörte sie im Garten, drehte dann die Anlage auf oder fing an zu telefonieren, um nur ja kein Wort zu verstehen. Wie Kathrin Papa kränkte, indem sie plötzlich das Auto nicht mehr haben wollte! Es war kaum ein Dreivierteljahr her, da hatte er es ihr geschenkt, nachdem ihr alter Fiat kaputtgegangen war. Mann, das war ein Theater gewesen. Er hatte die Schlüssel in ein Kästchen getan, und dann liefen wir alle vor's Haus, stellten uns um den tollen Mini. Erbsengrün war er, ziemlich auffällig, deshalb hatte der Bankräuber ihn auch bei nächster Gelegenheit wieder abgestellt. Zum Teil hatte es jedenfalls am Wagen gelegen, dass sie den Kerl so schnell geschnappt hatten. Ich musste immer an den Moment denken, an dem er Kathrin die Knarre unter die Nase gehalten, sie bedroht hatte, *deine Autoschlüssel,* ich stellte mir sein Entsetzen vor als er bemerkte, wie auffällig sein Fluchtfahrzeug war. Kathrin sah nicht nach so was Extravagantem aus. Dass sie den Schlüssel einfach so herausgegeben hatte fand ich unglaublich; ich hätte das nicht getan, da war ich mir sicher; ich fürchtete mich nicht so leicht. An ihrer Stelle hätte ich einfach geleugnet, ein Auto zu haben.

Ich fegte einen Stapel Papierzeug vom Tisch Richtung Mülleimer, ein Hausaufgabenheft fiel auf den Boden, aber ich ließ es liegen. Ich selber hätte den Wagen so gerne gehabt, aber das war ja allen egal. Kurzer Blick auf meinen Stundenplan, dann packte ich das Mathe- und das Geometriebuch ein, außerdem *Romeo und Julia auf dem Dorfe.* Ich verzichtete auf die Sportsachen, das war die Doppelstunde am Nachmittag, prima zum Schwänzen. Ich würde Tommy vorschlagen, ins Schwimmbad zu gehen, tagsüber hatte er ja Zeit. Ich ging ins Bad und inspizierte den Wäscheständer. Kathrins BHs, schön säuberlich mit den Schalen nach links gerichtet, eine Wäscheklammer pro Stück an die linke Verschlussseite, kleine Titten, viel Zeug in schwarz und grau, es sah aus wie ein zerlegter Eierkarton.

»Was suchst du?«

Sie war geräuschlos hinter mir aufgetaucht. Das Kostüm war eines ihrer schlimmsten, aber seit sie wieder arbeitete, sah sie ein bisschen besser aus. Sie kratzte sich mit ihrem linken Fuß am rechten Unterschenkel und sah mich ratlos an.

»Meinen Bikini«, sagte ich. »Ich geh morgen nach der Schule mit Tommy ins Schwimmbad.«

Sie wünschte mir Spaß, wartete, ob ich noch was sagen würde, aber das hatte ich nicht vor. Bevor ich wieder in meinem Zimmer verschwand, stellte ich mich kurz ans Fenster, paffte eine Zigarette und sah hinaus auf die Vorgärten. Alle gepflegter als unserer, also spießig, das waren wir nicht. Wir waren erst seit eineinhalb Jahren hier, zusammen mit einem von Kathrin organisierten Kredit hatten sie das Haus gekauft. Mir gefiel es, auf einmal war alles neu um einen herum, keine Vergangenheit, nur das Jetzt und die Zukunft. Die Schule jetzt war mir lieber, auch wenn Tommy sagte, ich sei da nicht die Queen, nur die Königin der Landeier.

Als ich zurück in mein Zimmer kam, saß Papa auf dem Bett und sah sich meine CDs an.

»He«, sagte er, und ich schob unauffällig meinen Bikini in die Schultasche. Ich freute mich, ich hatte auf den richtigen Moment gewartet, da war er.

»Ich habe eine Eins in Sozialkunde bekommen.«

Seine Augen leuchteten richtig, und die große Falte am Kinn verkürzte sich, weil er lächelte. Ich fummelte aus der Schublade meinen Schnellhefter, auf dessen erstem Blatt oben eine rote Eins und die Signatur von der Schmalenberg prangten. Normalerweise reichte ihm das, und zehn Euro wechselten den Besitzer, aber diesmal griff er nach dem Ordner. Ich sagte schnell, dass es nicht so interessant wäre, vom Thema her.

Er las laut: »Verbrechen in Stadt und Landkreis – ein Vergleich«, dann lachten wir beide, aber verlegen. Sollte ich mich schämen, weil er sich jetzt Sorgen um mich machte? Die Arbeit war nicht so toll, aber als ich das Thema vorgeschlagen hatte, war die Schmalenberg sofort Feuer und Flamme gewesen. Sie hatte bestimmt Wind von der Sache bekommen und fand es gut, dass ich meine Stiefmutter besser verstehen wollte. Das war ein Grund, sicher. Abgesehen davon gab es auch ein privates Interesse, es hatte nur mit mir zu tun und ich sprach nicht darüber, mit keinem.

»War es schwierig für dich, das zu schreiben?«

Pa ließ den Hefter sinken.

»Nein«, sagte ich. »Im Gegenteil. Es hat mir deutlich gemacht, dass wir, ich meine, dass Kathrin Glück hatte.«

Das stimmte. Alles, was ich über Verbrechen und Unglücksfälle im Landkreis gelesen hatte, bestätigte mich in der Ansicht, sie sollte endlich Ruhe geben, einfach nur dankbar sein. Es passierten definitiv schlimmere Dinge, als dass sich jemand dein Auto auslieh.

»Die individuelle Wahrnehmung ist halt anders. Es lässt sie nicht los.«

»Sie hat sich so eine Art angewöhnt, im Haus rumzuschleichen und einen zu erschrecken«, sagte ich.

Zweieinhalb Wochen, fasste ich still zusammen, zweieinhalb

Wochen war sie *das Gespenst* gewesen, mit bleichem Gesicht und schwarzen Augenhöhlen. Ich trieb mich daher draußen rum, machte außer der Sozialkundesache nichts für die Schule, war in der Zeit auch Tommy nähergekommen. Kurze Zusammenfassung – und ich kam mir vor wie eine Kriegsgewinnlerin.

Pa schaute wieder auf die Hüllen der CD, dann auf den Schnellhefter, dann auf mich.

»Pass mal auf, ich verspreche dir was. Du kriegst das Auto, wir zögern es einfach ein bisschen hinaus. Das Inserat war einmal geschaltet, aber Kathrin kontrolliert doch nicht, ob ich es wirklich verlängere.«

Er strahlte über das ganze Gesicht, und alles in seinen Augen war Freundlichkeit und Liebe.

Am nächsten Tag war es in der Bank hektisch, deshalb freute ich mich nicht sofort, als ich Sylvia in der Schlange warten sah, sondern schaute mich erst vorsichtig nach den Kolleginnen um. Ich war die Einzige gewesen, die nach dem Überfall krankgeschrieben worden war, sie fanden mich zimperlich und beobachteten mich; da musste man keinen neuen Stoff liefern.

»Hallo, Syl, was führt dich denn her?« Ich begrüßte sie herzlich. Auch wenn ich annehmen musste, dass ihr Vater ihr gesagt hatte, sie sollte bei mir vorbeischauen, so war es doch ein Zeichen: Sie tat ausschließlich das, was sie wollte.

»Nichts Besonderes. Diese Bank ist ja grässlich.«

Sie war im Schwimmbad gewesen; ihre rot getönten Haare waren feucht, man sah den schwarzen Ansatz. Dass sie so laut sprach, machte mich verlegen, denn Cordula schaute her, ausgerechnet. Sie war es gewesen, von der er das Geld gekriegt hatte – und wie alle außer mir war sie am nächsten Tag wieder topfit am Schalter gestanden.

»Tja«, sagte ich, »wir werden sehen, wo du mal landest.«

Sie hätte sich umdrehen und rausrauschen können, aber sie lächelte ganz entspannt. Mir schoss der Gedanke durch den Kopf, dass sie vielleicht Sex gehabt hatte im Schwimmbad.

»Was grinst du so, Kathrin? Ich wollte dir sagen, dass ich mit Tommy im Auto heimfahre und wir dich mitnehmen können.«

Ich hatte nicht die geringste Lust, aber es war wohl unausweichlich. Außerdem starrte Cordula jetzt ostentativ zu uns herüber; sie ließ sogar einen Kunden warten.

»Wann und wo?«

»Drüben, vorm Schuh-Görtz, um halb, ja?«

Sie ging, an der linken Schulter baumelte ihre bunte Umhängetasche. Hätte ich sie der Polizei beschreiben sollen, ich hätte auf die kleine Tätowierung hingewiesen, die man trotz des Tops am Rücken sehen konnte, ein schwarzes Kreuz, um das eine blühende Phantasiepflanze mit blutroten Blütenblättern wuchs. Es sah hübsch aus, sexy.

Die Zeit verging schnell, ein Gesicht nach dem andern, und zwischendurch trank ich kalten Tee. Wie immer wartete ich, bis Cordula das Gebäude verlassen hatte, erst dann ging ich. Als sie sich unbeobachtet glaubte, verstaute Cordula die halb volle Riesenschachtel klebriger Pralinen in ihrer Handtasche, die uns der Chef auf den Schreck hin geschenkt hatte. Ich hatte schon die Jahre bis zu Cordulas Pensionierung gezählt, so wenig konnte ich sie ertragen. Aber furchtlos, das war sie wirklich.

Draußen umfing mich die heiße Luft des Spätsommertags wie eine Parallelwelt. Ich stand nur durch eine Glasscheibe getrennt von einem Schaufenster voller Sandalen, Schläppchen, Turnschuhe.

»Hallo«, rief ich, als ich Sylvias rotes Oberteil von Weitem erkannte.

Die beiden drehten sich praktisch gleichzeitig zu mir um, Tommys Lächeln war charmant, und maskenhaft, wenn ich nicht gewusst hätte, dass er neunzehn war, ich hätte ihn älter geschätzt. Ein ehemaliger Abiturient des Siemens-Gymnasiums, jobbte gerade, mehr wusste ich nicht.

»Also los«, kommandierte Sylvia. Im Gehen nahm sie eine kleine Cola-light-Flasche aus der Umhängetasche und öffnete sie mit einem Zischen. Am liebsten hätte ich sie gefragt, ob ich einen Schluck haben könnte, aber ich wollte mir vor Tommy keine Abfuhr holen. Die aggressive Hitze des Tages zog alle Flüssigkeit aus dem Körper wie ein gigantischer Lappen Kleenex. Mein Mund fühlte sich trocken an, und ohne die Kühlung durch die Klimaanlage der Bank war meine Bluse sofort unter den Achselhöhlen nass.

»Nun habe ich einen Eskorteservice nach Hause«, sagte ich mit gespielter Fröhlichkeit. Ich war etwas außer Atem, beide waren um einiges größer als ich und machten lange Schritte. An der Töngesgasse zielte Tommy mit dem Schlüsselbund auf einen nagelneu aussehenden Mercedes, ein Modell, von dem ich glaubte, ich hätte es neulich in der Fernsehwerbung gesehen. Ich hatte den beiden zehn Euro als Zugabe für's Kino geben und mich damit an den Fahrtkosten beteiligen wollen, das kam mir jetzt albern vor. Tommy setzte sich, Sylvia war schon auf dem Weg Richtung Beifahrersitz, also befand sich mein Platz wohl hinten.

Das Auto sah innen völlig unpersönlich aus. Keine Zeitung, kein Stäubchen, nichts. Als ob es gerade aus der Fabrik käme, nicht einmal ein Päckchen Kaugummi lag zwischen den Vordersitzen. Tommy fuhr an, und kaum ein paar Straßen weiter war der Wagen schon eiskalt, irgendein Gebläse lief auf Hochtouren; ich fröstelte in meiner nassen Bluse und sehnte mich nach der heißen, stickigen Luft von vorhin zurück: »Könnt ihr es ein bisschen wärmer machen? Nur ein bisschen.«

Obwohl Sylvia okay sagte und anscheinend etwas verstellte, bemerkte ich keinen Unterschied. Dafür fuhr Tommy jetzt anders. Schon in der Stadt hatte er, wo es ging, beschleunigt, nur um dann vor roten Ampeln doch wieder bremsen zu müssen, aber auf der Landstraße entdeckte er das Gaspedal noch einmal ganz neu. Im Fenster verschwammen die Straßenpfeiler zu einer einzigen Mauer, nicht einmal die Schutzmantel-Madonna konnte ich sehen, die an der Abzweigung nach Vilbel in ihrem Schaukasten stand. Oder lag es an mir, und ich verpasste sie einfach, weil mir die Augen tränten? Ich fasste mit der Hand an das Gurtschloss, umklammerte das kühle Plastik, und ein Gefühl der Beklemmung, wie ich es seit Wochen nicht mehr gehabt hatte, ließ mich flach atmen.

»Tommy, könnten Sie etwas langsamer fahren?«

»Natürlich, das kann ich gerne tun.«

Er hatte eine melodiöse, schöne Stimme. Geschmeidig war

das Wort, das mir einfiel. Und obwohl seine Antwort ironisch geklungen hatte, gehorchte er sofort, kroch geradezu über die Straße, ich wollte schon sagen, nun übertreiben Sie nicht gleich, aber das war nicht nötig, denn schon nach kurzer Zeit kletterte die Tachonadel wieder, und es kam mir so vor, als überholte er jeden einzelnen Wagen, der in die gleiche Richtung fuhr. Natürlich konnte das nicht sein, Sylvia war eine kluge Person, sie hätte sich beschwert. Ich machte mir bewusst, wie durcheinander ich war. Weil niemand sprach, zog sich die Fahrzeit in die Länge. Sylvia klappte den Spiegel herunter und schminkte sich die Lippen; mir schossen alle möglichen Gedanken durch den Kopf. Ich schloss die Augen, mir war schlecht, aber da war keine Dunkelheit, die mich schützte, nur diese gleißenden Punkte, die sich zu weißen Flächen zusammenschoben und vor meinen Lidern flackerten. Ich sah Rot, silbergrau in der Landschaft verschwinden, ich sah die alte Frau mit ihrem Hund, die gestern im Bus neben mir gesessen hatte, ich sagte mir, ich fühle mich sicher, die Farben waren schön.

»Der Mini soll also verkauft werden?«, hörte ich dann plötzlich Tommys Stimme, und da, in diesem Moment dachte ich, »Ach so, daher weht der Wind«, und es war tatsächlich eine Erleichterung. Es ist immer einfacher zu wissen, warum etwas passiert, egal was es ist, es nimmt eine Last von dir. Ich hatte das auch der Polizistin gesagt, die mir am einfühlsamsten vorgekommen war.

»Ich bin mir gar nicht mehr so sicher«, sagte ich.

Ich bedankte mich leise bei Tommy, als ich ihn zum Abschied im Auto umarmte, und sah dabei aus den Augenwinkeln, wie Kathrin die Treppen zur Haustür hochstürmte.

»Bonnie und Clyde«, flüsterte er grinsend zurück, aber das ärgerte mich, und ich schüttelte den Kopf.

Ohne mir vorschriftsmäßig die Schuhe auszuziehen ging ich die paar Schritte durch den Flur, ich wollte Papa gleich die Neuigkeit erzählen, aber dann blieb ich abrupt stehen, als ich das heisere Lachen einer Frau hörte, echt erotisch und echt unpassend, und dann Papas Stimme.

»Wer ist das denn?«, fragte ich Kathrin.

Sie zuckte mit den Schultern, hängte scheinbar seelenruhig ihren Mantel auf, aber dann öffnete sie die Tür zum Wohnzimmer doch ziemlich plötzlich, und da saß Papa mit einer großen Frau im Hosenanzug. Erst auf den zweiten Blick sah man, wie gut sie aussah, ein herber Typ, machte auf Katherine Hepburn. Julian war vor einem leise gestellten japanischen Zeichentrickfilm geparkt worden, den er mit offenem Mund ansah.

»Hallo«, sagte Papa und stand auf. »Ihr seid schon da! Schön! Darf ich euch Sascha vorstellen, eine ehemalige Studienkameradin. Sie hat das Inserat gelesen, ist das nicht unglaublich?«

Kathrin schien das nicht zu finden, ich schon, und meine Augen schossen Blitze.

Sascha gab mir die Hand. Ich hatte vorher nicht gewusst, dass es auch ein Name für eine Frau war. Papa macht mir beschwichtigende Zeichen, aber ich ging nicht darauf ein.

»Zufällig, rein zufällig, hatte ich im Büro noch die alte Zeitung und sah beim Telefonieren auf den Anzeigenteil«, sagte Sascha. »Ich rief gleich an, aber ich dachte gar nicht, dass es noch nicht verkauft ist.«

»Das passt ja bestens«, Kathrin verdrehte die Augen. »Eben habe ich den Wagen Sylvia versprochen.«

Ich staunte, ja, ich konnte nicht anders, ich fand sie toll. Warum tat sie das? Vielleicht trat in solchen Momenten ein Reflex ein, der einem instinktiv sagt, was das weniger schlimme Übel ist. Ihre Stimme war ein bisschen dünn, aber ihre Selbstbeherrschung gefiel mir. So wie sie durch den Raum ging, den Vorhang am geöffneten Fenster zurück zwirbelte, Julian über das Haar strich, eine Zeitschrift gerade rückte, machte sie die normalsten Dinge der Welt, und doch schaffte sie es, dass ihr alle zusahen. Kurz sah sie mich an, ihre Augen funkelten blank, wie die Augen einer Katze. Ich konnte nicht sagen, ob sie mir ein Zeichen machte, wenn ja, verstand ich es nicht. Julian quiekte, er hatte die Hände zu Fäusten verkrampft und sah mit kerzengerade durchgedrückten Rücken zu, wie ein kleines Mädchen durch ein ausgestorbenes Dorf ging. Es war einer meiner Filme, Zeichentrick, aber ziemlich unheimlich und erst ab zwölf, er würde ihm Albträume machen. Das hatte Papa wohl beim Auftritt seiner lieben Freundin übersehen.

Sascha sagte: »Da habe ich wohl Pech gehabt. Nun – wie sagen die alten Chinesen? War aber trotzdem nett, dich mal wieder getroffen zu haben, Ralph.«

Sie hakte die Finger lässig in die Gürtelschlaufe ihrer Hose.

»Bleiben Sie doch noch auf ein Glas«, sagte Kathrin. »Ich ziehe mich kurz um, bin gleich wieder da.«

Es war merkwürdig. Obwohl ich hätte schwören können, dass keiner der drei sich wohlfühlte, blieben sie doch beisammen als wären sie gemeinsam in einen Fahrstuhl eingesperrt worden und müssten das Beste draus machen.

Papa ging Gläser holen, und ich schloss ein Fenster, nur um es gleich wieder zu öffnen. Man hörte die Vögel aus der Voliere des Nachbarn gegenüber.

»Ich geh mal in mein Zimmer«, sagte ich. Sascha hätte jetzt nur noch mich zum Reden, ich wollte das nicht. Sie sollte allein dasitzen, mit ihren alten Chinesen.

Mein Zimmer sah immer klein aus, wenn man aus dem Wohnzimmer kam. Es war manchmal fast, als würden das Haus und die Welt darum herum wachsen, aber genau das machte es zu meiner Höhle. Ich riss ein paar Poster von den Wänden, die sowieso wegsollten, dann rief ich Sabine an, erzählte ihr alles Mögliche über mich und Tommy, inklusive ein paar privater Details. Es tat gut, immer wieder seinen Namen auszusprechen, und sie fragte mich, ob wir morgen Abend auch ins *Dorian Gray* kämen. Ich sagte, eher nicht; wir würden aber nachmittags was machen. Am Anfang hatte es mich gestört, dass wir so selten abends ausgingen; er behauptete, er hätte zu viel zu tun, und am nächsten Tag hörte ich dann, in wie vielen Clubs man ihn gesehen hatte. Inzwischen glaubte ich ihm, dass er arbeitete – leider. Vertrauensbeweis hin oder her, manche Dinge will man einfach nicht wissen. Ich bekam schlechte Laune. »Du, ich muss langsam«, sagte Sabine, aber ich redete einfach weiter, begann, über Kathrin herzuziehen, was mir aber bald falsch vorkam.

Nach dem Gespräch saß ich da. Diese Sascha, ob die noch unten war? Kathrin spazierte durch meinen Kopf, Szenen aus den vergangenen Wochen, ihre zerdrückten Haare, der Bademantel, all die kleinen Sachen, die in ihrem Gesicht schiefgelaufen waren, Tränenbäche quer durch den Kajal, Lippenstift an den Zähnen. Sie machte Flecken, sobald sie nur etwas anfasste; ich dachte an das Schubbern ihrer Hosenbeine, so ein Wetzgeräusch, das von ihrem speziellen Gang herrührte und das noch unangenehmer war als wenn sie sich einem lautlos in einem stillen Zimmer näherte.

Ich sah auf meine Wände. Wo die Poster gehangen hatten, war die Tapete heller; die Einstichlöcher der Reißzwecken waren nicht besonders schön. Mit einer Zigarette ging ich zum Fenster, die Aussicht von dieser Seite des Hauses war ziemlich unattraktiv. Eine Reihe frisch gebauter, erst kürzlich bezogener Häuser, die alle gleich aussahen, mit den früh runtergelassenen Rollläden wirkten sie wie vernagelt, völlig bedeutungslos. Ich konnte mir kaum vorstellen, dass dort Kinder und Tiere wohnten.

Ich drehte mich um, als ich ein Geräusch an der Tür hörte. Es war kein Klopfen, nur kurz Papas Stimme: »Hier ist was für dich«, und ich sah, wie ein Kuvert unter der Tür durchgeschoben wurde und im ersten Drittel stecken blieb. Nach einer Sicherheitspause öffnete ich die Tür, und hatte den Zettel in der Hand: »Dies wartet bis nächsten Freitag auf dich. Ich hatte Sascha einfach nur mal sehen wollen! Nie hätte ich verkauft!« Ich dachte, dass Müdigkeit ihn manchmal ganz schlicht werden ließ, stellte ihn mir frühmorgens vor dem großen Auditorium vor, wenn er wach war, und sah dabei den schiefen, gemalten Autoschlüssel an. Ich spürte so stark wie nie, dass ich erwachsen geworden war. Er war so ein Idiot, aber es war doch ein Zeichen, und ich barfuss ein paar Stufen die Treppe hinunter, dachte, ich könnte mich bedanken, bei beiden, aber da ging die Tür auf, der Flur wurde hell, und ich drückte mich an die Wand. Sascha war noch gar nicht weg, sie wurde erst verabschiedet. Man hörte das Lachen dreier Leute, die schon etwas intus hatten, ziemlich widerlich.

Ich nahm den Bildband über Grönland, den ich mir letztes Weihnachten selber geschenkt hatte, aus dem Regal und blätterte darin herum. Fotos, die zeigten, was Freiheit wirklich bedeutete, nämlich Weite und die Farbe Weiß und die Fähigkeit der Menschen, sich der Landschaft und ihren Regeln unterzuordnen. Es war nur scheinbar eintönig, in Wirklichkeit war es die Wildnis. Dorthin würde ich einmal reisen, so viel war sicher. Eis, Wasser, und die sonnigen, eiskalten Nachmittage, totenstill. Ein Wolf war auf einer Doppelseite zu sehen, wie er über den Schnee fegte, um anzugreifen. Kein Lebewesen lief hier vor etwas davon.

Einzelne Bilder waren schwarz-weiß, zeigten Eskimogesichter, rund und kindlich, mit schwarzen Äuglein wie die Julians. Dann wieder sah man Robben und die roten Streifen ihres Bluts auf dem Eis, Opfer und Jäger. Ein Stück der Fellkapuze eines Jägers schimmerte goldfarben, und man hatte den Eindruck, dass dort in Grönland, schon früh am Tag, die Schatten um einzigartiges Licht herum lauerten, nur ein Stück weit entfernt vom Radius des Fotografierten. Ich verhielt mich mucksmäuschenstill, schloss die Augen. Hörte, wie meine Schritte auf Eis knirschten.

Ich hatte schon meine Laufsachen an, da sah ich Sylvia im Wohnzimmer. Ihrer sparsamen Kleidung nach zu urteilen wartete sie auf Tommy.

»Gehst du laufen?«, fragte sie überflüssigerweise. So richtig hatten wir noch nicht raus, worüber wir reden sollten, obwohl wir es manchmal versuchten.

Ich brummte zustimmend. Sie gab sich weiter Mühe, Interesse zu zeigen, und mir fiel auf, wie albern meine Fragen die ganze Zeit über auf sie gewirkt haben mussten: »Zum Sportplatz?«

»Nein, ich wollte am Vogelpark vorbei in den Wald. Weißt du da links, neben dem Gehege mit den Buntspechten, oder sind es die Kolibri, jedenfalls da rechts ist ein kleiner Weg …«

Sie nickte erleichtert, vermutlich, weil ich mich nicht mehr bemühte, den Satz zu Ende zu führen. Dann klingelte es, und sie rannte zur Tür.

»Wir nehmen deinen, okay?«, hörte ich Tommys Stimme, und ich war erstaunt, dass Sylvia sich zierte, erst »Ach, nein« sagte.

Seit sie ihren Führerschein hatte, fuhr sie jede Strecke, die länger als drei Meter war, mit dem Wagen, hatte sogar Julian einmal zur Tagesmutter gebracht. Ralph sagte, diese übertriebene Fahrlust würde sich wieder legen, doch dass es so schnell geschah, wunderte mich doch. Tommy redete kurz auf sie ein, und dann waren sie weg; weil ich keinen Anlasser hörte, merkte ich, sie hatten doch den kleinen Grünen genommen, Syl benutzte meist einen Parkplatz ein Stück weit weg vom Haus, ich fand das rücksichtsvoll.

In mittlerem Tempo joggte ich die Straße entlang, meine Wangen glühten, die Luft war trübe vor Feuchtigkeit, in den Fenstern gingen die Lichter an. Ich lief erst seit ein paar Tagen wieder, war nicht mehr fit, dennoch fühlte ich mich mit jedem Atemzug besser, als wäre ich von einem Irrweg abgekommen und nähme endlich wieder in meinem Körper Platz. Als ich die fette getigerte Katze sah, die mich noch vor Tagen auf dem Auto sitzend erschreckt hatte und von der niemand wusste, wem sie eigentlich gehörte, rannte ich so schnell auf sie zu, dass sie erschreckt wegsprang.

In der Finkstraße winkte mir Tiantian, Horsts Frau, zu, von der alle dachten, sie käme aus Thailand, aber sie stammte aus China und alles war überhaupt nicht so, wie man dachte. Vermutlich hoffte sie, ich bliebe auf einen Schwatz stehen, aber ich machte nur eine rudernde Bewegung mit den Armen, die auf ironische, nicht allzu unfreundliche Weise zeigen sollte, dass ich heftig am Trainieren war.

»Schon die neue Wachgarde im Villenviertel gesehen?«, rief sie.

Ich schüttelte den Kopf, trabte im Stehen vor ihr herum. Sie meinte ein Haus im Süden der Siedlung, wo sich das Neubaugebiet zur Landstraße hin erweiterte und teilweise ziemlich protzige, frei stehende Behausungen hochgezogen worden waren. Anscheinend hatte eine junge Familie sich zwei steinerne Löwen links und rechts der Auffahrt hingestellt, Tiantian gefiel das, und sie wollte gerne wissen, wo man sie bekommen könnte. Ich wusste das auch nicht, schnaufte aber, ich würde mir das gleich mal ansehen und zog weiter. Sie hatte recht, es war auffällig, weißer Marmor, die Tatzen der Tiere im Vergleich zum Rest des Körpers so groß und die Mähnen der Tiere so üppig, dass sie wie Fabeltiere wirkten.

Ein feiner Nieselregen setzte ein, tropisch, gleichzeitig warm und kalt. Ich merkte, dass ich mich mit der Dunkelheit verschätzt hatte, ich würde doch zum Sportplatz laufen müssen, im Wald knickte man im Halbdämmer leicht um, sah das Geäst am Boden nicht. Mein Kopf wurde leer, meine Atmung gleichmäßiger, ohne das Tempo zu verändern, lief ich auf das abgezäunte Feld, spürte, wie der Rasen das Laufen anstrengender, aber auch angenehmer machte. Ich machte nach einer Runde Pause, senkte den Oberkörper, berührte mit den Händen meine Turnschuhe, federte nach oben. Nach unten. Oben. Unten. Loslassen, ohne zu fallen.

Ein Hund trabte heran, ich kannte ihn, er gehörte dem Gaststättenbesitzer des TSC Schwarz-Weiß. Er war alt, die Schnauze ganz hell, aber sein übriges Fell schimmerte fast golden im Licht, das von den Straßenlaternen auf den Rand des Felds fiel. Ich wollte nicht, dass er mir jede einzelne Runde hinterherhechelte, also lief ich mit ihm in Richtung des Gasthofs. Dort würde er schon bleiben. Schweiß bildete sich auf meiner Oberlippe, der Hund japste fröhlich.

Als ich auf den Parkplatz zwischen den beiden Clubhäusern einbiegen wollte, sah ich das grüne Funkeln. Tommy stand neben dem Mini, neben ihm zwei dunkelhaarige Jungs in T-Shirts und Jeans, die die Köpfe zusammensteckten. Sylvia saß auf dem Beifahrersitz, hatte den Kopf von den dreien weggedreht. Zwei Fahrräder waren an die Wand gelehnt, ansonsten war niemand da, auch kein Licht in den Vereinshäusern.

Ich zögerte, bevor ich mich an die Hauswand presste, den Hund nahm ich am Halsband und hielt ihn zurück. Nur kurz leuchtete etwas Weißes zwischen den Fingern der Verhandelnden auf, nicht groß, höchstens wie ein Briefumschlag oder eine Papiertüte für Postkarten, dann wurde es von der Dunkelheit verschluckt. Sylvia bewegte sich nicht, bis Tommy wieder eingestiegen war, nicht einmal dann sah sie zu ihm hin.

Mir schoss durch den Kopf, dass meine *Tavor* weg gewesen

waren, die Tabletten, die ich nicht hatte nehmen wollen und von denen ich meinte, ich hätte sie verlegt, ich war ja dauernd so durcheinander. Jetzt war ich es wieder, oder vielleicht auch gar nicht mehr. Sylvia stieg aus dem Auto, rief etwas, und die drei erstarrten, bevor sie hektisch noch einige Worte wechselten und die beiden Jungs, die ich nicht kannte, zu ihren Rädern eilten. Ich war mir nicht sicher, ob Sylvia etwas Unpassendes getan hatte, oder ob das zu einem kalkulierten Plan gehörte, bei dem sie Tommys Partnerin war; die Fronten zwischen den vieren waren mir nicht mehr klar, ich stand gebannt da, hatte das Gefühl, das Leben in meiner eigenen Geschichte erstarrte und zwischen den mir bekannten Figuren träten plötzlich Doppelgänger auf, um ein Stück zu spielen, das ich nicht kannte, aber längst hätte kennen müssen. Die beiden Jungs schossen auf ihren Rennrädern in die Nacht, ich konnte den Hund nicht mehr halten, er rannte, oder vielmehr zockelte, hinter ihnen her in die Dunkelheit. Tommy wandte sich einer langsamen, verzögerten und stellenweise unterbrochenen Bewegung meiner Stieftochter zu, es war als schraubte er sich mit Kraft in den Boden. Er umarmte sie, ich dachte an ihren kurzen Rock. Sylvia lachte, es war kein normales Lachen, sondern grell und nicht in ihrer üblichen Stimmlage. Niemals hätte ich hinterher zugegeben, dass ich immer noch an Sex dachte in dem Moment. Sie stand jetzt dicht an der Wand, verschwand hinter Tommys breitem Rücken; es war sehr still, nur der Hund kläffte von Weitem, einmal, zweimal, dann war er still. Kurz darauf ließ Tommy von ihr ab, rannte zu seinem Wagen und fuhr an. Sylvia rutschte langsam die Wand herunter, sie hielt die Hände vor das Gesicht. Sie schrie, es war als schrie sie mit Verzögerung, ich rannte hin, sie blutete an den Lippen, ein dünner Faden lief in ihren Ausschnitt. Viel später brachte ich den Moment mit anderen roten Dingen in Zusammenhang, ich bildete mir ein, ich hätte daran gedacht, wie viele Sachen von ihr ich angeblich verwaschen hatte, Stücke, die ersetzt werden mussten, ein bestimmtes rotes Kleid vor allem, und an das Rot der tätowierten Rose; ich dachte: Wenn sie nicht, zuerst, gelacht hätte, ich wäre ihr sofort zur Hilfe gekommen. Verdammt. Sylvia sagte, es war alles richtig, Kathrin, Tommy durfte dich auf keinen Fall sehen, sonst wären wir alle in Gefahr gewesen. Es ist gut, dass er dich nicht gesehen hat, jetzt lässt er mich einfach in Ruhe; er hat etwas gegen mich in der Hand. Sag Papa nichts, bat sie mich, ich versprach es ihr. Ich fragte nicht nach, habe ich nie gemacht. Ich verriet ihr nicht, dass ich an diesem Abend wirklich geheilt war von der Bankgeschichte. Es war, als hätte sie stellvertretend für mich gebüßt, das war nicht fair, aber es fühlte sich an wie eine Lösung. Ich meine: die Lösung in einer Geschichte, die nicht fortgesetzt werden muss.

JOCHEN SCHMIDT

Abschied aus einer Umlaufbahn

Es gibt viele Gründe, die Erde zu verlassen, aber wenig Mittel. Das Schöne an der Schwerelosigkeit ist, dass man in ihr so wenig Menschen begegnet. Ich hatte schon immer gehofft, meine Gedanken im Weltraum ordnen zu können, seit ich mich als Kind flach ins Gras zu legen begann, um den Blick in den leeren Himmel zu tauchen und mich auf die wesentlichen Erkenntnisse zu konzentrieren, die ich in mir vermutete. Manchmal stelle ich mir vor, ich wäre in eine Zeit ohne bemannte Raumfahrt geboren worden, ich hätte ein falsches Leben geführt. Natürlich kann ich nicht wissen, ob ich nicht auch jetzt ein falsches Leben führe, weil meiner Zeit für das, was ich eigentlich bin, noch die Vorstellung fehlt. Wie jemand, der nie erfahren wird, dass er der Erfinder der Hängematte sein könnte, weil er in einer Gegend lebt, in der die Bäume nicht nah genug beieinanderstehen. Wenn ich uns am Abend in den Verkehrsmitteln sah, wo wir nicht das Recht genossen, uns wenigstens in den Kurven aneinanderzulehnen, kam es mir manchmal vor, als seien wir Geiseln, um deren Auslösung sich niemand mehr bemüht. Ich begrüße es natürlich, wenn die Menschen zu erschöpft sind, mich zu beachten, mit allem anderen habe ich schlechte Erfahrungen gemacht.

Wir wissen, dass es bei Kosmonauten wegen der auf Langzeitflügen verzögerten Kommunikation zu depressiven Störungen kommen kann. Durch die Entfernung von Sender und Empfänger vergehen zwischen Mitteilung und Antwort mehrere Stunden, was die Neigung zum Monologisieren stärkt. Man ist deshalb angehalten, Aufzeichnungen zu machen, weil man beim Schreiben mit der Welt in Kontakt tritt, die einem über die Schulter sieht, auch wenn man nicht mit einer Veröffentlichung rechnet. Es gibt ja in Wahrheit keinen geschriebenen Satz, der sich nicht an die ganze Menschheit richten würde. Der Inhalt meiner Aufzeichnungen spielt allerdings keine Rolle, es geht mir lediglich darum, Veränderungen in meiner Handschrift festzustellen, wie sie bei Persönlichkeitsstörungen aufgrund von Extremerfahrungen auftreten. Da ich mich nun schon so lange in der Isolation befinde, fehlt mir der Vergleich. Nur ein paar Dutzend Mäuse leisten mir Gesellschaft, aber dass ich mit denen gut auskomme, muss nichts heißen. Es ist bedauerlich, dass ich so niedergeschlagen bin und so viel Kraft darauf verwenden muss, die Einsamkeit zu ertragen und meine Experimente nicht zu vernachlässigen. Auf der Erde habe ich meine Stimmungsschwankungen mit Disziplin bekämpft, was mich ja letztlich zum Kosmonauten qualifiziert hat. Wenn man immer in allem der Beste ist, findet man sich zwangsläufig irgendwann in einem Raumschiff wieder. Große Leistungen hatten für mich immer etwas Bedrückendes, weil ich an die Entbehrungen denken musste, denen sie sich verdankten. Ich habe versucht, den Empfehlungen auf emotionale Fragen spezialisierter Ratgeber zu folgen, einen Baum zu umarmen, ein Sternbild zu suchen, oder das Gesicht unter eine Wasseroberfläche zu tauchen. Diese Übungen gaben mir aber nur ein Gefühl von Vergeblichkeit. Meine Einsamkeit war ja kein Defekt, sondern eine Konsequenz der für meine wissenschaftlichen Aufgaben erforderlichen Konzentration. Es ist kein Zufall, dass sich für einen Kosmonauten vorwiegend Kontakte mit Kosmonautinnen ergeben, es scheint auf die Dauer praktikabler, wenn der Partner die eigenen beruflichen Sorgen und Nöte nachvollziehen kann. Ich will niemandem erklären müssen, warum ich das Weltall liebe. Die Frage ist, ob man Kosmonaut wird, weil einem menschliches Glück nicht genügt, oder ob einem menschliches Glück nicht genügt, weil man Kosmonaut ist. Tatsache ist, dass überdurchschnittlich viele meiner Kollegen als Alkoholiker geendet sind, sich das Leben genommen haben oder beim Versuch, sich unsterblich zu machen, auf ungeklärte Art verschollen sind. Wir eignen uns nicht als Vorbild. Man muss nur meine Labormäuse sehen, deren Verhalten in der Schwerelosigkeit ich studieren soll. Meine Einsamkeit scheint sie anzuregen, sich noch hartnäckiger als auf der Erde fortzupflanzen. Die Bodenstation wäre begeistert und würde es auf die Mutationen zurückführen, die ich an ihnen vornehme, bzw. auf die Zentrifuge, mit der für die Weibchen Gravitation simuliert wird, was die Befruchtung wahrscheinlicher macht. Dabei liegt es an mir. Ich hatte schon immer diese Ausstrahlung auf andere, oft waren sich zwei Kollegen auf einer Kongressparty unschlüssig, und erst mein Erscheinen löste bei ihnen die Spannungen und sie verliebten sich, während ich, um dem Gespräch mit einer Festkörperphysikerin länger standhalten zu können, Anagramme aus ihrem Namen bildete, der auf einem kleinen, mit einer Sicherheitsnadel über ihrer Brust befestigten Schildchen zu lesen war. Das Glück anderer Menschen ist schwer zu ertragen, auch wenn man weiß, dass es auf Beschränktheit beruht. Eine Änderung meiner Wohnsituation hätte vielleicht eine Lösung sein können. Ich hatte, wenn jemand bei mir klingelte, ja immer das Bedürfnis, noch schnell etwas zu erledigen, eine Pflanze umzutopfen, ein Buch zu überfliegen, oder meine Möbel neu anzuordnen. Das wäre mir möglich gewesen, wenn ich im obersten Stock eines hohen Hauses gewohnt hätte, wo zwischen dem Klingeln an der Haus- und dem Klopfen an der Wohnungstür eine möglichst lange Zeit vergangen wäre, vielleicht sogar Jahre. Dann hätte man sich in Ruhe seiner Arbeit widmen können, man wäre ja nicht einsam, der Besuch war schon unterwegs. Und gerade noch rechtzeitig, bevor man stirbt, steht der Freund vor der Tür, den man die ganze Zeit im sicheren Gefühl seines Kommens erwartet hat. Man hat sein Leben in Gesellschaft verbracht und war doch ungestört.

Die psychische Belastung von Kosmonauten nimmt zu, sobald sie die Erde nicht mehr sehen. Es ist ein eigenartiges Phänomen, da die Evolution uns nicht auf das Bild des in der Ferne verschwindenden Heimatplaneten vorbereitet haben kann. Um mich dieser Stresssituation auszusetzen, hat man mich angewiesen, die der Erde zugewandten Bullaugen der Station zu verhängen, ich kann nur durch die Öffnungen gegenüber in die ewige Nacht sehen. Genau genommen wirkt es, als würden mich unentwegt zwei schwarze Augen anstarren. Beim Stöbern in der Schreibtischschublade habe ich mein altes Spielzeugmodell des Apollo-Sojus-Projekts entdeckt, mit dem Docking-Modul, das nur einmal benutzt worden ist, als die Raumschiffe beider verfeindeten Nationen in Erinnerung an die Begegnung ihrer Truppen am Ende des Zweiten Weltkriegs genau über Torgau zusammenkamen. Eine der Überraschungen, mit denen man rechnen muss, wenn man für die Raumfahrtbehörde arbeitet, war, dass ich zwar auf der Erde ein halbes Jahr in einem Modell der Station zugebracht habe, um mich an ihre Dimensionen zu gewöhnen und irgendwann fähig zu sein, mich blind in ihr zu orientieren, dass ich mich aber bei meiner Ankunft im Orbit in einer weitgehend originalgetreuen, wenn auch etwas kleiner dimensionierten Kopie meines Kinderzimmers wiedergefunden habe. Zwischen diesen Wänden bin ich damals, vor Freude platzend, ganze Nachmittage lang grundlos hin- und hergerannt. Diesen Grad von Einverständnis mit meiner Existenz habe ich nie wieder erreicht.

Ich bin in der Ausbildung auf jeden erdenklichen Zwischenfall vorbereitet worden, aber man hat mir nicht gesagt, wie ich den Monitor ausschalten kann, über den ich die Bilder von der Bodenstation empfange. Nicht dass sie mich beobachten, stört mich, sondern die Plumpheit ihrer Versuche, mich emotional zu beeinflussen. Gestern waren meine Eltern zu sehen, die offenbar benachrichtigt worden sind, weil man sich Sorgen um meinen Zustand macht. Es war nicht leicht für mich, der Versuchung zu widerstehen, ihnen zu antworten, was keinem von uns helfen würde. Was steckt hinter der Hartnäckigkeit, mit der uns die Überlebenden am Sterben hindern wollen? Wie kann man mir wünschen, auch nur einen Tag länger zu ertragen, was sich vor dem Start in mir abgespielt hat? Körperlich habe ich aufgrund des harten Kosmonautentrainings und meiner disziplinierten Lebensweise eine gewisse Ähnlichkeit mit dem *Doryphoros* des Polyklet erreicht, nur dass ich mir nicht das Schamhaar frisiere. Ich kann meine Beine beim Klimmzug anwinkeln und minutenlang in der Waagerechten halten. Wenn es mich kennen würde, könnte mein Kind darauf Platz nehmen, um sich noch im Alter daran zu erinnern. Obwohl ich so attraktiv bin, habe ich eine so unschuldige Seele, dass es mich selbst rührt. Mein Ehrgeiz war es immer, mehr Kummer zu empfinden als diejenigen, denen ich

Kummer bereitete. Sobald man seine Einsamkeit verlässt und sich einem Menschen zuwendet, betritt man eine Welt, in der es weder Gerechtigkeit gibt noch Unschuld, es ist wie in einem Bürgerkrieg, man ist gezwungen, sich zu einer Seite zu bekennen, sonst gilt man allen als Feind. Ich hätte mich für Janda entscheiden können, die mir verfallen war, aber ich konnte den Gedanken nicht ertragen, in ihr das Ende meiner Reise zu sehen. Nach so langem Warten hatte die fiktive Figur der Erlöserin einen geradezu religiösen Charakter angenommen. Außerdem habe ich mich in der Zeit meiner Zweifel, wie mir später klar wurde, innerhalb von Sekunden in Lena verliebt, als mir durch Nuancen in ihrer Wortwahl bewusst wurde, dass ihre Seele für mich verschlossen bleiben würde. Ich habe die Tatsache, dass nicht alle Menschen sind wie ich, nie ganz begreifen können und auch Lena falsch eingeschätzt. Bis dahin hatte ich sie für den Schmerz bedauert, den ich ihr mit meinem Nachgeben auf ihr hartnäckiges Werben bereitet hätte. Plötzlich war ich Opfer einer quälenden Unruhe und musste zur Ablenkung immer wieder in die Zentrifuge steigen. Es war nicht das erste Mal, dass ich Probleme hatte, meine Emotionen zu beherrschen, selbst der Behörde war dieser Mangel in meiner Persönlichkeitsstruktur bekannt.

Die Mehrheit glaubt, theoretische Physiker, Mathematiker, Schachspieler oder Altphilologen seien emotional verarmte Menschen, weil sie Freude an Abstraktion und symbolischen Operationen empfinden. Ich bin vom Gegenteil überzeugt: wir können unseren Gefühlen so wenig trauen, dass wir ein starkes Gegengewicht brauchen. Es ist ein Irrtum, den Dichtern eine besondere romantische Kompetenz zuzuschreiben, ein Irrtum, von dem sie natürlich profitieren. Menschen wie ich flüchten sich zu den Rätseln der Technik, um sich nichts anzutun. Ohne den sachlichen Rausch der Technik hätte ich längst aufgegeben. Will man die technischen Möglichkeiten seiner Epoche nutzen, muss man die Handbücher studieren, es erfordert Beharrlichkeit, sich das Leben zu erleichtern. Eine Brille erklärt sich ja noch von selbst, man setzt sie auf und ist ein Cyborg, halb Mensch, halb Maschine. Aber schon ein Taschenmesser übersteigt unsere Vorstellungskraft, es ist unwahrscheinlich, dass man im Lauf seines Lebens in alle Situationen gerät, die die Funktionen eines Messers erforderlich machen würden. Schon als Kind hat es mich irritiert, dass sich für den gelochten Dorn an meinem Schweizer Offiziersmesser, das mir mein Vater als Belohnung für meinen ersten Segelflug geschenkt hatte, keine Gelegenheit zur Anwendung ergab, oder dass ich mir ihrer nie bewusst wurde. Manche hielten ihn für eine Ahle zum Reparieren von Schuhwerk oder zum Einfädeln von Schnürsenkeln, aber meine Schuhsohlen waren geklebt, und ich hatte Klettverschlüsse. Und im Westen hatte man längst Schnürsenkel entwickelt, die sich problemlos einfädeln ließen, weil ihre Spitzen mit einem kleinen Plasteröhrchen vor dem Aufdröseln geschützt waren. Die Evolution der beiden Gesellschaftssysteme hatte dazu geführt, dass sie in solchen Details divergierten, das System mit den präparierten Schnürsenkelspitzen hat sich als überlebensfähiger erwiesen.

Manche Menschen gehen nie an ihre Grenzen, sonst würden sie mich dort stehen sehen. Wenn eine Frau behauptet, mich nicht zu lieben, zweifle ich immer am Grad ihrer Selbsterkenntnis. Auch Lena konnte mir keinen plausiblen Grund dafür nennen, dass sie sich nicht für mich entscheiden wollte, für eine Astrophysikerin drückte sie sich sogar ziemlich esoterisch aus, in einer von Begriffen aus der Meteorologie geprägten Sprache. Ihre Instinkte seien neblig, sie fühle sich emotional vereist und könne sich nicht öffnen, seit eine unerwiderte Liebe wie ein Hurrikan über sie hinweggefegt sei. Mein erster Impuls war, ihr die Hand auf die Stirn zu legen, um sie von ihrer Unfähigkeit zu erlösen, Gefühle für mich zu empfinden. Es war mir nie möglich, aus ihrem Anblick auf ihre Innenwelt zu schließen, ebenso gut hätte man versuchen können, in den Gesichtern der Urmenschen schon die Raumstation zu erkennen, die ihre Nachkommen einmal bauen würden. Lena hatte mich jahrelang aus der Ferne beobachtet und meine Publikationen über die psychischen Risiken von Langzeitflügen studiert, ohne zu wagen, mit mir in Kontakt zu treten, vielleicht auch, weil sie mich unerkannt bewundern wollte, so wie ein Attentäter die Zeit mit seinem ahnungslosen Opfer genießt. Ich könnte mir sogar vorstellen, dass sie Physikerin geworden ist, um in meine Nähe zu kommen. Aber sobald sie ihr Ziel erreicht und meine Nerven sich unumkehrbar auf sie eingestellt hatten, zog sie sich zurück. Ich glaube, ich habe das schon im ersten Moment geahnt und eine fatale Sehnsucht hat mich in ihre Arme getrieben, wie in eine unbekannte Galaxie. Man muss sich Ziele setzen, die einen überfordern, sonst bleibt man im Mittelmaß stecken, so bin ich leider erzogen worden.

Warum erwarten sie, dass ich mit ihnen kommuniziere, wenn sie alle Daten über meine Körperfunktionen übermittelt bekommen? Der Dreck an unseren Schuhen enthält mehr Information als unser Reisetagebuch. Selbstverständlich würden Außerirdische sich bei einer Begegnung mit uns kaum für unsere geistigen Leistungen interessieren, sondern eher für den Salzgehalt unserer Nieren, weil er dem des Urmeers entspricht, aus dem wir stammen. Anfangs war es mir unangenehm, meine sexuellen Regungen beobachtet zu wissen, die sich nicht unterdrücken ließen. Aber schließlich hat die Professionalität gesiegt, ich bin hier nicht als Individuum, sondern als Datensonde. Tatsächlich leide ich unter unkontrollierbaren Schüben von Begehren, die mich von meinen Experimenten ablenken und meine Aufmerksamkeit immer wieder in Tagträume abgleiten lassen. Es ist immerhin tröstlich, dass sich damit in meinem Beruf ein wissenschaftliches Interesse verbindet, denn im privaten Bereich haben mir diese Zustände nie etwas genützt. Ich muss sagen, ich bin inzwischen nicht mehr sicher, ob ich wirklich dazu beitragen möchte, unser quälendes Verlangen nach Dingen, die weit unter unserem geistigen Niveau liegen, in die Weiten des Weltraums zu tragen. Was mir geholfen hat, war die Empfehlung eines Freundes, der als Manager oft auf Reisen ist. Viele seiner nomadisierenden Kollegen rasierten sich vor der Abfahrt ein Bein, man habe dann das Gefühl, neben einer Frau zu liegen, was der Einsamkeit langer Nächte in Hotels die Spitze nimmt.

Die Beziehungen zwischen Menschen werden überschätzt, wo uns doch Dinge viel mehr Trost spenden. Ich weiß natürlich, dass es ein Symptom meiner Situation ist, wenn ich mich auf enervierend manische Weise mit allen greifbaren Artefakten befasse. Man muss den Dingen mit Respekt begegnen. Ich glaube, ich könnte eher einen Menschen töten, als ein defektes Gerät wegwerfen. Manchmal schaffe ich es nicht einmal, ein Gerät abzuschalten, ich finde, das steht mir nicht zu. Was ich an Geräten schätze, ist, dass sie handlich wirken, wenn sie in die Hand genommen werden wollen, es gibt keinen Raum für Fehlinterpretationen. Raumstationen gehören zu den Geräten, in denen man sich aufhalten kann, aber im Grunde sind sie auch nichts anderes als Taschenmesser. Ihre bekannteste Funktion ist sicherlich die Möglichkeit, die Erde von außen zu betrachten, wofür man auf dem Weg der Meditation Jahre brauchen würde. Aber ist man dieser exzentrischen Erfahrung überhaupt gewachsen? Dass man in die Kirche geht, macht aus einem ja so wenig einen Christen, wie man ein Auto wird, wenn man eine Garage betritt. So lautete eine indianische Weisheit in meinem Poesiealbum. Dass Indianer sich so ausdrücken sollten, wunderte einen nicht, auch wenn man nie mit einem gesprochen hatte. Ob wir unsere Weltsicht in den Poesiealben der Indianer auch so formulieren? Dass man sich in der Erdumlaufbahn befindet, macht aus einem so wenig einen Kosmonauten, wie man ein Indianer wird, wenn man sich an etwas heranschleicht. Ein Kosmonaut ist, wer bereit ist, sein Leben seiner Fortbewegungsart zu opfern. Solange man auf Reisen noch mit einer Rückkehr rechnet, ist man ja im Grunde noch zu Hause. Es ist wie bei dieser Therapieübung, bei der man sich rückwärts von einem Tisch fallen lässt, im Vertrauen, die anderen Kursteilnehmer würden einen auffangen. Wirklich aufzubrechen heißt doch, sich fallen zu lassen, obwohl einen niemand auffangen wird, nicht einmal eine Gruppe Depressiver. Man hat ja immer noch die Hoffnung, nie aufzuschlagen, zumindest für die Zeit des Sturzes. Was Hoffnung ist, versteht man doch erst, wenn es keinen Grund mehr gibt, welche zu haben. Ich bin wahrscheinlich noch nicht in der Lage, eine solche, meines gegenwärtigen Aufenthaltsortes würdige Haltung zu vertreten, ich habe mich noch nicht vom mir angeborenen Selbsterhaltungstrieb emanzipiert. Unsere Liebe zum Leben ist wie eine alte Liaison, von der wir nicht loskommen können. Vielleicht bin ich noch nicht lange genug allein. Es ist bedauerlich, dass ich beim Stand meiner Kenntnisse über das Universum so stark unter Emotionen leide, die zur Lösung meiner Aufgaben nichts beitragen. Es will mir noch nicht gelingen, diesen Abschnitt meines Lebens aus der Perspektive eines Toten zu betrachten.

Fast hatte ich befürchtet, meine Aufzeichnungen beenden zu müssen, weil kein Platz mehr an den Wänden war, aber ich habe in einer Schublade eine Schreibtafel gefunden, die ich allerdings immer wieder abwischen muss. Ich habe als Kind von einem Tag auf den anderen begonnen, Druckschrift zu schreiben, weil ich es befriedigender fand, wenn jeder Buchstabe ein Kästchen für sich hatte, deshalb hat sich meine Schreibschrift seitdem nicht weiterentwickelt und sieht immer noch aus wie die eines Kindes. Ich bin darin sehr ungeschickt, es dauert viel länger und mir fallen wieder die Vorgaben der Lehrer ein. Bis jetzt habe ich es auch noch nicht über mich gebracht, die Orthografie zu missachten, der Zwang, richtig zu schreiben, erweist sich als erstaunlich stark.

Eine Frau, die man verloren hat, ist wie ein Sternbild, an dem man seine Position sein Leben lang ausrichten wird. Erst nachträglich erfuhr ich, dass der Grund für Lenas plötzliche Zurückhaltung Marc gewesen war, von dem ich wusste, dass er ebenfalls ihretwegen litt. Bei ihm ging es so weit, dass er sich nicht mehr wusch und Labortiere quälte. Sie hatte mich anscheinend gebraucht, um sich für ihn entscheiden zu können. Ich war für die Mission als Marcs Ersatzmann vorgesehen gewesen und hatte es nach meiner Begegnung mit Lena nicht mehr eilig gehabt, ihn von seinem Platz im Raumschiff zu verdrängen. Aber plötzlich war der Plan geändert worden und ich hatte fliegen sollen, eigentlich eine Auszeichnung. Muss man es nicht als akute psychotische Episode bezeichnen, wenn jemand wie ich, der sein Leben lang von solch einer Chance geträumt hat, sobald sie sich ihm bietet, keine Freude empfindet? Was für eine Befriedigung muss es dagegen für Marc bedeutet haben, zu verfolgen, wie ich mit der Energie von 20 Atombomben in den Orbit katapultiert wurde. Jetzt befinden sich die beiden alle 89 Minuten genau unter mir. Ich ziehe dann immer den Kopf ein, damit sie mich nicht durchs Bullauge sehen und sich einbilden, ich beobachtete sie. Dabei ist das Bullauge verhängt. Ich kann nichts dafür, wenn ich mich so lächerlich verhalte, manche Dinge sind einfach dem Umstand geschuldet, dass ich ein Mensch bin.

Da ist wieder die Bodenstation, sie haben die Hoffnung noch nicht aufgegeben. Ich sehe ihre besorgten Gesichter, den Projektleiter und den technischen Stab, sogar Lena kann ich erkennen. Obwohl ich ununterbrochen an sie gedacht habe, hatte ich mir ihr Gesicht nicht mehr ins Gedächtnis rufen können. Es macht mir nichts aus, dass sie mich sehen können. Es ist sogar angenehm, ihre Stimmen zu hören, ohne antworten zu müssen. Ich habe nicht das Gefühl, dass die Distanz zwischen uns größer wäre als am Boden. Es ist nur einfacher für mich, schon weil ich schwebe. Ich habe immer gerne rückwärts durch Ferngläser gesehen. Nachdem ich bei den traditionellen Neujahrsgrüßen aus dem Orbit geweint habe, wurde die Fernsehübertragung abgebrochen. Die Tränen eines Kosmonauten scheinen mehr zu schockieren als sein Tod. Sie haben Angst um ihre Raumstation. Man muss loslassen können. Der Projektleiter bedient sich, ohne sich dessen bewusst zu sein, einer Reihe klassischer rhetorischer Figuren, um mich zu manipulieren, ein Grund mehr, nicht darauf einzugehen. Es würde so aussehen, als sei ich zur Vernunft gekommen, und das würde die Reinheit meiner Geste verwässern. Damit wäre niemandem gedient. Ich durchlebe einen emotionalen Prozess, den man nur nachvollziehen kann, wenn man ihn durchlebt, für Außenstehende bin ich gestört. Selbst mir fällt es schwer, mich länger als für Sekunden in mich hineinzuversetzen. In solchen Momenten weiß ich genau, was ich hier mache, und dann kommt es mir besonders überflüssig vor, es zu erklären. Ich könnte mich den Berichten aus großer Gefahr Geretteter anschließen, die so gern die Gelassenheit beschreiben, die ihnen diese Erfahrung geschenkt hat. Leider verrät man seine mystischen Einsichten, sobald man zurück in der Zivilisation ist, der anästhesierende Einfluss der Gewohnheit. Sich gegen die Verführungen zur Bequemlichkeit aufzulehnen, mit denen das moderne Leben uns umschmeichelt, ist eine Sisyphusarbeit, die einem in der Antarktis vermutlich leichter fällt.

Damit hatte ich rechnen müssen, sie haben Janda und das Kind ausfindig gemacht. Ich sehe das Mädchen zum ersten Mal, es greift nach der Kamera. Ist meine Rührung mehr als mein Neid darauf, dass eine reduzierte Selbstreflexion ihm ein poetisches Dasein erlaubt? Ich habe Janda damals verlassen, weil ich es für unmöglich hielt, mein Ziel, Kosmonaut zu werden, mit einer Familie zu vereinbaren. Ich hätte vielleicht in einem kritischen Moment die falsche Entscheidung getroffen und die Mission gefährdet. Ich weiß nicht, ob das ein Fehler war. Es ist schön, im Weltraum zu sein, das darf man nicht vergessen. Man kann nicht alles haben. Ich hatte nie Angst zu sterben, aber es war immer eine beunruhigende Vorstellung, unersetzlich zu sein.

Wenn ich bei Janda geblieben wäre, hätte ich mich nicht in Lena verliebt, und das Gefühl, Lena zu lieben, hatte unabhängig von meinen Gefühlen für Janda eine Existenzberechtigung. Hat es in mir überwintert, wie eine Spore, und nur auf günstige Bedingungen gewartet, um zu keimen? Wie viele dieser Sporen trägt man in sich? Zeitweise war meine Erschütterung so stark, dass ich für Lena am Boden geblieben wäre, aber dann habe ich gerade daraus die Kraft geschöpft, die Erde mit einem Gefühl der Erleichterung zu verlassen. Jede Entscheidung, die wir treffen, ist ein Todesurteil für eine unendliche Zahl von Leben, die wir hätten führen können. Aber das Faszinierende an Lebensgeschichten, wie überhaupt an allen Geschichten, ist die Würde, die ihnen der Verzicht verleiht. Nur dass es mir selbst immer verhasst war, mich entscheiden zu müssen. Wenn ich an einem Sommertag durch die Stadt spaziert bin und wieder einmal den Eindruck hatte, dass überall, wo ich vorbeikam, die Rollläden geschlossen wurden – wo doch Spazieren schon so keine leichte Aufgabe war –, dann war ich dankbar über jede rote Ampel, weil sie mich für ein paar Sekunden von der Verpflichtung befreite, mich für eine Richtung entscheiden zu müssen. Sonst fragt man sich ja an jeder Kreuzung, wohin man sich wenden soll. Ich stand deshalb manchmal minutenlang bewegungslos da und wog ab. Was ich da mache, wollten die Leute wissen. »Ich warte, die Ampel ist rot.« »Da ist doch gar keine Ampel.« »Doch, an der Hauptstraße.« »Aber die sieht man doch von hier gar nicht.« »Ja, aber ob ich nun hier warte oder dort, das spielt doch keine Rolle.« Man müsste einfach immer geradeaus gehen können, wie dieser Sänger, dessen Video-Clip mir vor dem Start zur Beruhigung auf den Monitor eingespielt worden ist. Ich glaube, ich habe das sogar schon in mehreren Video-Clips gesehen, es scheint zum rhetorischen Inventar dieser Ausdrucksform zu gehören. Vielleicht spricht aus diesem Bild ein tiefes Bedürfnis unserer Kultur. Der wahre Held muss sich nie für eine Richtung entscheiden, er geht immer geradeaus und biegt mit seiner Willenskraft den Raum.

In ihren letzten Durchsagen hat die Zentrale ein eher hilflos wirkendes Szenario entworfen. Ich könnte unwissentlich Teil eines Experiments sein, dessen Verlauf in jedem Fall geglückt wäre, egal, wie ich mich verhalte. Da man meine Persönlichkeitsstruktur kannte, hätte man den Zeitpunkt meiner emotionalen Affizierung durch Lena abgewartet, um mich in diesem Zustand zur Station zu schicken und die Auswirkungen der Isolation auf meinen Gefühlshaushalt zu studieren. Demnach wäre es mein Schicksal, Erkenntnisse zu liefern, egal, was ich tue. Der Gedanke, man könnte Vergleiche zwischen meinem Fall und dem anderer Individuen ziehen, ist mir unerträglich. Dabei ist jeder ersetzbar, das war einer der Leitsprüche aus der Raumfahrtakademie. Es hat so lange gedauert, hier anzukommen, und es hat mir alles abgefordert. Ich bin kein schlechter Mensch, aber wahrscheinlich bin ich der einzige Zeuge dieser Tatsache. Andererseits bin ich vielleicht dazu verurteilt, das zu denken, es ist schon schwer genug für die Angehörigen eines Verbrechers, zu begreifen, dass ihr Verwandter ein Monster ist, wie soll das dann dem Verbrecher selbst gelingen? Vielleicht ist man schon deshalb ein schlechter Mensch, weil man denkt, man sei keiner? Vielleicht sind nur Menschen, die sich für schlechte Menschen halten, gute Menschen? Ich bin nicht Kosmonaut geworden, um Kompromisse zu machen. Wenn man eine Krise durchlebt, will man allein sein, das wird jeder verstehen. Und die so plötzlichen und heftigen Gefühle für Lena müssen als Krise interpretiert werden, als Fluchtreflex meiner tieferen Bewusstseinsschichten vor den Konsequenzen meines Berufs.

Einige der Mäuse sind genetisch manipuliert, ein Rezeptor für einen Nervenbotenstoff fehlt ihnen, sie sind deshalb risikofreudiger und kommen öfter ans Licht. Es heißt auch, sie seien weniger depressiv. Ich habe die Kamera auf das Labyrinth gerichtet, damit die Bodenstation sie weiter bei der Fortpflanzung beobachten kann. Es ist Zeit, meine letzte Mahlzeit einzunehmen, mir bleibt noch eine Tube Sosiski, wobei mir jetzt einfällt, dass ich seit meiner Jugend weiß, was Sosiski heißt. Es ist schön, wenn das erworbene Wissen im Lauf des Lebens zur Anwendung kommt. Manches wird natürlich für immer überflüssig bleiben, völlige Deckung zwischen den Situationen, in die man im Leben noch geraten wird, und dem Wissen, das man bisher nicht gebraucht hat, wird wohl nie eintreten, man könnte dann vielleicht genauso gut sterben. Demnach wäre für mich noch Zeit, denn zu wissen, dass man bei der Besteigung des Mount Everest um 13 Uhr in jedem Fall den Rückweg antreten muss, hat sich für mich noch nicht ausgezahlt. Wobei mir bekannt ist, dass Sachwissen und Erlebnisse vom Gehirn unterschiedlich behandelt werden, möglicherweise kann ich mich also an die Tatsache, dass man am Mount Everest um 13 Uhr auf jeden Fall den Rückweg antreten muss, erinnern, habe aber vergessen, dass ich den Mount Everest schon bestiegen habe. Das ist bei Hirnverletzungen, wie sie als Folge von Sauerstoffmangel auftreten können, keine Besonderheit. Ich kann im Übrigen nicht behaupten, dass mich die Tubennahrung enttäuscht hätte. Das Zermalmen der Speisen mit den Zähnen kam mir immer wie ein zeitraubender Atavismus vor. Das Tröstliche an Tuben ist, dass man sie auf- und zuschrauben kann, das macht Spaß. Solchen Spaß, dass Spaß nicht das richtige Wort ist. Ich kann mich gut erinnern, lange Nachmittage meiner Kindheit damit verbracht zu haben, Tuben mit aller Kraft und mithilfe von Werkzeugen zuzuschrauben, um mich anschließend der Herausforderung zu stellen, sie wieder zu öffnen. Es war immer mein Anspruch, es mir so schwer wie möglich zu machen. Außerdem gefällt es mir, wenn sich Dinge um die eigene Achse drehen lassen, so viel kann ich sagen.

Es hat mir Freude gemacht, den Raumanzug über den Schlauch an die Rohrleitung anzuschließen und aufzublasen. Wenn man die Luft wieder entweichen lässt, klingt das wie ein resigniertes Seufzen. Ich habe das mehrmals getan, wie ich fast alles gerne mehrmals tue. Es ist seltsam, von außen durch ein Fenster zu blicken, wenn man den Raum eben erst verlassen hat. Man fürchtet dann, dort drinnen sich selbst noch zu sehen, als hätte man sich geteilt. Der Doppelgänger würde vielleicht ein so friedliches Bild abgeben, dass man aus Angst, ihn bei einer Begegnung zu Tode zu erschrecken, auswandern müsste. Aber das wird für mich nicht nötig sein, im Innern der Raumstation ist niemand zu sehen, nur das Labyrinth, in dem sich zu meiner Überraschung eine der Mäuse auf die Hinterpfoten gestellt hat und den Kopf hin- und herwendet. Die Verhaltensbiologen sehen darin ein Zeichen für Risikofreude, denn in dieser Haltung gibt sie ihren Körper schutzlos preis. Es scheint, als würde sie mich suchen. Warum müssen es einem immer alle so schwer machen?

Bin ich der Erde schon so nah, dass man nicht mehr von Entfernung, sondern schon von Höhe sprechen könnte? Ihr Anblick rührt mich nun doch zu Tränen. Sie war immer viel zu groß für mich, ich wusste nie, ob ich versuchen sollte, mir einen Überblick zu verschaffen oder mich lieber den Details zu widmen. Am schmerzlichsten ist unsere Sehnsucht nach Dingen, die ohne uns besser funktionieren. Der Mensch ist nicht dazu gemacht, glücklich zu sein, sonst hätte er nicht so viel erreicht. Ich weiß, dass der Genuss, den mir der Anblick der langen, glatten Küstenlinien verschafft, eine romantische Projektion ist, von solchen Quellen des Glücks wird man bei erster Gelegenheit im Stich gelassen. Schönheit zu empfinden ist ein degradierendes Gefühl. Ich habe den richtigen Moment gewählt, Lena könnte mich jetzt sehen. Bald werde ich in die Atmosphäre eintreten und verglühen, so geht es einem, wenn man sich der Erde von außen nähert. Aus der Sicht eines Meteoriten ist sie ein ziemlich autistischer Planet. Im Grunde ist die Erde ein bisschen wie ich. Eben habe ich mit meinem Schweizer Offiziersmesser die Sicherheitsleine gekappt. Man muss loslassen können. Nun bin ich wirklich aufgebrochen. Ich empfinde keine Angst mehr. Es ist schade, dass ich dieses Gefühl erst jetzt kennenlerne. Nein, es ist nicht schade, nichts ist schade. Ich sehe meinem Taschenmesser nach, das ich nie ganz verstanden habe. Jetzt warte ich auf den Sauerstoff, um darin zu verbrennen. So will es die Physik, das ist alles leicht zu modellieren. Aus einer gewissen Entfernung betrachtet, kann dieser Vorgang als schön empfunden werden, so ist es oft mit Dingen, über die man zu wenig weiß. Ich werde nie erfahren, was mein letzter Gedanke gewesen sein wird. Wäre es sentimental, an ein Mädchen zu denken, das eine Sternschnuppe am Himmel sieht und sich wünscht, einen Vater zu haben? Aber bei welcher Gelegenheit wäre es verzeihlicher, sich ein wenig gehen zu lassen, als beim eigenen Tod?

MICHAEL STAVARIČ

Böses Spiel

E*in Brief von Gott,* sagt sie. *Hier, für dich.* Bei einem der Aufgänge zur U-Bahn sei ihr eine Frau begegnet, die stand reglos in der Menge, und als sie an ihr vorbeiging, steckte ihr die Frau einen Brief zu und sagte: *Das ist für ihn, von Gott.* Und sie sagte auch noch: *Er ist kein Gott!* Und als wir später beim Kaffee saßen, erinnerte sie sich an den Brief und überreichte ihn mir mit beiden Händen. Ob ich überhaupt weiß, dass man die Dinge mit beiden Händen berühren muss, wenn sie einem wichtig sind, dass eine Hand nicht genügt, eine Hand in den Schritt zu legen sei zu wenig, mit beiden Händen in die Vollen zu fassen, sie sagt: *Das ist Entschlossenheit.*

Und ob ich überhaupt weiß, dass viele Menschen irgendeinem Gott Briefe schreiben und dass alle Briefe gesammelt und dass sie schließlich zur Klagemauer in Jerusalem gebracht werden, denn aus irgendeinem Grund landen sie alle in Israel. Dort sortiert man die Umschläge und legt sie in Fächer, eines von ihnen trägt die Aufschrift »Briefe an Gott«, aber es sind auch welche an den Weihnachtsmann darunter. *Dass du mir nie was glauben willst,* sagt sie. Sie packt mich an den Schultern, nimmt mich am Kinn und umschlingt meine Leibesmitte. Wie sie doch eins wird mit ihrer Wut. *Du bist Wut,* sagt sie. *Du bist mein Ende.*

Und ob ich noch weiß, wie ich sie zum ersten Mal auf die Palme brachte, dass Frauen emotionale Wesen sind, dass wir Männer uns vorsehen sollten, dass die Frauen gegen die Männer zu Felde ziehen und uns in Grund und Boden treiben mit wuchtigen Schlägen. Sie sagt: *Keile in der nasskalten Erde.* Und dass die Frauen sehr wohl wissen, wenn der Mann bei einer anderen war, dass er so leise gar nicht sein kann, aber dass die Frauen oft zu schlaftrunken sind oder keine Lust auf Debatten haben, dass alle Männer gleich sind und man sowieso einen im Haus braucht.

Und ob ich noch weiß, wie sie diesen Rock trug, dass ich die ganze Zeit auf ihre Beine stierte, dass ich ihr später ungeniert in den Ausschnitt griff, dass ich meinte: *Ich bin ausgerutscht.* Dass Frauen gar nichts dagegen haben, wenn ein Mann zur Sache kommt, wenn er seine Sache gut macht. Ob ich überhaupt weiß, dass die Frauen über mich reden, dass sie mich beobachten, wie ich mein Leben lebe, dass sie sich sagen: *Ein guter Mann.*

Ob sie weiß, dass die Frauen uns Männer gern überschätzen, weil es sie sicherer macht, dass die meisten Frauen ein Kind wollen, dass dieses Kind für vieles entschädigt. Dass man mir angeboten hat, ein Kind zu zeugen, sogar zweimal, aber ich habe Nein gesagt. Weil es genug Kinder gibt, weil die Dinge noch komplizierter werden, weil ich an das Kind denke, weil ich kein guter Vater wäre, weil ich ein guter Vater wäre und vielleicht auf den Geschmack käme. Und dass man mir sagte, ich müsse das Kind nur zeugen, ich hätte sonst gar keine Verpflichtungen, fast so, als ob ich gar kein Kind hätte, das sei für einen Mann doch ideal. Sie wollten wissen, welche Stellung ich am liebsten mag, dass es ihnen egal sei, in welcher Position wir die Kinder anspitzen, ich kann tun, was ich will, nur der Samen muss fest reingedreht werden und eine oder zwei Minuten soll ich ihn danach noch stecken lassen.

Ob sie überhaupt weiß, dass ich Nein gesagt habe, weil ich vielleicht mit ihr ein Kind haben will, irgendwann später, dass ich nur mit ihr so weit gehen würde. Ob ich erzählen soll, wie sie mir einen Stein nachwarf, dass ich schleunigst verschwinden soll, dass die Männer ohnehin alle Nomaden sind. Dass sie alles ihrem Robert erzählen würde und der käme, um mich zur Rede zu stellen. *Der wird dir dein dreckiges Grinsen schon ebnen! Der macht kurzen Prozess mit dir! Der wird dich leiden lassen!* Das wird ein böses Spiel.

Und ob ich mich noch daran erinnere, wie sie schwanger war und mir auf einen Einkaufszettel schrieb: *Das Kind ist nicht von dir.* Und ich wollte wissen, warum sie mir das nicht einfach sagen kann, dass ich sie niemals geschlagen habe und dass ich selbst Roberts Kind nichts Böses wünsche. Ob ich mich noch erinnere, wie wir auf einer Wiese lagen, dass weit und breit kein

Mensch, dass es ihr trotzdem unangenehm war, mit mir zu schlafen, weil jemand hätte zuschauen können, zwischen den Büschen hervorlugen, oder so einer mit Feldstecher, ein Jäger in Grün. Und dass es ihr leidtut, dass sie nass war und geil, aber nicht mutig genug. Und dass sie später mit Robert geschlafen hat, wie es sich gehört, und dass das ein Fehler war, denn es wäre sonst mein Kind und es hätte meine Augen und die Gelassenheit des Erdreichs, auf dem es gezeugt wurde.

Am Tag darauf stehen wir unter einer roten Plastikpalme, sie trägt ihr Herz links, wo es hingehört, und ich trage es viel zu weit oben, zu nahe am Kopf, und immer habe ich dieses Gefühl, es musste besser sitzen. Wir stehen vor ihrem Haus, die Nacht ist lau, ob sie mich überhaupt jemals bittet: *Hör nicht darauf, was ich sage.* Sie schaut kurz hinauf zu der Palme, dass ihr vor Jahren die Katze aus dem Fenster gesprungen ist, nein, nicht gefallen, sie ist geradewegs auf die Palme zugesprungen, hat es aber nicht ganz geschafft. Und ob ich weiß, was ein Palmdieb ist, dass sie gerne einen besäße. Und ob ich weiß, dass sich der Palmdieb tagsüber in Höhlen verkriecht, dass er nachts über den Strand wandert und Palmbäume besteigt, um Nüsse anzukneifen. Dass er alles tut, um an das weiße Fleisch der Kokosnuss zu gelangen, aber auch vor anderen Früchten nicht haltmacht, dass er sogar Tiere anfällt und Kochtöpfe, dass sich sein Name von der Angewohnheit ableitet, sich alles einzuverleiben.

Und am Tag darauf stehen wir unter einer gelben Plastikpalme, sie trägt ihr Herz links, wo es hingehört, und ich trage es viel zu weit oben, zu nahe am Kopf, es schnürt mir den Hals zu, mein Kehlkopf ist geschwollen, ob mich jemand gewürgt hat, will sie wissen, und was der für Gründe hatte. Wir stehen vor dem Haus, wo sie wohnt, und ich begleite sie bis vor die Tür, weil sich das gehört, und sie ist sich gar nicht mehr sicher, ob es zwischen uns eine Übereinkunft gibt, irgendeine Vereinbarung, dass ich sie von der Arbeit abhole und nach Hause begleite, weil ich mich danach besser fühle und sie sich nicht schlechter. Ob sie mich überhaupt jemals bittet: *Werde mein!* Sie schaut kurz auf zu der Palme, dass sie und ich wie zwei Palmdiebe sind, beinahe schon ausgestorben und immer nur geil auf Kokosfleisch.

Und dass sie überhaupt nicht versteht, warum es in dieser Stadt so viele Hunde gibt, wo doch die Hunde der Tod des Palmdiebs sind.

Sie schaut herab auf mich und die Palme, dass ich hinaufklettern könne, wenn ich wolle, aber das würde nicht genügen, bis zum Fenster fehlten dann immer noch zwei bis drei Meter. Ich müsste mir eben was einfallen lassen, aber sie würde stehen bleiben und warten. Und dass ein Palmdieb kein Problem mit der Palme hätte, der würde die Kraft seiner Zangen benutzen, um Stück für Stück hinaufzuklettern, aber oben wäre dann auch für ihn Schluss. Und ob ich weiß, dass sich der Palmdieb tagsüber in Büschen verkriecht, dass er nachts über das Land zieht und Palmbäume besteigt, um sich zu paaren. Dass er alles tut, um ans Ziel zu gelangen, dabei aber seine Würde wahrt, was nicht so einfach bei diesem plumpen und behäbigen Tier. Dass er sogar Kindern gefährlich werden kann und dass manche Frauen auf entlegenen Inseln glauben, dass ein Palmdieb die Potenz ihrer Männer steigert. Dass die Frauen ihm Fallen stellen und ihn zur Strecke bringen, dass sie ihn für ihre Männer kochen, ihnen die besten Stücke servieren, um sich danach alles einzuverleiben.

Und sie kam auf mich zu und fasste mich am Arm, dass sie mich nicht auf den Arm nehmen wolle, sie möchte mir was zeigen, ein Bild im Nebenzimmer und ich soll mich doch wie zu Hause fühlen. Robert und sie leben schon länger zusammen, ob ich ein Freund seines Freundes sei, sie erkenne mich kaum wieder, ob ich alleine hier bin und dass Freunde von Robert nie alleine sind und sie ist schließlich auch noch da. Damals kannte ich diese Leute gar nicht, kam zufällig des Weges, als ich ein Schild sah: *Zum Fest.*

Später bringt sie mich zur Tür, alle sind längst gegangen und Robert schläft tief und fest, sie will meinen Namen wissen, ich sei ihr immer willkommen. Dann küsse ich sie, weil ich ohnehin schon viel zu lange gewartet habe damit, und sie sträubt sich, schlägt mir ein paarmal gegen die Brust und tritt mich gegen das Schienbein, sie zerkratzt meine Wangen, aber immer noch küsse ich sie und dann küsst sie mich auch und sie küsst mich weiter und will mich gar nicht mehr gehen lassen. *So schnell küsse ich dich nicht mehr,* sagt sie. Und: *Du darfst Robert nichts sagen. Ich muss nachdenken,* sagt sie, aber sie meint auch genießen.

Sie habe von mir geträumt, wie ich rieche und schmecke und wie ich mein Hemd aufknöpfe und meine Hose ausziehe, wie ich sie nehme, gleich in der Tür, dass sie ihre Beine verspreizt im Türstock, dass sie schwebt und ich ihr weiches Fleisch teile und ihre Kokosmilch trinke. Dass Palmdiebe gerne Milch trinken, sogar die einer Kuh, wenn sie Durst haben, dass sie sogar einer Kuh ins Euter kneifen, wenn sie ihnen zu nahe kommt. Dass Palmdiebe einen großen Hinterleib haben wie die Frauen, dass sie Stielaugen bekommen wie die Männer, dass sie sich mit ihren Zangen überall Zutritt verschaffen, wie im Krieg.

Dass sie davon geträumt hat, meine Freunde seien die Engel und die Tiere, dass man sie nicht sieht, sie einen aber schon, dass sie mit allen Sinnen und Wassern gewaschen, *wie du,* sagt sie. Dass diese Engel alles für mich tun, dass ich sie ausschicken kann, um das Gute zu schützen, dass ich sie als Kundschafter einsetze, dass sie die Wälder und Flüsse vermessen, dass sie über das Land ziehen wie Wolken, die keiner fassen kann. Dass keiner sich an sie heranschleichen kann, ohne dass sie es merken, kein Feind und auch kein Gedanke, dass sie Männer sind und Frauen, sich aber ganz anders benehmen. Dass sie keine Männer sind und auch keine Frauen, dass sie nicht einmal Kindern ähneln, *dass sie so sind wie du,* sagt sie.

Ob ich mich noch erinnere, wie sie Geburtstag feierten und zu einem Fest luden, dass sie und ihr Kind am gleichen Tag geboren sind und alle schon am Nachmittag kamen, um mit dem Kind zu spielen, und abends brachten sie ihr dann ein Ständchen, sagt sie. Roberts Freunde und ihre Freunde und ihre Freundinnen und du. Dass sich Robert noch gewundert habe, dass er höflich blieb und reserviert war, dass mich ihre Freundin in Beschlag genommen und sich immer wieder die Lippen geleckt habe, dass sie manchmal unter dem Tisch ihre Hand zwischen die Beine klemmte und später daran roch. Dass es niemand sah, nur ihr war es aufgefallen. Dass sie Eifersucht verspürte. Und wie ausgelassen später alle waren und einige der Frauen tanzten und andere tranken und spielten mit den Männern Verstecken und wieder andere rauchten und gaben sich gelangweilt und die meisten haben nur dich gesehen. *Du weißt gar nicht, wie gefährlich dein Spiel, dass du viel vorsichtiger sein musst,* sagt sie.

Und ob ich noch weiß, dass sie und Robert sich vor vielen Jahren verlobten, dass sie jung war und die Welt nicht kannte, dass Robert eine Reise buchte, dass sie auf eine entlegene Insel flogen und dort Quartier bezogen für zwei Wochen, dass sie über den Strand spazierten und im Meer schwammen, dass ihr die Einheimischen nachsahen, dass sie schön war und sehr verliebt. Und eines Abends kam ihr ein Palmdieb entgegen, Robert schlief schon und sie machte noch einen Strandspaziergang, dass der Himmel voller Abendröte, dass der Palmdieb stehen blieb und zu ihr aufsah und seine Scheren schwenkte, dass sie neugierig näher trat und noch näher, dass sie ihn kurz berühren durfte, ohne dass er nach ihr schnappte.

Und ob ich noch weiß, dass der Palmdieb tagsüber die Sonne meidet, dass er keine Angst hat vor den Menschen, dass er alles tut, um schnell zu sterben, dass er langsam ist und träge, dass er groß ist und schwer, dass ihn keiner übersieht und dass er immer noch klein genug ist, sodass ihn jeder töten kann. Dass die Kinder seinen Panzer auskochen und damit spielen, dass die Frauen mit Steinen nach ihm werfen und die Männer Netze auslegen, dass sie ihn durch die Luft wirbeln und mit Holzscheiten totschlagen, dass es heutzutage schon etwas Besonderes ist, einen Palmdieb zu erlegen, weil es nicht mehr viele von ihnen gibt. *Du bist mein Palmdieb,* sagt sie. *Du musst viel besser auf dich achtgeben.*

Ob ich überhaupt weiß, wie sehr sie Männern manchmal den Tod wünscht, dass kein Mann mehr zur Ruhe kommen wird, sagt sie, weil sie es nicht anders verdienen, weil sie die Frauen missachten, und dass Robert sie nimmt, wann er will, und dass sie es früher auch wollte, dass aber für einen Mann einmal immer bedeute und dass er sie niemals gehen ließe und das Kind auch nicht. Dass sie sich wünschen würde, mir vertrauen zu können. Sie sagt: *Du bist auch einer von denen!* Sie sagt: *Ich werde es nicht sein, die um dich weint!* Und dann weint sie doch.

Sie weint bis zum nächsten Morgen, an meiner Schulter lehnt sie und will ihr Kind nicht wecken. Dass Robert eine ganze Woche lang bei seiner Mutter ist, dass sie und ihr Kind die Stellung halten, dass Roberts Mutter sterben müsse, der Krebs hat sie angefressen, die wilden Tiere der Nacht taten ihr Übriges.

Dass die Männer ihre Toten zählen, als wären sie Ziegen, dass sie berauscht sind und ungenau, dass sie keine Reue zeigen und dass Ziegen für sie keinen Wert haben, dass es genug gibt davon, und wie gefährlich das ist. Dass man so den Respekt verliert vor allem Toten, dass man den Respekt verliert vor allem Lebenden, dass die Frauen sich niemals so herablassen würden. Sie schaut mich an und sagt: *Bewahr dir deine Würde.* Und dann lächelt sie und lüpft kurz ihren Rock, dass sie sich daran erinnert, wie sie als junges Mädchen mit anderen jungen Mädchen im Kaffeehaus saß, dass sie Männer taxierten, dass die älteren Männer leicht aus der Reserve zu locken waren, darüber mussten sie sehr lachen.

Und ob ich noch weiß, wie sie nach Hause fuhr und mich anrief, dass Robert ihr Kind geschlagen habe, dass es das erste Mal war, dass Robert sein Kind schlug, dass er zu ihr sagte, es habe Schlimmeres verdient. Und ich wollte, dass sie ihre Sachen packt und das Kind nimmt und zu mir kommt, und sie dachte an sich und das Eingeständnis ihrer Niederlage und was Mutter und Vater sagen und was Robert seinen Freunden erzählt und ihren Freundinnen. Und ich blieb, wo ich war, und ich habe gelacht über mich, dabei war mir zum Weinen. *Die Liebe macht dir zu schaffen. Deine Liebe ist meine Straßenbahn.* Und sie sei wieder einmal zu spät dran.

Am Tag darauf stehen wir unter einer silbernen Plastikpalme, sie trägt ihr Herz links, wo es hingehört, dass es sich gehört, sein Herz bei sich zu tragen, nicht in der Tasche oder unter dem Rock, dass ihr Herz doppelt so schnell schlägt, wenn sie mich ansieht, dass so ein Herz nicht lügen kann. Und ich kenne niemanden, dem ein Herz besser stünde, dass ich ihr meines schenken möchte, dass das Herz eines Mannes etwas größer sei, aber das einer Frau schwerer wiege. Sie sagt: *Du bist mir einer.* Dass sie die vollkommene Frau ist und ich ein passabler Mann, sie glaube fest daran und ihre Freundin weiß sogar, ich bin geil.

Und sie meint dich, sagt sie. Dass sie ihrer Freundin keine Vorwürfe mache, keinen Groll hege, weil sie eine Frau sei und ich ein Mann. Ob ich nicht auch langsam den Bezug zur Realität verliere und ob es nicht besser wäre, dem Leben ein Ende zu machen, gemeinsam, ich und sie und ihr Kind. *Aber vorher tötest du Robert,* sagt sie.

Du nimmst eine Axt und schlägst ihn wund und dann bohrst du ihn an und nimmst einen Haken und dann schleifst du ihn zum Ufer und ziehst ihn durch schlammiges Wasser und drückst seinen Kopf zwischen die Algen, und wenn er sich wehrt, packst du ihn am Hals und drückst fest zu, bis der Kehlkopf bricht. Dass ich darauf achte, keine Spuren zu hinterlassen. Du gehst auf ihn zu, er wird überrascht sein, sich nicht wehren, dass er stark ist, das weißt du, aber er ist nur ein Mensch und du bist Gott. Dass Gott alles Leben schuf und dass er es nehmen kann, es steht geschrieben und man kann das Wort ruhig für sich arbeiten lassen. Du nimmst seine Ausweise an dich und die Schlüssel und entledigst ihn seiner Kleider und lässt ihn treiben, dass er später irgendwo angespült wird und alle glauben werden, er sei im Krieg gefallen.

Du nimmst einen Bogen und zielst auf sein Herz, dass sein Herz vieles wegsteckt, aber das wohl nicht. Dass ich mich vorsichtig nähern soll, wenn er in die Knie geht, dass du einen zweiten Pfeil aus nächster Nähe in seine Leber rammst, dass ich mich hüten soll, ihm in die Augen zu schauen, dass er mich anflehen wird, ihn zu verschonen, dass du an das Kind denkst und an mich, sagt sie. Und dann nimmst du eine Schlinge und legst sie um seinen Hals und schleifst ihn die Böschung hinab, dass er schwer ist, viel schwerer, als man meint, und dass ich mich darüber nicht wundern müsse. Und dann drückst du seinen Kopf zwischen die Algen, und wenn er noch lebt, ziehst du die Schlinge fest zu, und wenn er dich schlägt, denk daran, dass er zwischen uns steht, dass man die großen Bäume fällen muss, damit die kleinen wachsen können. Dass ich mich hüten soll, ihn zu warnen, dass ich auf leisen Pfoten an ihn heran und ihm mit einem einzigen Hieb den Kopf spalte, dass er vornüber fällt ins Wasser, dass sich die Blutegel auf ihn stürzen, die Frösche und

Lurche, die Puppenräuber und Kerbhalsigen. *Dass du an das Kind denkst und an mich,* sagt sie.

Du gehst auf ihn zu und lässt ihn nicht zu Wort kommen, er wird überrascht sein, dich zu sehen, wenn er sich überhaupt an dich erinnert. Er wird sich wundern, nach mir rufen, dass ihn niemand hören kann. Du sorgst dafür, dass ihn niemand hören kann, nicht? Dass er stark ist, aber mit den Jahren träge wurde, dass ihm sein Rang nicht zusteht, dass bald Krieg sein wird und dass einige von uns die Erde erben werden. Dass Gott alles Leben schuf und dass er es nehmen kann, dass es keinen Gott gibt, dass es keine Rolle spielt, was wir glauben, wenn wir wissen, was zu tun ist. Du nimmst seine Ausweise an dich und die Schlüssel und lässt ihn liegen, wo er fällt, du darfst ihm keine Chance geben, Chancen hatte er genug. *Du bist der Sturm,* sagt sie. *Du bist das neue Zeitalter,* sagt sie. *Hör auf mich.*

Und wenn er ausbleibt, verlier nicht die Geduld, warte zu, er verspätet sich gern. Dass sie deswegen oft gestritten hätten, dass er niemals pünktlich sein kann, dass das Kind vor der Schule auf ihn wartet und er noch im Stau steckt oder telefoniert oder schläft, dass er viele Ausreden parat hat, dass sie ihm manchmal heute noch glaubt. Dass es keine Rolle mehr spielt, dass er oft Pech hatte, dass die Männer oft zweifeln, in Panik geraten und dem Pech nicht auskommen. Und wenn du wartest, zähl die Minuten und für jede Minute, die er zu spät, lässt du ihn leiden, er soll das Kind nie vergessen. Und mich. Und dann knebelst du ihn und brichst seine Hände und Beine und Rippen und du musst es langsam tun, mit Ruhe und Sorgfalt. Und du schneidest sein Haar ab, verstreust es im Wind und lässt ihn im Unklaren, was weiter geschieht. Dass du dir ja Zeit lässt, dass er hoffen darf und beten, dass er nie betet, aber bestimmt daran denkt. Er wird dir erzählen, wie schwer er es hat im Leben, wie sinnlos sein Tod, wie sehr du dich irrst, er wird sagen: *Wir sind doch Männer! Brüder!* Und sie sagt: *Du irrst nie! Du kannst nicht zurück,* sagt sie. Dass sie mit dem Kind auf mich wartet, dass sie auf die Uhr schaut und singt, dass sie lauter singt, je später der Abend, dass ich ein rotes Tuch schwenken soll, wenn es gelingt, und ein schwarzes, wenn er nur tot ist.

Und ob ich noch weiß, wie wir einander nicht finden konnten damals, als wir uns in der Stadt verabredeten und sie ihr Mobiltelefon vergessen hatte, dass wir aufeinander warteten, ohne uns verständigen zu können, dass wir aber wussten, was zu tun sei, dass wir einander trotzdem fanden. Und genau so wirst du auch Robert finden. Ob sie überhaupt noch weiß, dass ich und Robert in dieselbe Schule gingen, dass man uns dasselbe beibrachte und dass wir dieselbe Luft atmeten, dass man uns lehrte, auf niemanden Rücksicht zu nehmen, dass man uns dazu erzog, besser zu sein und schneller. Dass er ein Jahr jünger ist und ich mehr graue Haare habe, dass er ein guter Schüler war und ich ein schlechter, dass sich unsere Wege in der Schule nie kreuzten, ich aber auf der Hut war. Dass ich Robert einmal am Fußballplatz zusah, wie er zu Werke ging, dass er grob war und rücksichtslos, dass seine Mannschaft immer gewann, dass ich nie Fußball gespielt habe, weil mir die Lust darauf gehörig verging. Dass Robert ein guter Sportler war, ausdauernd und kräftig, er kannte viele Frauen und es war abzusehen, dass er dich erobern würde, dass er irgendwann nachlässt und seine Tugenden sich in ihr Gegenteil verkehren, dass er zu viel trinkt und schlägt und schläft und das Leben mit ihm beschwerlich sein würde.

Ob ich mich noch erinnere, es hieß »Schule fürs Leben«, dass sich Robert alles gut merken konnte und ich längst vergessen habe, *weil du dich verwehrst,* sagt sie. Dass man uns beibrachte, einander zu belauern, dass man uns zeigte, wer unsere Feinde waren, dass wir uns in Kampftaktiken übten, uns verbargen, aus dem Hinterhalt zuschlugen, dass wir lernten, unsere Feinde zu umzingeln, dass wir im hohen Gras darauf warteten, sie zu zerschmettern. Dass es Kommandanten gab und Laufburschen und Krieger der ersten Stunde und solche der zweiten und dritten, dass man in Wellen gegen die Phalanx der Feinde anlief, dass die Krieger der Ersten Stunde allesamt starben, aber letztlich den Sieg sicherten. Dass wir das täglich üben mussten, dass wir nur simulierten, aber mit blauen Flecken vom Felde zogen, dass es Gefangene gab, die man foltern durfte, dass die Feinde Röcke trugen, dass sie beweglich waren und schnell und dass wir wiederum schwere Rucksäcke trugen, damit allen einsichtig war, dass ein Sieg niemandem leicht fällt.

Dass es Späher gab und Verdeckte, dass die Kundschafter die Lager der Feinde ausmachten und die Verdeckten die Lager infiltrierten, sich dort häuslich niederließen und Informationen darüber sammelten, wo die Schwachpunkte unserer Gegner lagen, wie viele sie waren und welche Taktik sie verfolgten. Dass wir Mathematik lernten und Physik, dass sich dies als nützlich erweisen könnte, dass wir Psychologie lernten und Sprachbeherrschung, dass sich dies anwenden ließe, dass wir Biologie lernten und Geografie, dass dies unser Vorteil sei und vieles mehr. Dass wir lernen mussten zu überleben, nach Essbarem zu suchen im Wald, dass wir gedrillt wurden, alles zu essen, was sich in unserer Kleidung verfing, dass die »Schule fürs Leben« kein Honiglecken sei, dass wir eines Tages dankbar sein würden.

Dass wir manchmal widerliche Dinge aßen, um einander etwas zu beweisen, dass weniger mehr sei, ganz klar, dass wir zum Beispiel wilden Kren ausgruben, um ihn zu essen, dass er im Mund brannte und die Schleimhäute verätzte, dass so ein Kren alles lahmlegt, das Denken und Fühlen, dass man sich in Grimassen flüchtete und die anderen lachten. Dass wir Fotos von uns machten, um uns diese Gesichtszüge einzuprägen, dass wir sie uns gut merken sollten, denn diese Gesichter würden uns am Schlachtfeld begegnen, bei den Toten und bei den sterbenden Gefährten, wenn sie wimmern und sich am Boden winden, und unsere Feinde stünden über ihnen und alle Gesichter würden verzerrt sein und fahl, wie nach dem Genuss von wildem Kren.

Ich erinnere mich, dass wir selten Tiere aßen und dass man sagte, ein Krieger kämpft mit vollem und mit leerem Bauch, ganz egal wie aussichtslos die Lage auch sein mag, dass man in der Not essen kann, was man tötet, dass das Überleben an erster Stelle steht und alles andere ist relativ. Dass keiner von uns wusste, wie Menschen schmecken, dass wir dachten, eine Frau schmeckt wie Obers und ein Kind wie Gelatine. Und dass die Männer wie alte Böcke oder Ochsen schmecken, dass es davon abhängt, wie gepflegt so ein Mann zu Lebzeiten war, dass man ihn zur Not mit kaltem Wasser abschrubben muss und dass es leichter von der Hand geht, wenn er noch lebt.

Dass die Männer ihre Toten einsammeln, dass sie die Gefallenen in Züge packen und dem Tod etwas Positives abgewinnen, dass die Brüder für eine gute Sache sterben und ihrer Bestimmung folgen, dass sie eingehen ins Himmelreich und Frauen haben ohne Ende, dass sie als Dünger taugen und sich mit der Erde vermengen, dass darauf Korn wachsen möge und Mais und Rüben. Sie schaut mich an und sagt: *Glaub das nicht!* Und dann lächelt sie und lüpft kurz ihren Hut. Dass sie gerne Hüte trägt, der neueste Schrei aus Paris, dass man von den französischen Frauen einiges lernen kann, dass die jedem Mann den Kopf verdrehen, dass ihm der Tod dann leichter fällt. Dass sie sich daran erinnert, wie sie als junges Mädchen mit anderen jungen Mädchen Karussell fuhr, dass sie alte Männer taxierten, dass die älteren Männer leicht auszurechnen waren, sie bevorzugten Schwarz und Rot und Pink.

Am Tag darauf stehen wir unter einer rostroten Plastikpalme, sie trägt Make-up und scherzt, dass sich die Frauen bemalen, um in den Krieg zu ziehen, dass sie die Männer täuschen mit roten Lippen und falschen Wimpern, dass man listig sein muss und konsequent, dass der Glaube allein nicht mehr reicht. Und früher erkannte man noch an der Bemalung, woher man kam und welche Taten man vollbrachte, dass eine schwarze Hand vor dem Mund bedeutete, jemanden getötet zu haben, und eine weiße Hand wies darauf hin, jemanden verloren zu haben, den man liebte. Dass rote Lippen die Bereitschaft symbolisieren, Blut zu trinken, und blaue Schatten Unsterblichkeit verheißen, dass der gefährlichste Feind die eigene Angst sei. *Entschlossenheit,* sagt sie. *Sie führt zum Ziel.*

Und ob ich mich erinnere, dass wir den Abend bei mir verbrachten, dass ich sie durch die Wohnung führte, dass sie schön war und hell, dass sich ein paar Käfige darin befanden, aber die Türen standen weit offen. *Und da habe ich gewusst, dass du über mein Leben bestimmst,* sagt sie. Und ich hätte nur gelacht und die Fenster geöffnet und wir sahen gemeinsam hinaus zu den Bergen und Hügeln, dass wir uns die Abendluft schmecken ließen, dass sie nur noch eine Stunde hatte und ich alle Zeit der Welt.

Und ob ich noch weiß, dass sie und Robert einst jung waren und verliebt und ihren ersten gemeinsamen Urlaub buchten, dass sie sich unter Palmen liebten und in der Abenddämmerung zueinanderfanden, dass sie blutjung waren und er das Wort führte, dass sie über den Strand spazierten und im Meer schwammen, dass ihr die Einheimischen Blumen schenkten, dass sie schön und unverwundbar war. Und dass eines Morgens ein Palmdieb ins Zimmer kam, als Robert gerade duschte und sie Kaffee trank, dass Palmdiebe Kaffeegeruch mögen und nach Meer riechen, dass er Algen am Leib trug und voller Sand war, dass er zu ihr aufsah und seine Scheren schwenkte.

Ob ich noch weiß, wie sie über mich kam, dass wir im Zug saßen und gemeinsam ans Meer fuhren, dass sich die Waggons leerten und die Schaffner nur noch selten kamen, dass im Speisewagen die letzten Teller und Gräten abserviert wurden, im ganzen Zug roch es nach Hingabe. Wie sie sich zu mir beugte und ihre Brüste vor meiner Nase pendelten, dass sie ein leichtes Sommerkleid trug und es unser erster gemeinsamer Ausflug war, dass sie ihr Kind zu Hause ließ, in der Obhut der Freundin, ob ich mich nicht mehr erinnere. Dass sie mich haben will hier im Zug, mich spüren will wie Mandelsplitter, *wir ziehen die Vorhänge zu,* sagt sie. Gemeinsam an einem Strang.

Dass ich sie teile und sie teilt es mit mir und atmet mein Ohr randvoll, dass die Frauen kaum Kraft einbüßen dabei, aber ein Mann weiß sich fast nicht zu helfen, dass ich mir die Kräfte gut einteilen soll, weil die Fahrt noch Stunden dauert. Dass wir einander viel zu oft verschwenden. Und die Schaffner eilen vorüber und niemand beachtet die zugezogenen Vorhänge, dass der Zug heftig rüttelt, ich kann mich erinnern, wie sie mir mit ihren Krallen ein Stück Haut abzieht, dass es nicht wehtut, nur stark blutet, dass sie auch zu bluten beginnt, weil sich ihre Tage einstellen. Sie sagt: *Zum letzten Mal unbeschwert.*

Ob ich noch weiß, wie sie zu Hause Staub wischte und das Kind in den Windeln lag, dass es weinte, als es die ersten Zähne bekam, dass sie jeden Tag das Haus putzte und dabei lernte,

Staub zu finden, wo gar keiner war, und wie sie langsam lernte, ihn zu unterscheiden. Dass es dichte Flocken gab unter den Betten, dass in den Regalen feinerer Staub vom Mauerwerk, dass der Wind rotstichigen Staub in die Wohnung treibt, dass er sich viel schwerer entfernen lässt, weil er Kleinstorganismen enthält, dass sie manchmal rote Hände davontrug, die eine ganze Nacht lang kribbelten. Dass sie mich am Tag darauf traf und den Staub zu hassen begann. *Ich habe mich verliebt,* sagt sie. *Aus dem Staub erhoben.*

Ob ich mich noch daran erinnere, wie sie vom Krieg sprachen, dass wir in einem Café saßen und am Nebentisch diskutierten sie über die Folgen eines Krieges, dass es rechtens ist, ihn zu führen, dass die Menschen befreit werden und ihr Joch abwerfen, dass dieser Krieg zwar viele Menschen das Leben kosten, aber noch vielen mehr das Leben retten würde, Frauen und Kindern und Greisen. Und dass solche Kriege legitim sind, dass es Entschlossenheit braucht und Mut, sie zu führen. Dass im Krieg Regeln gelten und Legenden, dass der Tod in manchen Sprachen weiblich ist und dass es sich dann und wann leichter stirbt. Dass weibliche Intuition herrschen wird, weil sich eine gute Nase im Krieg bewährt, dass die Frauen allen Schwierigkeiten trotzen und die Männer ermatten würden, dass ein Mann zwar mit einem Streich ein Schwein teilt, aber selten sein Essen, dass in einem männlichen Heer Uneinigkeit und Zwietracht herrschen, dass man darin umkommt. Dass so ein Krieg im Kopf entschieden wird, dass es Worte braucht, um ihn zu führen, sie sagt: *Tod!* Sie sagt: *Wir müssen töten!*

Ob ich noch weiß, wie sie mich anrief, dass das Telefon achtmal läutete und ich schon geschlafen habe, dass eine Amsel durch ein offenes Fenster in meine Wohnung flog und ich sie stundenlang jagen musste, dass ich müde zu Bett und nicht einmal mehr fernsehen wollte. Dass ich den Hörer abnahm und sie schluchzen hörte, dass Robert sie geschlagen habe, zunächst unabsichtlich, sie sagt: Er wollte nur markieren! Dass es genügt hätte, wenn er sich entschuldigt, dass er aber nicht daran dachte und weiter einschlug auf sie, dass es das erste Mal war, dass Robert die Hand auskam, dass sie ihn nicht wiedererkannte. Dass er zu ihr sagte, sie hätte Schlimmeres verdient. *Schlampe,* sagte er. Dass sie daran dachte, ihr Kind zu nehmen, um zu mir zu fahren, ob ich mich noch erinnere, wie sie sagte: *Hier muss es enden!* Dass sie sich beruhigte, dass vielleicht alles ihre Schuld sei und er nur einen schlechten Tag hatte, dass sie doch keinen Mann verlasse, um zum nächsten zu flüchten, dass man als Flüchtling überall schlechte Karten hat.

Schon als Kind habe sie allerlei gesehen, was nicht war, sich zu oft die Knie wund geschlagen, zu oft gezwinkert mit den schönen Augen, dass man doch denken musste, sie hätte das mit Absicht getan. Und sie blieb, wo sie war, und ich habe gelacht über mich, dabei war mir zum Weinen. Dass ich sie nicht kenne, das hat sie gesagt, dass ich eine fremde Frau sehe, die etwas Selbstachtung wahrt, dass ich einen Mann sehe, der immer schon morsch war, dass Robert nur die Scheu ablegt, er selbst zu sein. Ich sagte: *Komm zu mir!* Aber sie blieb.

Sie streicht mir das Haar zurecht, sie fegt es aus der Stirn auf einen größeren Haufen, das macht sie akribisch und liebevoll, ich soll mich zurücklehnen und es einfach geschehen lassen. Sie schreibt mir gern Briefe, die sie nie abschickt, *sie lässt mir meinen Schmerz,* sagt sie. Es gibt keinen Gott. Sie sagt: *Die Frauen haben es entschieden.* Dass viele Männer gar keine Ahnung davon haben, wie sehr sie die Frauen fordern, dass man eine Frau zu nichts zwingen darf, dass die Frauen einst kleiner waren, dass sie breitere Becken hatten und die Männer gewichtige Schultern, dass sie Kinder zeugten, die schon bald laufen konnten und niemandem zur Last fielen. Dass ich sie küssen soll und fortan schweigen. *Der Stachel sitzt tief.* Sie sagt: *Nein, er ist sogar abgebrochen.*

Ingeborg-Bachmann-Preis 2007

Die Preisträger:
Thomas Stangl, Lutz Seiler, Jan Böttcher
(von links nach rechts)

Ingeborg-Bachmann-Preis: Lutz Seiler
Telekom-Austria-Preis: Thomas Stangl
3sat-Preis: PeterLicht
Ernst-Willner-Preis: Jan Böttcher
Kelag-Publikumspreis: PeterLicht

Die Preisvergabe

André Vladimir Heiz: Ich gebe meine Stimme Thomas Stangl, weil sein Text be-greifend vor Augen wirft, dass das Ich – in diese Welt geworfen – sich aufmerksam findet, befindet, erfindet, in dieser Gegenwart nämlich und zuhanden all der Dinge, die uns umgeben.

Daniela Strigl: Ich stimme für eine Geschichte, in der ein Ich halb ängstlich, halb freudig der Auflösung entgegentreibt, von seinem Erzähler mit großer Kunst getrieben wird. Eine philosophische und sinnliche Fahrt durch Wien, die von der Lust spricht, sich in einen Löffel zu verwandeln und von dem Horror eines Lebens mit fettem Rindfleisch und Radio Burgenland. Ich stimme für Thomas Stangl.

Ijoma Mangold: Ich stimme für Lutz Seiler und damit für einen Text, der mit der Kraft der, wenn man so möchte, lyrischen Geschmacksverstärkung die Körper, die Länder, ihre Geschichten und ihre Mythologien im ratternden Rhythmus der Turksib aufeinanderknallen lässt.

Ilma Rakusa: Ich stimme für einen Text, der eine winterliche Zugfahrt durch radioaktiv verseuchte Gebiete Kasachstans zum Ort der Begegnung zwischen einem deutschen Ich-Erzähler und einem russischen Heizer, zwischen West und Ost macht. Für einen Text, der in seiner Vielschichtigkeit und Dichte vorführt, was poetische Prosa im besten Wortsinn zu leisten vermag. Ich stimme für Lutz Seilers Text »Turksib«.

Iris Radisch: Ich stimme für einen sehr dichten, einen sehr vielschichtigen Text aus uralter Zeit, in dem alles scheinbar romantisch mit allem zusammenhängt, in dem in jeder Brust und in jedem Ding ein Lied verborgen ist, das dann der Geigerzähler zum Singen bringt. Ich stimme für Lutz Seiler.

Klaus Nüchtern: Ich gebe meine Stimme einem ebenso komischen wie melancholischen Text, in dem sich die Welt gleichsam auf Knopfdruck erhellt und verfinstert, in dem die Apokalypse auf dem Sofa sitzt und der Erzähler mit jedem Halbton um Fassung ringt. PeterLicht soll es werden.

Martin Ebel: Ich stimme für Lutz Seiler, weil er uns mit der Turksib auf eine Reise nimmt, auf der sich Zeit und Raum verwirren, Poesie und Kohldampf durchdringen und es im Rhythmus des Geratters nie verschweißter Schienen zu unverhofften deutsch-kasachischen Vereinigungen kommt. Für einen Text von lyrischer Dichte, epischer Weite und dramatischen Umschwingungen.

Ursula März: Ich gebe meine Stimme einem Text, der von historischen und atomaren Nachwirkungen erzählt. Schauplatz ist ein Zug, der sich durch Kasachstan bewegt, ein Land des ehemaligen sowjetischen Imperiums, an dessen Erdoberfläche vor Zeiten Atomtests durchgeführt wurden. Im Zug befindet sich ein deutscher Schriftsteller, aufgewachsen in der ehemaligen DDR. Er führt ein erstaunliches Instrument bei sich, einen sogenannten Geigerzähler. Dieses Instrument nimmt feinste Schwingungen der Wirklichkeit auf und übersetzt sie in große, poetische Prosa. Ich rede von dem Text Turksib von Lutz Seiler.

Karl Corino: Für den Ingeborg-Bachmann-Preis schlage ich Lutz Seiler vor. Seine Fahrt auf der Turksib führt durch stilistisches Hochland, und noch in der flachsten Steppe findet er Loreley-Felsen, auf denen rußige Heizer ihre goldenen Haare kämmen. Diesen Sirenenklängen, untermalt vom Metronom des Geigerzählers, kann und will ich nicht widerstehen.

Für PeterLicht stimmt Klaus Nüchtern (eine Stimme); für Lutz Seiler votieren Karl Corino, Martin Ebel, Ursula März, Ijoma Mangold, Iris Radisch und Ilma Rakusa (sechs Stimen); André Heiz und Daniela Strigl geben ihre Stimme Thomas Stangl (zwei Stimmen).

Den mit 25 000.– € dotierten Ingeborg-Bachmann-Preis 2007 erhält Lutz Seiler.

Telekom-Austria-Preis

Karl Corino: Für den Telekom-Austria-Preis schlage ich Jochen Schmidt vor mit einen Text, der im klassischen Sinne eine unerhörte Begebenheit schildert, den Selbstmord eines Astronauten im All. Er zeigt ein Widerspiel von hoher technischer Intelligenz und archaischen Triebschichten, das letal endet, in einem Stil voll komischer Bilder und tragischer Volten, der im Leser für ein langes Nachglühen sorgt.

Ursula März: Über den Wolken muss die Freiheit wohl grenzenlos sein. Jochen Schmidt beweist in seinem Text »Abschied aus einer Umlaufbahn«, dass dieser Satz richtig, und da wir es bei Jochen Schmidt mit einem Meister der paradoxen Logik zu tun haben, natürlich auch falsch ist. Der Astronaut, den Schmidt mit ein paar Experimentiermäusen in den Orbit schickt, hat zumindest die Freiheit, sich im monologischen Selbstgespräch seine Lebensprobleme und Lebensphilosophien von der Seele zu reden, und er hat die Freiheit, auf seine letzte Lebensrunde zuzurasen in einem sehr komischen und sehr berührenden Text.

Martin Ebel: Ich stimme für Silke Scheuermann und ihren Text »Die Furchtlosen«. Eine perfekte Shortstory, von der Geschlossenheit einer klassischen Novelle zugleich, in der sich die sich eigentlich ausschließenden Perspektiven zweier Familienmitglieder gegenseitig beleuchten und allmählich annähern. Eine meisterhafte, bis ins Detail motivisch präzis gearbeitete Geschichte, in der es keinen falschen Ton, kein überflüssiges Wort gibt.

Klaus Nüchtern: Bis die Kolleginnen und Kollegen Einsicht zeigen, bleibe ich bei PeterLicht.

Iris Radisch: Ich stimme für eine heitere Apokalypse, die alle Register des Apokalyptischen kennt, benutzt und auch neu erfindet. Ein Text, in dem zwischen Glück und Verderben, Lachen und Verzweifeln, Idylle und Weltuntergang manchmal noch nicht einmal ein Komma steht, sodass wir spüren, auf wie wackligen Beinen in jedem Augenblick unsere schöne Spätmoderne steht. Ich stimme für PeterLicht.

Ilma Rakusa: Ich stimme für einen Text, dessen Held auf dem Weg der Selbst- und Welterkundung sich gleichsam glücklich abhanden kommt, während die textproduzierende Sprache mit ihren ausgreifenden Satzperioden eine soghafte Wirkung entfaltet. Ich stimme für Thomas Stangls kunstvollen Text ohne Titel und Ende.

Ijoma Mangold: Ich stimme für den Text von Jan Böttcher. Eine Erzählung, die motivisch sehr dicht gebaut ist, die die Brüche und die Verwerfung der deutschen Zeitgeschichte als Familiengeschichte zwischen Großvater, Sohn und Enkel in berührender Weise beschreibt. Eine Chronik deutscher Gefühle.

Daniela Strigl: Es gibt eine Geschichte, die mit unheimlich suggestiven Mitteln vorführt, wie das Spiel der Geschlechter zum Krieg ausartet und wie gefährlich es ist, eine Frau auf die Palme zu bringen, vor allem wenn es sich um eine Amazone handelt. Es ist ein modernes Epos von archaischer Wucht, eine Schule der mehr oder minder geläufigen Männlichkeit, deren Regeln uns immer verquerer erscheinen. Es ist »Böses Spiel« von Michael Stavarič.

André Vladimir Heiz: Ich halte selbstverständlich an meiner Meinung fest: Thomas Stangl.

Jan Böttcher wird von Ijoma Mangold (eine Stimme), PeterLicht von Klaus Nüchtern und Iris Radisch (zwei Stimmen) gewählt; Silke Scheuermann erhält die Stimme von Martin Ebel (eine Stimme); für Jochen Schmidt stimmen Karl Corino und Ursula März (zwei Stimmen), für Thomas Stangl André Vladimir Heiz und Ilma Rakusa (zwei Stimmen); für Michael Stavarič entscheidet sich Daniela Strigl (eine Stimme).

Der zweite Wahlgang wird eine Stichwahl zwischen PeterLicht, Jochen Schmidt und Thomas Stangl. Für PeterLicht stimmen nun Martin Ebel, Ijoma Mangold, Klaus Nüchtern und Iris Radisch (vier Stimmen); für Thomas Stangl votieren André Vladimir Heiz, Ilma Rakusa und Daniela Strigl (drei Stimmen); Jochen Schmidt erhält die Stimmen von Karl Corino und Ursula März (zwei Stimmen).

In der zweiten Stichwahl zwischen PeterLicht und Thomas Stangl vereinigt ersterer die Stimmen von Martin Ebel, Ijoma Mangold, Klaus Nüchtern und Iris Radisch auf sich (vier Stimmen); für Thomas Stangl votieren Karl Corino, André Vladimir Heiz, Ursula März, Ilma Rakusa und Daniela Strigl (fünf Stimmen).

Der Telekom-Austria-Preis 2007 (10 000.– €) geht an Thomas Stangl.

3sat-Preis

André Vladimir Heiz: Ich stimme für Jochen Schmidt. Die Schwerkraft der Gedanken und Bilder lässt sich nämlich aufheben. Im Flug, im Raumflug werden die Implosion und die Explosion des Ichs zum Kosmos. Eine Meisterleistung.

Daniela Strigl: Ich stimme für Michael Stavarič.

Ijoma Mangold: Ich stimme für Jan Böttcher.

Ilma Rakusa: Ich stimme für einen Text, der auf ebenso genaue wie behutsame Weise eine Familie, Sohn, Vater, Großvater, porträtiert und dabei erhellende Blicke in die deutsch-deutsche Geschichte und auf die Landschaft eines ehemaligen Zonenrandgebiets gewährt. Ich votiere für Jan Böttchers stimmig-sensiblen Text »Freundwärts«.

Iris Radisch: Jetzt wirklich ganzen Herzens PeterLicht.

Klaus Nüchtern: PeterLicht.

Martin Ebel: Ich kehre zu Silke Scheuermann zurück.

Ursula März: Ich bin nach wie vor für die Freiheit über den Wolken. Für Jochen Schmidt.

Karl Corino: Für den 3sat-Preis schlage ich den dafür prädestinierten Kurt Oesterle vor, Autor des Romans »Der Fernsehgast«. Sein neuer Roman »Wunschbruder« taucht zurück in eine Zeit, in der das Einzelkind noch Ausnahme und nicht die Regel war. Ein Stil voll lockender Bilder und schmerzlich blühender Paradoxe: »Wie etwas, das es nie gegeben hatte, so fehlen konnte.« »Man konnte nur siegen, aber nichts gewinnen.« Diese Prosa über die einsamen Leiden des jungen Max Dinanzer – wenn schon nicht siegen so doch gewinnen!

Ijoma Mangold und Ilma Rakusa stimmen für Jan Böttcher (zwei Stimmen); PeterLicht erhält die Stimmen von Klaus Nüchtern und Iris Radisch (zwei Stimmen); Karl Corino votiert für Kurt Oesterle (eine Stimme), Martin Ebel für Silke Scheuermann (eine Stimme), André Vladimir Heiz und Ursula März für Jochen Schmidt (zwei Stimmen) und Daniela Strigl für Michael Stavarič (eine Stimme). Damit wird eine Stichwahl zwischen Jan Böttcher, PeterLicht und Jochen Schmidt notwendig.

Im zweiten Wahlgang bekommt Jan Böttcher die Stimmen von Ijoma Mangold und Ilma Rakusa (zwei Stimmen), Peter Licht die von Martin Ebel, Klaus Nüchtern, Iris Radisch und Daniela Strigl (vier Stimmen) und für Jochen Schmidt entscheiden sich Karl Corino, André Vladimir Heiz und Ursula März (drei Stimmen).

Der dritte Wahlgang ist eine Stichwahl zwischen PeterLicht und Jochen Schmidt. Für PeterLicht stimmen Martin Ebel, Ijoma Mangold, Klaus Nüchtern, Iris Radisch und Daniela Strigl (fünf Stimmen), für Jochen Schmidt Karl Corino, André Vladimir Heiz, Ursula März und Ilma Rakusa (vier Stimmen).

PeterLicht ist der Gewinner des 3sat-Preises 2007 (7500.– €).

Ernst-Willner-Preis

André Vladimir Heiz: Die Landung wird vorbereitet: Jochen Schmidt.

Daniela Strigl: Geradezu ideal wäre für mich Michael Stavarič.

Ijoma Mangold: Ich beharre auf Jan Böttcher.

Ilma Rakusa: Ich schließe mich dem an: Jan Böttcher.

Iris Radisch: Ich stimme für einen Text, der uns die große Geschichte in der Familiengeschichte erzählt, der sich tief in die deutsche Provinz vorwagt und der als einziger in diesem Jahr ab und zu auch einen Blick auf die Landschaft wirft, in der wir leben. Der sich den großen Brüchen der deutschen Geschichte nicht verweigert und sie bis in die Seelen und Schlafzimmer hinein verfolgt. Ich stimme für Jan Böttcher.

Klaus Nüchtern: Ich gebe meine Stimme einem Text, der auf beeindruckend originelle und sprachlich störrische Weise darauf beharrt, dass die Liebe unter Palmen kein Honigschlecken ist. Michael Stavarič.

Martin Ebel: Ich bin nach wie vor von Silke Scheuermann überzeugt.

Ursula März: Ökonomisch, kompakt, funktional, ohne unnötigen Firlefanz, aber dennoch in einem entscheidenden Element unerhört, so haben sich die Erfinder eines Automobils namens Mini dieses Fahrzeug gedacht. Vermutlich handelt es sich um die gleichen Leute, die die Poetik der klassischen Shortstory erfunden haben. In Silke Scheuermanns spannungsvoller Erzählung »Die Furchtlosen« haben wir beides. Einen grünen Mini und eine klassische Shortstory. Ich stimme für sie.

Karl Corino: Max Dinanzer soll wenigstens hier nicht alleine bleiben. Ich stimme für Kurt Oesterle.

Ijoma Mangold, Iris Radisch und Ilma Rakusa geben ihre Stimme Jan Böttcher (drei Stimmen); Karl Corino stimmt für Kurt Oesterle (eine Stimme); Silke Scheuermann wird von Martin Ebel und Ursula März gewählt (zwei Stimmen); Jochen Schmidt erhält die Stimme von André Vladimir Heiz (eine Stimme) und für Michael Stavarič votieren Klaus Nüchtern und Daniela Strigl (zwei Stimmen).

Der Gegenkandidat für Jan Böttcher muss in einer Stichwahl zwischen Silke Scheuermann und Michael Stavarič ermittelt werden. Dabei erhält Silke Scheuermann die Stimmen von Martin Ebel, Ursula März und Ijoma Mangold (drei Stimmen), Michael Stavarič die von Karl Corino, André Vladimir Heiz, Klaus Nüchtern, Iris Radisch, Ilma Rakusa und Daniela Strigl (sechs Stimmen).

Er tritt in der nächsten Stichwahl gegen Jan Böttcher an.

Für Jan Böttcher stimmen im letzten Wahlgang Karl Corino, Martin Ebel, Ursula März, Ijoma Mangold, Iris Radisch und Ilma Rakusa (sechs Stimmen); André Vladimir Heiz, Klaus

Nüchtern und Daniela Strigl geben ihre Stimme Michael Stavarič (drei Stimmen).

Der mit 7000.– € dotierte Ernst-Willner-Preis 2007 geht an Jan Böttcher.

Kelag-Publikumspreis

Den Kelag-Publikumspreis (5000.– €), der per Internet ermittelt wurde, erhält ebenfalls PeterLicht.

Iris Radisch: Es ist heute und in den vergangenen Tagen sehr viel von der Liebe zu Klagenfurt geredet worden und ich kann nur sagen: Ich liebe Klagenfurt auch. Aber nicht so sehr, weil hier wer weiß was Glamouröses passieren würde, und auch nicht, weil hier Jahr für Jahr der große Kult oder die große Oper spielt. Ich liebe es eigentlich gerade weil es nicht so besonders chic ist. Ich liebe es, weil ich nach all den Jahren noch immer nicht weiß, was es eigentlich ist und was hier eigentlich passiert. Es ist unberechenbar, und genau das mag ich. Es lässt sich nicht planen, es lässt sich nicht berechnen und wir können es auch nicht vorher proben, was Sie uns manchmal anmerken. Trotzdem ist es ein kleines Gesamtkunstwerk, wo es wie in der Kunst oder auch der Kleinkunst zugeht, wo Scheitern und Gelingen meist nur ein paar Sekunden auseinanderliegen. Jeder von uns Juroren hat in den letzten Tagen, die meisten sogar in den letzten Jahren, sowohl den größten Blödsinn als auch manchmal erhellendsten Klarsinn produziert und erlebt. Ich liebe Klagenfurt auch deswegen, weil es bisher noch niemandem gelungen ist, ihm diesen Blödsinn auszutreiben, denn ohne diesen Blödsinn wäre der Scharfsinn hier ganz alleine. Der Ruf, den es ja immer wieder gibt, Klagenfurt nun doch zu verschönern und irgendwie zu verbessern, ein bisschen mehr Sex, ein bisschen mehr Glanz, ein bisschen mehr Oper und vor allen Dingen weniger Ungerechtigkeit hierher zu bringen, dieser Ruf ist alt, aber ich glaube, das geht nicht. Sex gibt es doch schon im RTL-Nachtprogramm mehr als genug, Glanz ist eine schöne Sache, aber ich weiß nicht, ob alles gut ist, was glänzt, und weniger Ungerechtigkeit kann man sich schon wünschen, wir alle wünschen uns weniger Ungerechtigkeit auf der Welt, aber das vollkommen gerechte Klagenfurt würde wahrscheinlich schnell in Schönheit sterben. Deswegen bitte ich wie jedes Jahr die Autoren und auch die Zuschauer, uns unsere Fehler und Ungerechtigkeiten wieder einmal nachzusehen. Kein Autor, der hier schlecht weggekommen ist, wird das hoffentlich als Gottesurteil ansehen. Wir sind vielleicht ein kleines Paralleluniversum, aber eines von ganz vielen Paralleluniversen auf der Welt, und wir sind eine im Übrigen auch auswechselbare Truppe, die sich einfach nur bemüht, etwas möglichst Kluges über Texte zu sagen. Eine Truppe, das muss man natürlich einräumen und das haben Sie ja gerade mitbekommen, die hier doch Gott sei Dank sehr hohe Preisgelder verteilen darf, das ist unsere Stärke, unser Glanz, aber sonst haben wir wirklich keine Ansprüche auf letzte Wahrheiten. Die gibt es ja auch inzwischen überhaupt nicht mehr, darüber ist man sich längst einig. Dass es keine Wahrheiten gibt, haben Sie auch daran gemerkt, dass es in der Jury ab und zu heftig geknirscht hat. Ich finde, das gehört unbedingt dazu, das muss sein, auch das sollte man der Sache nicht austreiben, das heißt eben, dass sie lebendig ist, das sie lebt. Und jetzt höre ich endgültig auf, Klagenfurt weiterhin für seine herrlichen Unvollkommenheiten und auch sonst zu loben. Ich bedanke mich einfach bei den Autoren, ich bedanke mich dafür, dass sie mitgemacht haben, und ich bitte sie, zumindest diejenigen, die uns gram sind, uns zu vergeben. Ich danke meinen Kollegen für die klugen und lebendigen Reden, die sie hier gehalten haben, und ich danke vor allem Michaela Monschein und überreiche ihr diese herrlichen roten Blumen, weil sie die Tage der deutschsprachigen Literatur organisiert und ihren reibungslosen Ablauf ermöglicht. Danke, Michaela.

Pressespiegel

Berliner Zeitung, 2. 7. 2007
Marius Meller

Juroren fauchen sich an und einigen sich im Bachmann-Wettbewerb auf den Suhrkamp-Autor und Lyriker Lutz Seiler
Was um alles in der Welt macht die Faszination am Klagenfurter Wettlesen um den Ingeborg-Bachmann-Preis eigentlich aus? Warum werden seit vielen Jahren die Lesungen der Autoren, die Diskussionen der Jury und schließlich die Urteilsverkündung live im Fernsehen übertragen, mit einem medialen Stoizismus, gegen den der Besuch einer zehnstündigen Wallenstein-Inszenierung von Peter Stein als eine Spielart der Hektik erscheint? Fragen Sie in Ihrem Bekanntenkreis einmal nach: Sind dort letzte Reste von Bildungsbürgertum vorhanden, werden ihre Träger an den tarkowskijhaft streng bestrahlten Mattscheiben kleben – mit großem Genuss und vor allem dem untrüglichen Gefühl, dabei zu sein.

Aber was ist der Kern des Interesses an dieser atavistischen und gleichermaßen zeitlosen TV-Show? Gewiss, die Juroren bekennen sich jovial zum Live-Erlebnis von Kärntner Weinen und Kärntner Klima und könnten sich ein entsprechendes Ereignis im Ruhrpott oder Berlin rein gar nicht vorstellen, wie das Neu-Jurymitglied Ijoma Mangold im Vorfeld klarstellte. Das ist den realen Literaturprotagonisten im virtuellen 3sat-Raum unbedingt zu gönnen. Aber der schützenswerte Kern des Klagenfurter Rituals ist die offengelegte Arbeit am kulturellen Gedächtnis!

Die Wege sind nämlich kurz: vom Text zum Zuhörer zum Juror zum Urteil – und zurück. Alle, Leser wie Juroren, müssen perfekt vorbereitet sein und nicht zuletzt ein gutes Gleichgewicht zwischen ausschweifendem Klagenfurter Nachtleben und literarischer Fitness praktizieren. Das Ritual soll das Geschachere um die Kandidaten zum diskursiven Prozess durchsichtig machen – und auch das kritische Urteil in seinem Entstehen. So war es dieses Jahr eine untragbare Situation, dass ausgerechnet bei einem offensichtlich kontroversen Text wie »Die Geschichte meiner Einschätzung am Anfang des dritten Jahrtausends« von PeterLicht der Juror Karl Corino, der nach einer Unterbrechung wieder der Bachmann-Jury angehört, demonstrativ auf sein Statement verzichtete – wie auch zwei weitere Jury-Mitglieder. Das Publikum im Sendesaal zischte unwillig. Am nächsten Morgen kam es zu einem förmlich fauchenden Schlagabtausch zwischen Jury-Präsidentin Iris Radisch und Corino, der während der Preisträgerermittlung noch einmal ins Fettnäpfchen trat und bei der Stichwahl zwischen zwei Autoren murmelte: »Pest und Cholera« – der Ton lief mit … Das ziemt sich nicht.

Das Niveau dieses Jahrgangs war einen Tick höher als vergangenes Jahr und einen Tick niedriger als 2005, würde der Literaturönologe sagen. Ausreißer nach unten gab es kaum – wenngleich einige Fälle der literaturhistorischen Unbedarftheit, bei denen berühmte Topoi der Literaturgeschichte ignoriert und unbewusst wiederholt wurden. Warum hier das Auswahlverfahren im Vorfeld bisweilen versagt, bleibt unklar.

Die Favoriten standen bereits am zweiten Tag weitgehend fest: Der Prosatext des als Lyriker schon arrivierten Autors Lutz Seiler aus Thüringen (»vierzig kilometer nacht«, Suhrkamp 2003) überzeugte neben der ebenso witzigen wie intensiven Fantasie zum Thema Apokalypse von PeterLicht sowie, am Samstag, dem professionell und suggestiv gearbeiteten Flaneur-Monolog von Thomas Stangl.

Allerdings haftet der Entscheidung für Lutz Seiler als Bachmann-Preis-Träger etwas Halbherziges an: Ein Lyriker wird vergleichsweise leicht einen dichten Prosatext vorlegen können, mit dessen Oberfläche man klanglich zufrieden ist. Ob die Sprache allerdings über Romanlänge durchgehalten werden kann und in diesem Rahmen auch funktioniert – das will die Jury nicht bedenken, ob der Freude über die suggestive Sprache eines Kapitels. Vielleicht müsste man hier an dem allmählich gewachsenen und perfektionierten Klagenfurter Regelwerk doch einmal etwas ändern und das Lesen von Romananfängen oder -kapiteln ausklammern. Wirklich beurteilen kann man einen Ausschnitt »aus einem langen Text« eben nicht.

Dem Wiener Thomas Stangl galt gleich nach Seiler die Sympathie von Jury und Publikum. Sein Text bewegte sich überzeugend auf dem schmalen Grat zwischen Lyrik und Prosa. Aber man fragte sich doch, warum diese nicht mehr so ganz neue Form der Subjektivität – nach dem Schema: depressives Ich läuft durch deprimierende Straßen und wird immer depressiver – dreißig Jahre nach ihrer Etablierung noch eine derartige Aura erzeugen kann. Andererseits stellte sich bei der rhythmisch-monotonen Lesung das Gefühl von Authentizität ein.

PeterLicht spielte kokett aber sympathisch mit den flirrenden Resten von Authentizität in der Spätpostmoderne. Karl Corino ging sichtlich auf die Nerven, dass PeterLicht sein Gesicht partout nicht in die Kamera halten wollte – und die Fernseh-Regie das brav mitmachte. Woraufhin Corino in schmolligem Schweigen angesichts der leichtlebigen und leichtschreibenden Jugend versank. Aber Lichts Text, ein abgründig komisches Kabinettstück über den Weltuntergang (und die Neuschöpfung) im eigenen Wohnzimmer, war lange der Hauptfavorit im Wettlesen. Er erhielt den dritten, den 3sat-Preis, und den per E-Mail ermittelten Publikumspreis.

Eine anrührende, präzise, aber etwas biedere Geschichte über einen Großvater im Zonenrandgebiet (östliche Seite) lieferte der Berliner Schriftsteller und Musiker Jan Böttcher, dessen Bücher im jungen Berliner Kookbooks Verlag erscheinen. In vielen Texten wie in Böttchers »Freundwärts« spielte das hohe Alter eine Rolle – ein Thema, das sich die jungen Literaten allmählich aneignen.

Wer nach Klagenfurt reist, um das Blütentreiben des Literaturbetriebs und die Geheimnisse der Kanonbildung zu untersuchen, kam heuer besonders auf seine Kosten. Nach der Preisverleihung machte eine dpa-Meldung die Runde, und man schüttelte nunmehr fast flüchtig den Preisträgern die Hände. Mit einem Mal diskutierten alle die angebliche NSDAP-Mitgliedschaft von Martin Walser und Siegfried Lenz. Der Tenor: Wieder ein paar Opas mehr, die es mit ihrer Biografie nicht so genau nahmen. Schlimm, schlimm für die Opas. Aber nein, die Klagenfurter Literatengeneration lässt sich von altväterlichem Versagen nicht mehr beeindrucken. Sie hat längst den Abschied von den Kriegsteilnehmern vollzogen, höflich, teils herzlich, aber entschieden. Ohne ideologische Korsette hat das literarische Zusichkommen der »Enkel« hier seinen verlässlichsten Ort, ohne Vorurteil soll sich Kritik hier beweisen: im Wettlesen und Wettkritisieren von Klagenfurt.

Frankfurter Allgemeine Zeitung, 2. 7. 2007

Edo Reents

Der Tag pumpt sich auf

Lutz Seiler gewinnt den Ingeborg-Bachmann-Preis

Die geistige Sollbruchstelle lag bei PeterLicht. Der Popmusiker und Autor mit dem seltsam geschriebenen Pseudonym hatte am Ende des zweiten Tages der 31. Tage der deutschsprachigen Literatur einen Text vorgelesen, der bei sechs Juroren eine sich fast schon anbiedernde Begeisterung auslöste und von den übrigen dreien mit demonstrativem, kaltem Schweigen quittiert wurde – eigentlich ein Fall von Arbeitsverweigerung. Lichts süffiger Monolog bediente ein offenbar lang angestautes Lachbedürfnis, verleitete den ansonsten zurechnungsfähigen Juror Klaus Nüchtern aber auch zu dem Urteil, hier habe man nun wirklich »grandiose Literatur« gehört. Fragen nach dem Haltbarkeitsdatum gingen im Gelächter unter.

Und dann kam am Sonntagmittag die Bescherung: PeterLicht räumte ab und gewann den 3sat- (also den dritten Preis) sowie den Kelag-Publikumspreis – macht insgesamt 12 500 Euro für ein zwar komisches, aber auch etwas windiges literarisches Posertum. Kein Wunder, dass die Jury-Vorsitzende Iris Radisch hinterher nicht mehr wusste, was sie sagen sollte, denn sie hatte PeterLicht eingeladen, und das durfte bereits vorab als Statement gewertet werden: Schon wieder so ein schwer einzuschätzender Pfiffikus, der den Laden unterwandert wie vergangenes Jahr Kathrin Passig? Radisch jedenfalls kam sich vor wie im »Glücksrausch« und bemühte in ihrer Laudatio Karl Valentin, wobei sich der Juror Karl Corino die Gelegenheit nicht entgehen ließ, ihre Aussprache zu verbessern, denn Radisch hatte »Walentin« gesagt. Es stimmte ja noch nicht einmal, dass Licht in seine Erzählung »das ganze Normalgequatsche« unserer Gegenwart hineingepackt hatte; das ließ sich eher von den wie ausgedacht wirkenden Schlussvoten mancher Juroren sagen, die die ohnehin umständliche Prozedur der Preisvergabe noch um einiges quälender machten.

PeterLicht löste schon mit dem Titel seiner Erzählung den an sich nicht unsympathischen, auf die Dauer aber doch etwas durchsichtigen Anspruch einer Generation ein, die zur Jahrhundertwende ihre Autorschaft entdeckt oder entwickelt hat und sich zwischen Selbstironie und dem Hang zur epochalen Äußerung nicht recht entscheiden kann: »Die Geschichte meiner Einschätzung am Anfang des dritten Jahrtausends«. Entsprechend verortet er sein Geburtsdatum irgendwo »im letzten Drittel des zwanzigsten Jahrhunderts«, ließ sich, in koketter Kamerascheu, beim Vorlesen nur von hinten abfilmen und nahm seine Preise dann natürlich auch nicht persönlich entgegen. Dass Klagenfurt das mitmachte, spricht für eine Generosität, die man in Fällen, wo sie angemessener gewesen wäre, vermissen ließ.

Gegen die Entscheidung für den Siegertext ist jedoch nichts zu sagen. Lutz Seiler setzte sich mit »Turksib«, einer literarisch anspruchsvollen, stilistisch makellosen Geschichte über einen DDR-Bürger, der mit der Eisenbahn durch die radioaktiv verseuchte sowjetische Steppe fährt, erwartungsgemäß und ungehindert durch. Seiler gehört zu den fast schon altmodischen Autoren, die die Beschreibbarkeit äußerer Wirklichkeit als Herausforderung begreifen und mit nobler Sorgfalt bestehen. Diese Hommage an Heines Loreley-Lied war unschlagbar und brachte dem 1963 in Gera Geborenen den mit 25 000 Euro dotierten Ingeborg-Bachmann-Preis ein. Es lebe die geschmacksbildende Kraft der Lyrik, mit der Seiler bekannt wurde.

Die hätte man auch Silke Scheuermann unterstellen mögen. Aber als man dann einen Einstieg zu hören bekam wie »Der Tag pumpte sich ein letztes Mal auf und schickte Sonne und Energie«, fragte man sich, ob Ingeborg Bachmann für so etwas gestorben ist. Das kann Hollywood jedenfalls besser: Herbert Ross ließ in seiner Filmkomödie »Die Eule und das Kätzchen« den Schriftsteller-Darsteller George Segal von einer Sonne faseln, die den Tag ausspuckt, um sich von Barbra Streisand belehren zu lassen, dass die Sonne so etwas einfach nicht tut. Scheuermann musste denn auch einiges einstecken, brach anschließend in Tränen aus und blieb der Preisvergabe fern.

Den Österreicher Thomas Stangl trugen die Vorschusslorbeeren dagegen hoch hinaus: Der zweite Platz, der mit zehntausend Euro dotierte Telekom-Austria-Preis, für eine syntaktisch reizvolle, aber etwas krause und beliebige Fluchtfantasie eines Außenseiters durch Wien gehörte zu den Juryfehlgriffen, die sich zum Skandal ausweiteten, als Jochen Schmidt in den Stichwahlen von Platz zwei an, den er mindestens verdient gehabt hätte, einfach durchgereicht wurde und leer ausging. »Abschied aus einer Umlaufbahn« ist die Geschichte eines Kosmonauten von überlegener Intelligenz, der im Weltraum Selbstmord begeht: ein ungeheuer gehaltvolles Prosastück, mehr Essay als Erzählung. »Der Zwang, richtig zu schreiben, erweist sich als erstaunlich stark«, heißt es darin. Für den Zwang der Jury, sich und vor allem den Autor nach gehabtem Vergnügen, das Schmidt ihr bereitete, zu bestrafen, galt das offenbar auch. Klaus Nüchtern sprach von den »Selbstbestrafungsritualen«, die sich auch sonst einstellten, wenn den Juroren ihre eigene Begeisterung über einen Text, an dem es nichts auszusetzen gab, verdächtig vorkam. Er hätte eben die PeterLicht-Euphorie nicht gar so kräftig anheizen sollen, dann wäre für Schmidt schon noch etwas übriggeblieben.

Es war kein Zufall, dass gerade den gelungenen Texten irgendwann, wenn alle Argumente ausgetauscht waren, ein typischer Vorwurf gemacht wurde: Man sprach von »Solipsismus« und meinte oft nur, dass ein Text »perfekt gebaut« ist und »zu glatt aufgeht«. Abgesehen davon, dass man diese Erkenntnismühen lieber auf all die falschen Konjunktive und Subjektanschlüsse hätte verwenden sollen, mit denen man es auch dieses Jahr zu tun hatte, darf man darauf hinweisen, dass Solipsismus eine erkenntnistheoretische Frage ist, in der Literatur aber ein Scheinproblem: Jede Erzählerperspektive – und eine Literatur, die darauf verzichten könnte, gibt es bisher nicht – ist solipsistisch, sie kennt nur sich, außer ihrer eigenen Imagination dringt nichts zu ihr hinein.

Zum Glück schenkte man sich die öde Debatte, wie viel Leben, wie viel Welt denn im diesjährigen Jahrgang steckte. Jan Böttcher, wie PeterLicht Popmusiker, bekam den Ernst-Willner-Preis für »Freundwärts«, eine anrührend herbe, schlackenlose Drei-Generationen-Saga aus dem Elbland nach der Wende.

Was die achtzehn Autoren betrifft, so war es, nach beängstigendem Beginn und einigen Ausreißern zwischendurch, ein guter Jahrgang. Von den neun Juroren lässt sich das nicht durchweg sagen. Iris Radisch füllte ihre Rolle geradezu raumgreifend aus und streute im Eifer des Gefechts manches Plakativ-Unüberlegte ein. Als der Neuling Ijoma Mangold von der »Süddeutschen Zeitung«, der seine Sache gut machte, ihr untersagte, andauernd von Kleinbürger-Klischees zu reden, die doch nur der Selbstüberhebung dienten, reckte sie die Faust und sagte, sie sei einfach immer »auf der Seite der Kunst und der Literatur«. Dort stand meistens auch der zweite Debütant, André Vladimir Heiz, den vorher fast niemand kannte. Mit großer, geradezu mynheer-peeperkornhafter Geste, weit ausgreifende Sprechblasen absondernd, ergriff er durchweg Partei für alles, ein verwirrendes, aber nie unsympathisches und unbedingt belebendes Element.

Den Rest der Mannschaft kennt man. Mitunter kamen persönliche Animositäten ans Licht, die den Rahmen der üblichen pointensüchtigen Frotzelei verließen. Man sollte sie nicht überbewerten: Sind sich die Juroren allzu einig oder grün, dann ist es auch nicht recht. Ein Lacher noch am Rande: Ein Frankfurter Verleger wurde in einem Lokalblatt als »Suhrkamp-Spross Michael Unseld« geführt. Der biss die Zähne zusammen und erwies sich nachts als feurig-ausdauernder Disco-Tänzer.

Frankfurter Rundschau, 2.7.2007

Christoph Schröder

Im Takt des Geigerzählers

Lutz Seiler gewinnt den Bachmann-Preis

Eine allgemeine Haltung legt sich stets über den Beginn der Klagenfurter Tage der deutschsprachigen Literatur – man erwartet nichts, nichts Großes jedenfalls. Weil der Wettbewerb in den vergangenen Jahren kleiner und kleiner geredet wurde. Weil (angesichts des Jahrgangs 2006 nicht zu Unrecht) ein Qualitätsverlust beklagt wurde. Weil die teilnehmenden Autoren überwiegend jung und also noch vermeintlich ausbaufähig sind. In diesem Jahr, dem 31., gestaltete sich das ein wenig anders. Die Autorenliste konnte sich sehen lassen; gestandene und bereits mit Preisen bedachte Schriftsteller wie Thomas Stangl, Silke Scheuermann, Jagoda Marinic, Lutz Seiler oder Jan Böttcher waren ins Rennen geschickt worden; hinzu kamen Künstler wie der Performer Jörg Albrecht und der Sänger PeterLicht, die die Erwartung weckten, dass die Bandbreite des immer wieder als verschnarcht kritisierten Wettlesens erweitert werden könnte.

Diese Erwartung erfüllte sich. Dass sich am Ende mit Lutz Seilers grandiosem Text »Turksib« ein geradezu klassisches Stück Literatur gleich in der ersten Abstimmungsrunde durchsetzte und der mit Abstand beste Beitrag auch den mit 25 000 Euro dotierten Bachmann-Preis erhielt, ist hoch erfreulich, spricht für das Prinzip Klagenfurt, ändert nichts daran, dass die Grenzen dessen, was literarisches Schreiben ist, was Klagenfurt-Literatur ist, im Begriff sind, sich zu verschieben, nicht erst seit dem Coup der Berliner Zentralen Intelligenz Agentur im Vorjahr – Gewinnerin Kathrin Passig saß Tag für Tag im Café des ORF-Studios, scheinbar verwachsen mit ihrem Laptop, unaufhörlich wichtig tippend, was auch immer.

Auf der einen Seite standen Beiträge wie der des 1963 geborenen Seiler, ein metaphorisch hoch aufgeladener Bericht einer Zugfahrt mit der Turksib quer durch die alten Sowjetrepubliken; eine düstere Reise in eine Vergangenheit, die zur Gegenwart geworden ist, mit dem den Erzähltakt vorgebenden Geigerzähler in der Brusttasche. Es kommt zu einer Begegnung mit einem Heizer (eine Hommage möglicherweise an den kürzlich verstorbenen Wolfgang Hilbig), eine gespenstische Begegnung, in deren Verlauf der Mann sein eigenes Totenlied anstimmt: »Ihrrweiss niehrrt, wahs sohlbe deute …«

Seiler, bislang eher als Lyriker bekannt geworden, las seine an Motivverweisen und Anspielungen reich instrumentierte »lyrische Prosa« (so die Jury-Vorsitzende Iris Radisch) in einer wunderbar-dunklen Stimmfärbung, was zusätzliche Wirkung erzeugte. Über Seilers Qualität gab es keine Diskussionen, wohl aber später, beim Bad im Wörthersee, unter Zuhörern, Lektoren und Journalisten, über dessen Zeitgemäßheit. Gibt es zeitgemäße Literatur? Und wie unterscheidet sie sich vom Zeitgeist?

Diese Fragen ließen sich beispielsweise anhand der Beiträge von Jochen Schmidt, Jörg Albrecht oder auch PeterLicht diskutieren. Schmidt las einen aphoristisch-witzigen, an den Maßstäben des Realismus kalkuliert scheiternden Text über einen Kosmonauten, der beschließt, sich selbst ein Denkmal und ein Ende zugleich zu setzen. Sätze wie »Manche Menschen gehen nie an ihre Grenzen, sonst würden sie mich dort stehen sehen« muss man erst einmal schreiben können. Leider fiel Jochen Schmidt am Ende dem Abstimmungsmodus zum Opfer und ging leer aus.

Jörg Albrecht hingegen, Jahrgang 1981, scheiterte mit seinem viel zu langen, von DJ-Musik unterlegten, inhaltlich allenfalls symbolisch verständlichem Auftritt. Da wehte kurz der unangenehme Wind von substanzloser und theoretisch aufgemöbelter Hippness durch Klagenfurt. »Going dancefloor«, alles klar. Wenn die Jury darüber diskutieren muss, ob ein Text »funktioniert«, kann damit nicht allzu viel los sein.

Und dann PeterLicht, perfekt inszeniert; die Fernsehkameras durften den unscheinbaren jungen Mann mit schütterem Haar und Brille nur von hinten aufnehmen – warum, um Himmels willen, wird er dann zu einem Fernseh-Literaturwettbewerb eingeladen? Über diese Albernheit verlor die Jury kein Wort, und dennoch geschah im Anschluss an Lichts Vortrag Erstaunliches: Über das verbale Stöckchen, das Juror Klaus Nüchtern seinem Kollegen Karl Corino provozierend hinhielt, indem er dessen Kritik am Text von PeterLicht bereits ankündigte, wollte Corino dann doch nicht springen. Also enthielt er sich jeglicher Meinungsäußerung, wie Ursula März und Ilma Rakusa auch – eine unverständliche Form von Jury-Arbeitsverweigerung. Die zur Folge hatte, dass ein gekonnt vorgetragenes, zu Beginn unterhaltsam-witziges, später in einem apokalyptischen Schlund mündendes Kunststückchen, bei dem man nie ganz sicher sein durfte, ob man es nicht mit einer Bachmann-Preis-Veralberung zu tun hatte, unwidersprochen zu »grandioser Literatur« (Nüchtern) hochgejubelt wurde. »Die Geschichte meiner Einschätzung am Anfang des dritten Jahrtausends« glänzte durch die Komik der Relativierung, einer, »so könnte man vielleicht sagen«, sukzessiven Demontage eines Ichs, das, »kann man ja ruhig sagen«, von sich behauptet, es sei alles okay und es ginge ihm gut, obwohl das Gegenteil der Fall zu sein scheint, und durch hin und wieder erstaunlich gelungene Bilder wie dem des mit Gewalt auf links gedrehten Pferdes, dessen Magenwände, Organhäute und Venenröhren das Streicheln erheblich erschweren.

Ob Licht ohne das Brimborium drum herum die gleiche Begeisterung ausgelöst hätte? Und ob sein Text eine Haltbarkeitsdauer hat, die über den Augenblick des Vortrags hinausgeht? Einen Streit darüber hätte man gerne gehört. Licht erhielt den mit 7500 Euro dotierten 3sat-Preis und, versteht sich, den Kelag-Publikumspreis, den die Zuschauer via Internet vergeben.

Dass Juror Corino am folgenden Tag, als der von ihm in den Wettbewerb geschickte Björn Kern mit einem vor allem handwerklich zweifelhaften Text über das Alter Schiffbruch erlitt, sozusagen nachtrat, Lichts Text als »Gaudiburschentum der Apokalypse« und das Verhalten seiner Kollegen als »Affentheater« charakterisierte, hinterließ den unschönen Eindruck des Beleidigtseins – selbst wenn Corino mit dieser Einschätzung recht gehabt haben sollte, kam sie rund 17 Stunden zu spät. Dies jedoch war der einzige Ausfall einer ansonsten gut aufgestellten Juryrunde, für die Neuzugang Ijoma Mangold mit seinen klugen, höflichen, aber bestimmten Urteilen ein Gewinn war, während der zweite Debütant, der Schweizer Schriftsteller und Semiotiker André Vladimir Heiz, zu Beginn mit seinen kryptischen, nicht selten amüsanten Annäherungen für Verwirrung sorgte: Es brauchte eine Weile, bis man dem Mann folgen konnte, auch wenn man ihn dann noch immer nicht verstand.

Kann man am aktuellen Klagenfurt-Jahrgang eine Tendenz, einen Trend erkennen? Auffällig war, dass ziemlich viel Blut floss als Kontrapunkt zu Gleichgültigkeit und Ennui. Auffällig auch, dass nicht wenige Autoren sich Solipsisten und Egomanen als Protagonisten wählten, in jeweils unterschiedlicher Ausformung und mit unterschiedlichem Ergebnis – zielte Jochen Schmidt auf den komischen Effekt, so wob der Österreicher Thomas Stangl einen im Innenraum des Erzählers entstehenden Bewusstseinsteppich, der trotz seiner extrem egozentrischen Perspektivierung mit Innerlichkeitsprosa nichts zu tun hatte. Trotz eines langweiligen Vortrags zeichnete die Jury Stangls kunstvollen Text mit dem Telekom-Austria-Preis (10 000 Euro) aus.

Klagenfurt 2007 – das waren insgesamt weniger starke Beiträge, als man zuvor hatte vermuten dürfen – allerdings waren die starken Autoren dann auch wirklich stark. Das Gefälle war groß. Während Jagoda Marinic den Wettbewerb mit einem schlechten, pubertären Text eröffnete, und Silke Scheuermann für ihre nicht unbedingt überzeugende Patchworkfamilien-Prosa viel zu hart angegangen wurde (um kurioserweise dann doch in der Endausscheidung zu landen), fielen Beiträge wie die von Kurt Oesterle, Fridolin Schley und vor allem von Jan Böttcher durch ihre technische Fertigkeit und sprachliche Stimmigkeit auf. Jan Böttchers Wettbewerbstext »Freundwärts« verbindet in einer ruhigen, unspektakulären und doch berührenden Art und Weise die deutsch-deutsche Vergangenheit mit einer Familiengeschichte – und wurde am Ende erfreulicherweise mit dem Ernst-Willner-Preis belohnt.

Die Grenzlinien zwischen Realismus und Experiment, Pop und Tradition, zwischen Autorengenerationen möglicherweise, traten deutlich hervor. Das schadet keineswegs, sondern schärft die Diskussion. »Warum wir Klagenfurt so lieben« lautete der Titel von Hanns-Josef Ortheils Eröffnungsrede. Auch Iris Radisch äußerte sich in ihrem Schlusswort ähnlich. Ein wenig distanzierter ließe sich feststellen: Man muss Klagenfurt nicht lieben. Aber der Wettbewerb hat sich in diesem Jahr Respekt und Legitimation verschafft.

Junge Welt, 3. 7. 2007

Fabian Lutz

Licht und Schatten

Langweiligste aller Überraschungen in Klagenfurt: Das 31. Wettlesen um den Bachmann-Preis

Bis zur Abreise sind sich die Wetterdienste im Netz einig: In Klagenfurt wird es bei 19 Grad regnen, vier Tage lang. Die 31. Tage der deutschsprachigen Literatur ohne Sonne? Undenkbar. Und doch: Am Eröffnungstag drängen sich Literaten, Juroren, Journalisten und andere Ausflügler unter dem schmalen Vordach des ORF-Theaters, man friert, man schwitzt, kommt sich nah. Die Mutigen stehen unter den Bäumen, die Schlauen haben Schirme dabei. Man streift sich im Dunkeln, erkennt sich wieder, vielleicht auch nicht, begrüßt sich überschwänglich, gibt erste Tipps ab, erinnert sich an letztes Jahr. Etwas fremd und angespannt stehen die Autoren dazwischen.

Und immer wieder Diskussionen über Licht. Wird er kommen? Wird es durch die Wolken brechen? Wird er sein Gesicht zeigen? Wird es Klagenfurt doch noch seinen bekannten Glanz zurückgeben? Wird er gewinnen?

Schon am Donnerstag verbrennt die Sonne über dem Wörthersee die Wolken, das Thermometer klettert auf 25 Grad. Es lesen Jagoda Marinic, Christian Bernhardt, Jochen Schmidt. »Der Mensch ist nicht dazu gemacht, glücklich zu sein, sonst hätte er nicht so viel erreicht.« In Schmidts geistreichem Text »Abschied aus einer Umlaufbahn« wird »das Kosmische« zum »Komischen« (Iris Radisch), als ein einsamer Kosmonaut in der Umlaufbahn seine präsuizidalen Gedanken über Gott, die Welt und die Frauen gegen die Wände schreibt. Ein kluger, melancholischer, charmanter Text – und ein erster Favorit.

Am Nachmittag überrascht Jörg Albrecht mit einer atemlosen Performance. Eine Handvoll Freunde, ein Wochenende in Berlin, eine schwarze und eine weiße Box: Das sind die Zutaten dieser »genialisch-wirren« (Daniela Strigl) Variation über Zusammenfindung, Verdichtung, Dissoziation, Körper und ihre Auflösung im Medienzeitalter. Es gelingt, durch Sound ein Lebensgefühl zu vermitteln. Für Ijoma Mangold, neben André Vladimir Heiz einer der beiden Neulinge in der Jury, ist »Von Schläfe zu Schläfe (Phantombildschirm)« eine »akustische Hirnmassage«, »Wellness für Fortgeschrittene«. Karl Corino bewegt sich im »semantischen Nebel«, Martin Ebel verteidigt: Der Text will »Rhythmus und Musik« sein, nicht Inhalt. Ursula März gratuliert zumindest zur »sportlichen Leistung«. Nach dieser großartigen Stimmperformance wirkt Fridolin Schleys sauberer Text um eine verlorene Liebe sehr gedämpft. Lutz Seiler überzeugt mit seiner poetischen Zugreise durch radioaktiv verseuchtes Land, auf der das Rütteln der Waggons zwei Fremde zusammenbringt und ein Geigerzähler überall Geschichten aufspürt.

Und immer wieder Diskussionen über Licht. Wird er die Inszenierung wahren? Wird es über Klagenfurt bleiben? Ist er unansehnlich? Ist es verlässlich?

Am Freitag enttäuscht Silke Scheuermann mit ihrer realistisch erzählten Familiengeschichte »Die Furchtlosen«. Ronald Rengs Text hat weder »Tempo« noch »Ökonomie« (Klaus Nüchtern), der Vortrag »im Tonfall der Sendung mit der Maus« (Ijoma Mangold) tut das Übrige. Im Gedächtnis bleiben wird Michael Stavaričs gewagter Text »Böses Spiel« um Palmdiebe, Krieg und Geschlechterkampf, der sowohl »anzieht« als auch »abstößt«, »kontrolliert« und doch »voller Gewalt« ist (Ilma Rakusa).

An der Grenze zur verbalen Gewalt ist am Nachmittag die allerdings nachvollziehbare Juryeinschätzung zu Milena Odas Auszug aus dem Roman »Der Briefschreiber«. »Tschechischer Humor, der auf dem Weg nach Berlin stark degeneriert ist«, urteilt Karl Corino, »puppenstubenartig«, meint Ilma Rakusa, eine monotone Litanei, die an die Literatur der 60er-Jahre erinnert. Anschließend liest Kurt Oesterle. Und endlich wird es Licht. Im Fernsehen filmt man Scheinwerfer ab: »PeterLicht will sein Gesicht nicht zeigen.« Warum sich die Jury von einem postrealistischen, postpostmodernen, vor allen Dingen aber auch postrelevanten, sinn- und logikfreien Fröhliche-Apokalypse-Text, den man in manch einem literarischen Blog so oder ähnlich lesen könnte, zu derartiger Begeisterung hinreißen lässt (»Jazz im Helge Schneider'schen Sinne«, jubelt Nüchtern, und Mangold lobt die »Poetik der Zurücknahme«), bleibt unklar. Ebenso, warum drei Juroren sich des Urteils gleich völlig enthalten. Scheinbar geht es darum, dass endlich mal herzhaft gelacht werden kann bei derart schwergewichtigen Sujets – jeder zweite Wettbewerbsbeitrag behandelt Misanthropie oder Apokalypse, in jedem dritten fließt Blut.

Am Samstagmorgen erhält Jan Böttcher für seinen Text »Freundwärts«, der auf dem Hintergrund der deutsch-deutschen Geschichte die Beziehungen zwischen Sohn, Vater und Großvater behandelt, viel Lob. Der einzige wirklich geglückte realistische Text dieses Jahrgangs, der, ohne sprachlich viel zu wagen, durch Subtilität und präzise Schilderung überzeugen kann und all das einlöst, was er verspricht. Björn Kern hingegen scheitert mit dem Versuch, einer 97-Jährigen beim Sterben zuzusehen: »Vorgeführt« werde seine Protagonistin, muss sich der Autor vorwerfen lassen, »entmündigt« durch eine »falsche Perspektive« (Ursula März). »Kein Stoffbonus«, erklärt Ebel, und Mangold spricht sogar von einem manipulativen »Erpressungstext«. Thomas Stangls philosophischer Spaziergang durch Wien, auf dem das Ich im Text »ständig in Gefahr ist, sich verloren zu gehen« (Ebel) erntet viel Bewunderung. Ein »beglückender Text« mit »sinnlicher Qualität« (Radisch), der »leider etwas unterlesen« wurde, wie es Nüchtern angesichts des einschläfernden Vortrags noch sehr freundlich formuliert. Zuletzt liest Martin Becker einen komischen Text um einen Haufen desorientierter Personen, der als Theaterszene besser funktioniert hätte.

Und immer wieder Diskussionen über Licht: Ist seine Inszenierung nicht sehr abgenutzt? Wird es am Abend hell genug sein, um im Restaurant Maria Loretto die Rechnung zu überprüfen? Wird er, falls er gewinnt, einen Blumenstrauß annehmen?

Am Sonntag dann »die langweiligste aller Überraschungen« (ein Literaturagent) in guter alter Tradition. Mit Lutz Seiler gewinnt ein gestandener Schriftsteller aus der Mitte des Betriebs den Bachmann-Preis: Balsam auf die Wunden vom letzten Jahr. Den Telekom-Austria-Preis bekommt Thomas Stangl. PeterLicht gewinnt 3sat- und Publikumspreis. Der Ernst-Willner-Preis geht an Jan Böttcher. Ungerechter Verlierer ist Jochen Schmidt, der als großer Favorit leer ausgeht. Denn die im Schatten sieht man nicht.

Neue Zürcher Zeitung, 2.7.2007

Paul Jandl

Das leise Murmeln des Geigerzählers

Lutz Seiler ist würdiger Gewinner des 31. Ingeborg-Bachmann-Wettbewerbs

Der oft schon totgesagte Bachmann-Preis ist lebendig wie schon lange nicht mehr. Auch etliche bekannte Autoren kämpften diesmal um die renommierte Auszeichnung. Neben dem Sieger Lutz Seiler war es die allgemein hohe Qualität der Texte, die überzeugte.

Klagenfurt kann traurig wirken. Einsam und wie nach einer Detonation steht der berühmte Lindwurm auf dem Neuen Platz, inmitten einer Wüste aus Beton und Drahtzäunen. »Klagenfurt am Ball« lautet die städtische Selbstaufmunterung, weil sich die Stadt zur Fußball-Europameisterschaft 2008 rüstet. Jetzt wird umgebaut und neu gebaut. Alles das hat die Champions League der deutschen Literatur nicht nötig. Seit 31 Jahren gibt es den Ingeborg-Bachmann-Wettbewerb, und es hat kaum Änderungen gebraucht, um jetzt wieder ziemlich jung zu wirken. Schon lange nicht mehr waren so viele bekannte Namen auf der Autorenliste, es gab herausragende Texte und einen verdienten Sieger: Der mit 25 000 Euro dotierte Hauptpreis ging an Lutz Seiler, den 1963 in Thüringen geborenen Deutschen, der bis anhin eher als Lyriker bekannt ist und der diesmal den virtuosen Epiker gibt.

Votum für die Langsamkeit

Lutz Seiler schickt seine Figur mit der Turkestan-Sibirischen Eisenbahn durch die Steppe, und wenn bei ihm die alten Blechwaggons über die Schienen scheppern, Richtung Pawlodar, Karaganda und Semey, dann wird eine paradoxe Physik der Literatur Wirklichkeit. Der Text »Turksib« ist Trance wie in Zeitlupe, die kürzesten Augenblicke verlangsamen sich, spalten sich auf in Bilder, Geräusche und Gerüche. Ein russischer Heizer und ein ostdeutscher Schriftsteller stolpern einander im Zugskorridor in die Arme, und aus dieser kleinen Begegnung einstiger Brudervölker macht Seiler große Literatur. Durch das gegenwärtige Kasachstan fährt die »Turksib«, aber auch hinein »in eine zähe, ältere Zeitform«. Der Heizer zitiert mit kehligem, schwerem Akzent Heinrich Heine und dessen »Ich weiß nicht, was soll es bedeuten«. Seilers Text ist altmodisch in einem emphatischen Sinn. Sein Erzählen nimmt Wörter auf, die wie von weit her kommen, und er erkennt die fast unmerklichen Schwingungen historischer Tiefen. Dass bei Lutz Seiler ein Geigerzähler zum Bild des Erzählers wird, kommt so wenig von ungefähr wie dieser Text das Blinken und leise Murmeln des technischen Apparats imitiert.

Dass auch der mit der zweithöchsten Klagenfurter Auszeichnung, dem Telekom-Preis, bedachte Text des Österreichers Thomas Stangl ein wunderbar komplexes Gebilde ist, rundet das Ergebnis des Wettbewerbs ab. Wenn Seilers Held hinausreist in die Fremde, dann ist es bei Stangls Hauptfigur umgekehrt. Die Welt reist durch ihn. In einem Zimmer und auf Wegen durch Wien werden die Schranken zwischen dem Ich und den Dingen aufgehoben. Und was ist Literatur anderes als genau diese Aufhebung? Thomas Stangls hochmusikalischer Text ist parabelhaft, monströs und zart zugleich. Er löst die Beklemmung in Hingabe auf und ist damit auch ein therapeutisches Exempel für alle jene literarischen Ichs, die in Klagenfurt wieder gescheitert sind. Von ihren Autoren erfundene Autisten werden am Wörthersee gesprächig. So war es immer, so wird es bleiben, doch die Jury hat diesmal einen klaren Blick gehabt für literarische Hypochondrien aller Art. Selten war das Ergebnis des Preislesens besser begründbar als diesmal. Es ist ein Votum für das Schwierige in der Literatur, für eine ihr immanente Langsamkeit. Eine Langsamkeit, die sich gegenüber der rundherum beschleunigten Welt nicht geschlagen gibt.

Sofa-Apokalypse

Doch, Tempo hat es auch gegeben. Jörg Albrecht rappte und verfremdete seinen Text medial verschleifter Wirklichkeiten. Eine »biedere Neometaphysik« sei das, urteilte Iris Radisch, und Ijoma A. Mangold wollte in diesem akustisch-meditativen Beitrag »Wellness für Fortgeschrittene« erkennen. PeterLicht wohnt wohl gleich nebenan. Vor ein paar Jahren hat er das Liedchen vom »Sonnendeck« geträllert: »Wenn ich nicht hier bin, bin ich aufm Sonnendeck.« Im Programmheft des Klagenfurter Bewerbs ist der deutsche Multikünstler mit Bettzeug vorm Gesicht fotografiert, beim Wettbewerb wollte er nicht gefilmt werden, allenfalls von den Schultern abwärts oder nur von hinten.

Das Ungewöhnliche an PeterLicht war wohl die Präsentationsform, sein Text war es nicht. Eine Sofa-Apokalypse schildert der Text mit dem ironisch-pompösen Titel »Die Geschichte meiner Einschätzung am Anfang des dritten Jahrtausends«. Alles hier ist erfunden, doppelt erfunden oder irgendwie wahr, aber das ist auch egal. Ein paar hübsche Pointen setzt PeterLicht in seinem Text vom fröhlichen Untergang, bei dem vom »Minusgeld« die Rede ist und von bedrohlichen Wassermassen, die eine Stadt fluten. Ein Sitzmöbel explodiert dem Erzähler unterm Hintern, und diese Wucht durchschlägt gleich mehrere Stockwerke. Vielleicht ist ja das die Chiffre neudeutscher Befindlichkeit. »All meine Zellen, meine vergangenen Tage, meine gehandelten Handlungen bildeten ein gleichgeschaltetes Reich der Traurigkeit. So, als ob alles Nichts wäre.« Am Ende war's dann wohl doch etwas. PeterLicht bekam den mit 7500 Euro dotierten 3sat-Preis und noch einmal 5000 Euro vom Publikum zugesprochen.

Manch einer zählte dieses Stück gewitzter Literatur zu den großen Favoriten für den Hauptpreis. Dass PeterLicht dann doch nicht gewonnen hat, ist nach dem nicht unumstrittenen Vorjahressieg von Kathrin Passigs flotter Pop-Prosa eher beruhigend. Noch hat das Medium, in dem die Bachmann-Preis-Texte vors Publikum treten, keine fortlaufenden Spuren hinterlassen. Diesmal waren es eher Lese- als Hörtexte, der Jury sei Dank. Heinrich Detering und Burkhard Spinnen haben diese verlassen, dafür gab's in diesem Jahr würdigen Ersatz. Ijoma A. Mangold von der »Süddeutschen Zeitung« half den Texten mit klugen ideologie- und erfahrungskritischen Anmerkungen auf, und er tat das vielleicht eine Spur geglückter als André Vladimir Heiz, der Bieler Semiotiker und Schriftsteller. So abschweifend konnten seine Metadiskurse in Sachen Literatur nicht sein, dass sie doch noch in eine sehr prinzipielle Begeisterung mündeten. Wenn Hanns-Josef Ortheil in seiner launigen Eröffnungsrede das Klagenfurter Jurorenwesen karikierte, dann war dieses auch diesmal wieder erkennbar. An ihren öffentlich werdenden Gemütslagen soll man diese ambulante Literaturkritik erkennen. Iris Radischs zu erstaunlichen Verwerfungen fähiges Gesicht, Daniela Strigls Faible für nostalgische Blusen oder Karl Corinos immer grämlicher werdende Faktenhuberei. Eine Entscheidung wie zwischen Pest und Cholera sei die Stichwahl Stangl gegen Licht, zischelte Corino bei der Entscheidung ins Mikrofon.

Spekulationen – und Verlierer

Zu den Geschlagenen zählt Jochen Schmidt, dessen welthaltiger Ausflug ins All und in die scharfsichtige Einsamkeit eines Astronauten leider leer ausging. Silke Scheuermanns kriminalistische Shortstory um ein Generationenverhältnis ging überraschend unter. Jan Böttcher wiederum kann sich für eine lakonisch erzählte deutsche (Generationen-)Geschichte über den mit 7000 Euro dotierten Ernst-Willner-Preis freuen.

Was ist aus der Vorjahresaufregung um die Berliner Literatur-Guerilla rund um Kathrin Passig geworden? Mit Weblogs ist sie wieder da. Die vorgetragenen Texte zu hören und simultan darüber zu schreiben, das ist vielleicht die höchste Übersetzungsleistung der Bachmann-Blogger. Im Klagenfurter Funkhaus hört man das hartnäckige Tickern der Tastaturen altersloser Jugendlicher.

Die »Zentrale Intelligenz Agentur« hat für diesmal im Internet eine Aktienbörse der kandidierenden Texte etabliert, dort war auch zu lesen: »In den letzten drei Jahren hat die Zentrale Intelligenz Agentur sich stark aktiv ins operative Geschäft des Bachmann-Preises eingemischt, wodurch Marktwert und Ansehen der Institution für alle Stakeholder deutlich gesteigert werden konnten.« Naja. Die Internet-Börse lag am Ende doch etwas daneben. Der Text des Schweizers Dieter Zwicky schoss gegen Börsenschluss auf ein sensationelles Aktienhoch und damit auf den zweiten Platz. Im richtigen Leben aber kam seine wunderbar komische und stilistisch raffinierte Erzählung nicht einmal auf die Shortlist. Klagenfurt bleibt analog. Der Pegelstand der deutschsprachigen Literatur kann wieder am Ufer des Wörthersees gemessen werden.

Der Spiegel online, 2.7.2007

Doris Plöschberger

Wettlesen am Wörthersee

Klagenfurt – Kasachstan, und zurück

Literaturraumschiff funkt an Erde: Beim Klagenfurter Lesewettbewerb hielt die Verbindung 20 Stunden lang erstaunlich gut. Doch trotz preiswürdiger Texte von Lutz Seiler und PeterLicht hätte der Veranstaltung etwas mehr Diskussionsfuror gutgetan.

Klagenfurt ist der perfekte Ort, um sich selbst zu begegnen – jedenfalls während der »Tage der deutschsprachigen Literatur«. Vor Veränderungen aller Art ist man gefeit, und sogar das Wetter hält sich an die Rituale der Veranstaltung: Pünktlich zu Beginn des Wettlesens am vergangenen Donnerstag setzte klassisches Klagenfurtwetter, also Badewetter ein und auch sonst war alles beim Alten: Wieder lasen 18 Autorinnen und Autoren aus Deutschland, Österreich und der Schweiz vor einer neunköpfigen Jury, wieder übertrug 3sat den gesamten Bewerb, insgesamt 20 Stunden, live, und sogar die Sitzordnung der Jury aus dem letzten Jahr hatte man beibehalten. Nur die beiden neuen Juroren (Ijoma Mangold von der »Süddeutschen Zeitung« und der Schweizer Semiotiker und Schriftsteller André Vladimir Heiz) verhinderten das beklemmende Gefühl, dass man Klagenfurt seit dem letzten Jahr gar nicht verlassen hatte und auf den berüchtigten rückenlehnenfreien Holzbänken einfach sitzen geblieben war.

Soviel Beständigkeit in tendenziell orientierungslosen Zeiten erzeugt mitunter eine Atmosphäre des Unwirklichen: »In Klagenfurt«, so der Schriftsteller Hanns-Josef Ortheil in seiner witzigen und selbst wettkampftauglichen Eröffnungsrede, »begibt der Literaturbetrieb sich beinahe exakt mit Sommerbeginn auf eine Insel, um ein paar Tage vollkommen und ausschließlich Literatur zu träumen, Tag und Nacht.« Jetzt ist der Literaturtraum wieder ausgeträumt, und das böse Erwachen blieb auch diesmal aus. So manche Textepisode wird man zwar schnell wieder vergessen, genug Erinnernswertes war aber auch dabei. Fast wie im richtigen Leben traf man häufig auf Solipsisten, Autisten und Vereinzelte aller Art. Einen trieben die Misanthropie und ein vollkommen sympathischer Weltekel gar in den Weltraum. Aber dem Ich-Erzähler in Jochen Schmidts melancholischer und gleichzeitig wunderbar leichter Erzählung »Abschied aus einer Umlaufbahn« ist selbst die Raumstation im Orbit noch zu nah an der bevölkerten Erde. Er steigt aus und kappt die Sicherheitsleine. Schade, dass es für so viel Konsequenz keinen Preis gab.

Zwischendurch stellte sich auch auf der Erde das Gefühl der Schwerelosigkeit ein. Jörg Albrecht führte vor, dass Literatur mitunter auch etwas mit Tempo und anderen Medien als der Schrift zu tun hat. Mag sein, dass er mit seiner dynamischen, foto- und soundunterstützten Performance eines Wochenendes in der Großstadt im Tanzpalast auf der falschen Veranstaltung war. Seine Darstellung des Erlebens ohne Distanz, losgelöst von scharf konturierten oder personalisierten Figuren und neu zusammengesetzt in Text-Samples war trotzdem eine beeindruckende Demonstration, wie Literatur auf die voranschreitende Digitalisierung der Lebenswelt reagiert.

Affentheater und Antipathien

Die Jury sah das allerdings anders. Überhaupt zeigte sie in diesem Jahr, jedenfalls in Teilen, Ermüdungserscheinungen. Die Diskussionen verliefen zum Teil schleppend, gerne wurde der Inhalt nacherzählt und ausführlich zitiert, was man ohnehin gerade gehört hatte, und manche konnten sich gerade dann zu keiner Wortmeldung aufraffen, wenn es ganz offensichtlich Stoff für eine Kontroverse gab, wie beim Auftritt des deutschen Musikers und Autors PeterLicht. Der sorgte für ein weiteres kurioses Element in der an Kuriosa nicht armen Wettbewerbsgeschichte. Für seinen Auftritt in der wahrscheinlich längsten Live-Literatur-Fernsehsendung der Welt hatte er ein Bilderverbot erlassen, durfte nicht gefilmt und fotografiert werden. Das TV-Publikum bekam ihn während seiner Lesung dann konsequent nur von hinten zu sehen. So viel Selbstinszenierung brachte einige in Rage. »Affentheater« nannte es Karl Corino, allerdings erst am letzten Wettlesetag, als ausgerechnet ein eindeutig misslungener Text über den Schrecken des hohen Alters einiges an Furor, aber keine neue Qualität in die Diskussion brachte. Dass nicht ästhetische Fragen, sondern Antipathien und persönliche Betroffenheit zu einer hitzigeren Auseinandersetzung führten, sprach jedenfalls nicht gegen die Texte. Gegen Teile der Jury schon.

An der Preisvergabe gibt es dafür kaum was zu meckern: Der Ingeborg-Bachmann-Preis (25 000 Euro) ging an den in Thüringen geborenen Lutz Seiler, der bisher vor allem als Lyriker (»pech & blende«) aufgefallen war. In seinem Auszug aus einem noch unveröffentlichten Roman erzählt er von einer Fahrt mit der »Turksib«, einer Eisenbahnfahrt durch die kasachische Steppe. Mit der üblichen, auf möglichst exotische Destinationen zielenden Erlebnis- und Besichtigungsliteratur hat dieser Text aber nichts zu tun. Es ist eine sprach- und bildermächtige Reise ins Herz der Finsternis. Ein diffuses Gefühl einer nicht zu überwindenden Fremdheit erzeugen die klaustrophobischen Szenen, die in einem vorsintflutlichen, mit Kohle befeuerten Zug spielen.

Zum Bruderkuss umarmt

Dieses Gefühl entsteht aus dem Zusammenprall einer zeitenthobenen Archaik mit den Hinterlassenschaften der zeitgenössisch-unzivilisierten Welt. Virtuos macht Seiler anschaulich, wie sich dabei die Wahrnehmungsgrenzen verschieben und durchlässig werden für das Groteske: So wird dem Ich-Erzähler das trockene Schnarren des Geigerzählers, den er am Leib trägt wie ein Amulett, zur beständig flüsternden Erzählerstimme und sogar zu einem zweiten Herz im Körper. Und der Heizer, der ihn zum Bruderkuss umarmt und dabei mit kehliger Aussprache wieder und wieder Heinrich Heines »Ich weiß nicht, was soll es bedeuten« vor sich hinbuchstabiert, bekommt plötzlich etwas von der für so viele Reisenden fatalen Attraktion der Loreley auf ihrem Felsen. Natürlich bleibt offen, welche Verlockungen den Ich-Erzähler vielleicht verschlingen, aber schon dieser Ausschnitt ist »eine wundersame Melodei« (Heine) mit beträchtlicher Verführungskraft und Seiler ein verdienter Sieger.

Den Telekom-Austria-Preis (10 000 Euro) erhielt der Österreicher Thomas Stangl für seine drängende Selbst- und Stadterkundungsprosa, in der die Hauptfigur dem drohenden Subjektverlust durch permanente Abgrenzungsbewegungen von sich selbst entgegenarbeitet. PeterLicht setzte sich schließlich doch noch als 3sat- Preisträger (7500 Euro) durch, und obwohl er so vielen den Rücken zugekehrt hatte, bekam er auch noch den Publikumspreis (5000 Euro) für seine in ihren Formulierungen aberwitzig komische und in ihrem Tenor zugleich todernste Eskalationssuada, die ausgehend von einem behaupteten »Es geht mir gut« einen wahren Weltuntergangswirbel erzeugt.

Mit dem Ernst-Willner-Preis (7000 Euro) wurde Jan Böttcher für eine Drei-Generationen-Erzählung ausgezeichnet, die mit erzählerischer und sprachlicher Ökonomie Zeitgeschichte und

Individualgeschichte im ehemaligen Zonenrandgebiet verknüpft. »Was macht die Polizei?«, fragt in dieser Erzählung der Vater den Sohn. »Sie funkt«, lautet die lapidare Antwort. »Was macht Klagenfurt?«, wird man nächstes Jahr Ende Juni wieder fragen. Die Antwort steht jetzt schon fest: »Es träumt Literatur, Tag und Nacht«.

Der Standard, 2. 7. 2007

Cornelia Niedermeier

Die Hüter des Bachmann-Schatzes

Gleich vier Autoren galten in diesem Jahr der brillanten Texte als Favoriten für den Ingeborg-Bachmann-Preis

»Franz Kafka wäre nie nach Klagenfurt gefahren«, ließ Hanns-Josef Ortheil in seiner Eröffnungsrede zu den diesjährigen »Tagen der deutschsprachigen Literatur« einen der von ihm imaginierten Jung-Autoren vor dem Fernsehgerät sinnieren. »Natürlich wäre Franz Kafka nach Klagenfurt gefahren«, widerspricht ein anderer, »schmal, schlank, verhalten lächelnd hätte er sich in seinem dunklen Anzug, gut gekämmt, ans Podium gesetzt, und Ernst A. Grandits hätte gesagt: ›Franz Kafka liest auf Vorschlag von Hanns-Josef Ortheil den Anfang seines Romans Der Prozess …‹« »Ja, genau, und nach der Lesung wäre das Urteil der Kritik gespalten gewesen, einige Kritiker hätten gesagt, es sei etwas allzu behäbig losgegangen und die Figuren seien extrem schwach gezeichnet, während andere behauptet hätten, sie seien von der ›disluziden Integrität und statisch-verspielten Imagination‹ des Autors enorm beeindruckt.«

In seinem 31. Jahr und nicht nur in Ortheils Rede hat Klagenfurt endgültig Kultstatus erreicht. »Pure Archaik, eine Kulthandlung.« Und Ernst A. Grandits ihr »Priester«. Der stets gelassene »Hüter des Bachmann-Schatzes«. Das 18-stündige Lesen verwandelte sich in den vergangenen Jahren unmerklich in eine Veranstaltung, die – auch – über sich selbst lachen kann. Deren neun Juroren sich, zunehmend entspannt, weniger als

Richter oder zeigefingerschwingende Oberlehrer denn als Suchende zu verstehen scheinen.

Und bis auf wenige Ausfälle auf Pauschalurteile verzichten und sich um eine differenzierte Auseinandersetzung mit der gelesenen Literatur bemühen. Klagenfurt in seiner heutigen Form will man, zur eigenen Verblüffung, eine lange Zukunft wünschen. Denn 18 Stunden ernsthafter Erörterung von Literatur im Fernsehen, frei von Show-Einlagen oder Kauf-Empfehlungen ist wahrlich »pure Archaik«. Im allerbesten Sinn.

Zumal, wenn wie in diesem Jahr das Niveau des Dargebrachten einheitlich hoch ist. Wenigstens vier Autoren wären würdige Träger des Bachmann-Preises gewesen. Sie teilen sich die diesjährigen Auszeichnungen.

Etwa der Wiener Thomas Stangl. Sein namen- und gewohnt absatzloser Textbeitrag beginnt, wie einst Max Frischs Stiller (»Ich bin nicht Stiller«) mit einer Verneinung: »Er ist nicht dieses Kind«. Und führt in kunstvoll gebauten Sätzen in die glücklose Kindheit eines Buben in einer muffigen Wohnung in Wien-Erdberg, gelebt mit der Großmutter, angeekelt von allen Speisen und den »Falten und Fettwülsten des Frauenkörpers«, gepiesackt als »Missgeburt und Gestörter« von den Mitschülern. Eine Kindheit, die, anders als bei Claude Simon, aus Fotos nicht wiederersteht und deren Kompliziertheit sich in den komplexen Satzgebilden spiegelt. Thomas Stangl erhielt denn auch den mit 10 000 Euro dotierten Preis der Telekom Austria.

Der Ingeborg-Bachmann-Preis ging mit seltener Eindeutigkeit an den deutschen Lyriker Lutz Seiler für seinen Beitrag »Turksib«, Auszug aus einem langen Prosatext, die nächtliche Zugfahrt eines deutschen Autors durch die winterlich überfrorene kasachische Steppe, auf der zur »Seidenschiene« mutierten Seidenstraße, in Richtung Osten und Vergangenheit. Das Fiepen eines Geigerzählers im atomar verseuchten Gebiet gewinnt ebenso lyrische Erzählqualität wie die unregelmäßigen »Stöße der Gleise«, die den Erzähler wiederholt aus dem Gleichgewicht werfen – und beispielsweise in die Arme eines russischen Heizers. Eines Heizers, der an Wolfgang Hilbig oder aber den Heizer in Kafkas Roman einer Reise gen Westen und Zukunft, nach

Amerika, im Bauch eines Ozeandampfers denken lässt. Der Hallräume dieses vielschichtigen, nur scheinbar einfachen Textes von Lutz Seiler sind viele. Ebenfalls ein würdiger Preisträger wäre Jan Böttcher gewesen, eine der literarischen Entdeckungen dieser Tage. Er erhielt den mit 7000 Euro dotierten Ernst-Willner-Preis der Verlage. »Freundwärts«, der in gelassen ruhigem Ton erzählte Text des 1973 in Lüneburg geborenen und in Berlin lebenden Sängers, Songwriters und Autors, schildert die Beziehungen dreier Männer – Großvater, Vater, Sohn – in einem Dorf in Niedersachsen, das in DDR-Zeiten jenseits der Grenze lag: Der Großvater enteignet, der Vater regimetreu, der Sohn heute bei der Hamburger Polizei und am Wochenende durch Apfelbaumalleen nach Hause fahrend, den Alten zu pflegen.

Songwriter, Künstler und Autor auch Preisträger Nr. 4: PeterLicht, dem es gelang, sein Gesicht der TV-Kamera zu entziehen. Seine hochkomische sprachliche Relativierung der Katastrophe zum »Es ging mir gut« erhielt Jubel, 3sat- und Kelag-Publikumspreis.

Apropos Songwriter: Acht Autoren kamen in diesem Jahr aus Berlin, Gründer von Bands, Verlagen, Internet-Projekten. Auch sie tragen, in ihrer lässigen Einstellung zum Ernst des Wettbewerbs, bei zur gründlichen Veränderung der Atmosphäre in Klagenfurt.

Süddeutsche Zeitung, 1. 7. 2007

Kristina Maidt-Zinke

Lechzen nach Gelächter

Wenig Überraschungen beim Bachmann-Preis in Klagenfurt

Auch das gibt es: seit mehr als einem Jahrzehnt mit Literaturkritik befasst und noch nie im Wörthersee geschwommen. Trotz schwärmerischer Berichte von Kollegen über Flair und Freizeitwert des Klagenfurter Wettlesens: das Wörtermeer, das allsommerlich von dort ins Kulturfernsehen schwappte, machte meist schon nach drei Stunden derart seekrank, dass es wenig ratsam schien, sich an Ort und Stelle der sechsfachen Dosis auszuliefern. Aber hat nicht schon Ingeborg Bachmann medienwirksam vorgelebt, dass Literatur und Leiden nahe Verwandte sind? Irgendwann holt der Geist der unglücklichen Dichterin wohl jeden ein, der das Brot des Buchbetriebs isst, und zieht ihn in ihre hübsche kleine Geburtsstadt, damit er deren seltsam beklemmende Enge, durch die Klausur der Lesungen ins Arresthafte gesteigert, am eigenen Leib und Gemüt erfahre. Und dann, als heitersten Kontrast, die lösende, erlösende Wirkung des Sees, zu dem zwar drei Bachmann-Wege führen, der aber nur auf der Loretto-Halbinsel seinen Zauber ganz entfaltet, im Strandbad oder in der Terrassenlandschaft des benachbarten Lokals, dessen knochiger Kellner Dollarzeichen in den Augen hat und auf den Namen »Schoko« hört.

Wäre man als Neuling schon im vorigen, also im dreißigsten Jahr des Wettbewerbs gekommen, hätte es zur Einstimmung eine wüste Klagenfurt-Beschimpfung von Raoul Schrott und als Finale, mit der Preisverleihung an die Berliner ZIA-Agentin Kathrin Passig, einen spektakulären Überraschungscoup gegeben. Auch nicht schlecht, aber diesmal war es genau umgekehrt: Hanns-Josef Ortheils »Rede zur Literatur« kam als launige Liebeserklärung an das Klagenfurter Ritual daher, und am Ende ging der mit 25 000 Euro dotierte Ingeborg-Bachmann-Preis an den Autor, auf den jeder, der zwischen Veltliner und Zweigelt noch unterscheiden konnte, seit dem Abend des ersten Lesetages gewettet hatte: Lutz Seiler, 1963 in Thüringen geboren und für sein lyrisches Œuvre schon mit Auszeichnungen überhäuft, öffnete mit einem Ausschnitt aus seinem poetischen Reisebericht »Turksib« das Fenster in jene Sphäre, in der sich die Spreu der »Texte« vom Weizen der Literatur trennt. Danach galt es nur mehr, die Verhältnisse im Mittelfeld zu klären, wo die Juroren sich von persönlichen Vorlieben oder nationalen Loyalitäten (Vivat Austria!) leiten lassen und in der kabarettreifen Abstimmungsprozedur auch mal das Bäumchen wechseln durften, ohne sich zu blamieren.

Lizenz zum Blödsinn

Was dieser Jury abverlangt, ja zugemutet wird, begreift man so richtig erst im zugigen, scheinwerfergrellen Ambiente des Klagenfurter ORF-Studios: Eine halbe Woche lang müssen die neun Mitglieder hier einerseits Kulturkasperl spielen, andererseits ihren feuilletonistischen Ruf retten. Die Kraft, die dieser Balanceakt erfordert, ist weder mit Geld noch mit dem inbegriffenen Hauch von Fernsehpopularität zu bezahlen – höchstens mit der dann doch staunenswert entspannten Geselligkeit, die sich der versammelte Literaturklüngel in den Freistunden gönnt. Und vielleicht auch mit der Lizenz zum Blödsinnreden, die von der Jury-Vorsitzenden Iris Radisch im Resümee als Pluspunkt dieser »nicht so besonders schicken«, das heißt auffällig glamourfreien Veranstaltung verbucht wurde. Die wettbewerbsimmanente Erotik, die Hanns-Josef Ortheil eingangs auf den Nenner brachte, dass »die eine Hälfte des Literaturbetriebs sich mit der anderen paart«, kann es jedenfalls nicht sein.

Um so weniger, als das Thema »Sex« wie nach schweigender Übereinkunft auch in den angebotenen Texten nicht mehr vorkam. Die einzige Ausnahme, unerotisch freilich auch sie, bildete die leicht bizarre, mit pseudo-archaischem Pathos kokettierende Geschlechterkriegs-Fantasie des tschechisch-österreichischen Autors Michael Stavarič, die es in die engere Auswahl schaffte, doch am Ende leer ausging. Ansonsten war das Spektrum zwischen erschütterndem Dilettantismus, respektablem Handwerk und skurriler Schräglage einigermaßen zufriedenstellend abgedeckt. Feministinnen oder Quotenfetischisten hatten diesmal freilich schlechte Karten: Nur Männer heimsten die Preise ein, denn Silke Scheuermann, in manchen Zirkeln schon als Star gehandelt, war als einzig diskutable Vertreterin des schönen Geschlechts literarisch eine herbe Enttäuschung, was zum Glück auch die Jurymehrheit noch rechtzeitig erkannte.

Neben der fachlich motivierten Wette auf Lutz Seiler gab es eine weitere Prognose, nämlich die, dass der »im letzten Drittel des 20. Jahrhunderts« geborene PeterLicht (das Pseudonym schreibt sich so, wie es hier gedruckt ist), unter anderem Musiker, Popkünstler, Systemkritiker und Harald-Schmidt-Gast, den Publikumspreis (5000 Euro) gewinnen würde. Dass sein makabres und zugleich schwerelos komisches Apokalypse-Szenario, das einen einzigen rhetorischen Trick zu Tode reitet, die humorfreundlichere Fraktion der Jury bis zur Stimmabgabe für den 3sat-Preis (7500 Euro) charmierte, ist ein schönes Symptom für das Lechzen dieses Gremiums nach befreiendem Gelächter und genresprengendem Aberwitz. Auch wenn die Marotte des Autors, sein Gesicht den Fernsehkameras zu entziehen und sich deshalb nur von hinten, verhüllt oder gar nicht filmen zu lassen, etwas albern anmutet, weckte der Beitrag frisches Interesse am »Buch vom Ende des Kapitalismus«, das der Mann mit dem Allerweltsantlitz im letzten Jahr vorgelegt hat.

Löcher wie im Käse

Wenn es endlich da ist, das Ende des Kapitalismus, dann könnte es sein, dass eine Trophäe, die den Namen »Telekom-Austria-Preis« trägt, sich in der Biografie eines Schriftstellers gar nicht mehr besonders ehrenhaft ausnimmt, obwohl sie mit 10 000 Euro dotiert ist. Thomas Stangl, Erz- und Urwiener des Jahrgangs 1964, wird damit leben müssen. Dass irgendeine Auszeichnung ihn ereilen würde, war ebenfalls vorhersehbar, denn erstens ist er kein Unbekannter mehr, und zweitens hat seine in finsterem Grantlton vorgetragene Wien-Wanderung auf der Spur unerfreulicher Kindheitserinnerungen, alter Fotografien und angestaubter Vergangenheitsrelikte den schwebenden Reiz des Prozessualen, Projekthaften, wenn nicht gar Proustianischen, dem sich kaum ein Literaturspezialist entziehen kann.

Der einzige Kandidat der Eidgenossen, der Postangestellte und studierte Theologe Dieter Zwicky, schien in der Diskussion noch Preischancen zu haben, aber sein weitgehend sinnfreier Afrika-Text, eine Mischung aus Amtssprache und alpinem Urgesang, wies dann wohl doch zu viele Schweizer Käselöcher auf. So triumphierte norddeutsche Seriosität in Gestalt des schon mit zwei Romanen hervorgetretenen Jan Böttcher, geboren 1973, der sehr ernsthaft und anrührend, wenn auch nicht vom Hocker reißend, deutsche Zeitgeschichte an drei Generationenschicksalen im ehemaligen Zonenrandgebiet abgearbeitet hat:

Ihm wurde der mit 7000 Euro dotierte Ernst-Willner-Preis zuteil.

Was gab es sonst? Weltekel und Solipsismus – nichts Neues in Klagenfurt. Beziehungsdesaster, depressive oder krebskranke Mütter, Familienneurosen, Kindheitserinnerungen (Kurt Oesterle), geriatrisches Elend (Björn Kern), eine bild- und tongestützte, scheinbar mediengenialisch wirre, aber letzten Endes biedere Performance (Jörg Albrecht), eine gewitzte Provinzposse (Martin Becker) und den zunächst dankbar aufgenommenen, dann doch ausgeschiedenen Kosmonauten-Selbstmord des milde humorbegabten Jochen Schmidt. Und? Noch mal hinfahren? Nun ja.

Der Tagesspiegel, 3. 7. 2007

Gregor Dotzauer

Der Spätling

Als er aus seinem literaturlosen Leben erwachte, dämmerte das Land, dessen Müdigkeit ihm schon als Kind in die Knochen gefahren war, gerade seinen letzten Atemzügen entgegen. Erst »mit 21 Jahren, während meiner Zeit beim Militär, begann ich zu lesen«, hat Lutz Seiler, 1963 im thüringischen Gera geboren, in einem Essay erklärt. »Gleichzeitig begann ich zu schreiben. Warum gerade das, ist mir bis heute unerklärlich. Vor meinem Grundwehrdienst hatte ich drei Jahre im Bauwesen gelernt und dann noch einmal drei Jahre als Maurer und Zimmermann auf Baustellen gearbeitet. Nichts deutete in dieser Zeit auch nur ansatzweise auf Gedichte hin. Literatur interessierte mich nicht.«

Von außen betrachtet, wirkt die Geburt des dichtenden »Spätlings«, wie er sich nannte, und das Sterben der DDR weniger geheimnisvoll. Nicht nur, dass auch jedem Ende ein Zauber innewohnt, das Vermögen, mit Wörtern einer diffus erinnerungsgesättigten Welt Farben und Konturen zu verleihen, musste bei ihm erst reifen.

So gelang es Seiler, in drei Gedichtbänden »das grobgekörnte dieser jahre« in eine halluzinatorische Überschärfe zu verwandeln, und dass er so lange ohne eine eigene Sprache für die dunkle Romantik der Abraumhalden rund um sein Kindheitsdorf Korbußen gelebt hatte, machte jedes einzelne Wort kostbar. Die Pechblende, die dort »als kryptokristallines Urangestein« für sowjetische Atombomben abgebaut wurde und »schwarz und glänzend wie Kindspech« lagerte, gab seinem zweiten Band »pech & blende« (2000) den Titel.

Ein Spätling ist er, mittlerweile ein studierter Germanist, aber noch mit 44 Jahren: Der Ingeborg-Bachmann-Preis, den er nun in Klagenfurt für seine Reiseerzählung »Turksib« erhielt, geht zwar an einen Autor, der als Lyriker mit Auszeichnungen überhäuft worden ist – und trotz seines Nebenjobs als Programmleiter des Peter-Huchel-Hauses in Wilhelmshorst davon nur bescheiden leben kann. Als Prosaist jedoch ist Seiler ein Novize. Was seine Qualitäten ausmacht, kann man schon in der Sammlung von Gelegenheitsarbeiten bewundern, die vor drei Jahren unter dem Titel »Sonntags dachte ich an Gott« erschien. Lateinische Klarheit und Dichte; ein Gespür für Rhythmus und Atem eines Textes, wie man es wohl nur als Lyriker entwickeln kann; und die Überführung jedes poetischen Moments in die poetologische Reflexion, wie sie im Jahr darauf für seine Erzählung »Die Anrufung« bestimmend wurde.

Man mag das klassisch nennen – jedenfalls ist es weit entfernt von einem kunstgewerblichen Klassizismus. Der Wunsch, etwas zu ergreifen und zu begreifen, spricht aus jedem Satz. Das hat die Jury beeindruckt, nachdem sie 2006 mit Kathrin Passig eine Blufferin wählte, die sich seitdem nicht mehr für literarisches Schreiben zu interessieren scheint; auch den pointenverliebten Spieler PeterLicht verwies sie auf den ihm gebührenden Platz als Performer. Ernst und Unernst sind keine Frage des Tons, sondern der Haltung.

Die Welt online, 1. 7. 2007

Elmar Krekeler

Männer, die vom Sex nur träumen. Gelegentlich

Nach heftiger Debatte hat der Berliner Schriftsteller Lutz Seiler in Klagenfurt den 31. Ingeborg-Bachmann-Preis gewonnen. Seiler erhielt die mit 25 000 Euro dotierte Auszeichnung für seinen Beitrag »Turksib«, einen Auszug aus einem längeren Prosatext.

Im Hirn der Literatur sieht's aus wie bei Ikea. Im Hirn der Literatur hängt ein Teppich an der Wand. Der ist blau. Und den kennen wir von früher. Den hatten wir auch mal. Wie die blauen Tische vorne im Halbrund des ORF-Landesstudios, die standen im Kinderzimmer, da waren sie nur kleiner. Zweieinhalb Tage saßen neun Juroren an ihnen und operierten nicht sonderlich begeistert im Innern dieses Hirns an 18 Texten herum. Und was man dabei zu Gesicht bekam, war schon ein sehr merkwürdiger Anblick.

Bevölkert wurde das Hirn der Literatur von Männern. Was auch daran lag, dass es diesem Bewerb eindeutig an Schriftstellerinnen mangelte. Diese Männer sind sehr eigen. Sie sind Misanthropen. Einsam ziehen sie ihre Bahnen (manchmal sogar im Weltall). Sie haben keinen Sex, sie träumen gelegentlich davon. Sie haben überhaupt kaum Beziehungen. Rand-Autisten allesamt – manchmal über den Rand zum Autismus auch schon weit hinaus. Nach diesem Wettbewerb muss man sich endgültig Sorgen machen um die Männlichkeit im postfeministischen Zeitalter.

Um sie herum, um diese in sich kreisenden Satzwesen, gibt es, wenn es überhaupt etwas gibt, kaum etwas, das nicht menschengemacht ist. Es ist eine sterile Welt, durch die sie kaum streifen. Natur, Bäume, Tiere, überhaupt etwas mit Sinnen Erfassbares, gibt's draußen am See, aber höchst selten hier im Studio. Und wenn einem in einem Text mal eine getigerte Katze über den Weg läuft, wie in Silke Scheuermanns Schauergeschichte aus dem deutschen Scheibengrundstücksgebiet, weiß man sofort, was die Symbolkeule geschlagen hat.

Dabei war es gar nicht so, dass die Welt da draußen nicht mehr Nachrichten entsendet hätte in diese solipsistische Wörterwelt als gelegentlich hereinwehende Sirenentöne und eingehende Handysignale. Ekel vor der kapitalistischen Welt und Hartz IV, Altenpflegekrise und tödliche Krankheiten. Abgesehen von Jan Böttchers sehr präziser, sehr konsequenter und berührender Kurzgeschichte aus dem deutsch-deutschen Grenzgebiet 17 Jahre nach dem Mauerfall bewegten sich viele der welthaltigeren Geschichten allerdings eher im Ungefähren. Oder stellten ihre Absicht und ihre Figuren derart aus, dass man ob der Dreistigkeit dieser Zurschaustellung fast schon in heiligen Zorn geraten konnte. Angesichts des häufig beinahe postpubertären Zugangs und entweder falben oder fehllaufenden Furors konnte man sich nämlich des Gefühls nicht erwehren, dass hier eine ohnehin heruntergekommene, vorgeblich ausgebeutete Welt nur noch ein weiteres Mal, diesmal literarisch, ausgebeutet wird.

In der merkwürdigen Wellenbewegung am Wörthersee, dass einem Bewerb, in dem die meisten erzählen konnten, aber nichts zu erzählen hatten, einer folgt, in dem man verzweifelte darüber, dass es umgekehrt ist, befand sich dieser Jahrgang auf letzterem Wellenkamm. Denn eine konsistente, lebensvolle Welt aus Sprache zu konstruieren jedenfalls, überhaupt eine Geschichte zu erzählen, wie beispielsweise Fridolin Schley in seiner Rolf-Dieter-Brinkmann-Erzählung, gelang lediglich einem Bruchteil der Texte. Und das lag nicht nur daran, dass es überhaupt kaum Erzählungen und allzu viele Romananfänge, Romanauszüge, Romanverdichtungen und Prosaprojektausschnitte gab in diesem Jahr. Das lag vor allem auch daran, dass ein realistisches Erzählen, das mehr liefert, als es eine Reportage liefern könnte, das Subebenen einzieht, Spannungen aufbaut, Bedeutungsebenen unter Beobachtungen aufzieht, fast gar nicht stattfand.

Man wurde geradezu dankbar für Sprachkunststücke wie Thomas Stangls Streifzüge eines geschichts- und bildersüchtigen, lebenssüchtigen, lebensuntüchtigen eigensinnigen Riesen durch ein steinernes Wien. Das ließ einen zwar in der Regel kalt und ausgesperrt, erinnerte inmitten der Ödnis früh an Sprach-, Leblosigkeit oder Gedankenarmut verendeter Texte aber immerhin ans Wesentliche, die Fähigkeit von Sprache, Räume und Zeiten aufzureißen, Chronologien zu zerstören, und, zur höheren Erkenntnis und ästhetischen Freude, so wieder zusammenzusetzen, wie es eben keine andere Kunst kann.

Es musste schon weit weg gehen, um zu gelingen, das Erzählen. Jochen Schmidts Kosmonaut flieht ins All (dass es am Ende wahrscheinlich sein Kinderzimmer ist, in dem er endet, spielt keine Rolle). Über der Welt kreisend, blickt er auf sie und das Leben der unvollkommenen Menschen, und was ihm einfällt, ist ein hochkomisches, sehr melancholisches Poesiealbum voller nutzloser erkenntnistheoretischer Weisheiten. Lutz Seiler unternahm eine Fahrt mit der Turksib durch Kasachstan. Und auf seinem schlingernden Weg durch diesen Zug, auf dem er uns mitnimmt, entdeckt man in jedem neuen Textabteil, jedem neuen Textwaggon immer mehr an Subgeschichten, literarischen Allusionen, die der genuine Lyriker fast unsichtbar untergebracht hat. Ein beinahe altmeisterliches Meisterwerk der modernen Erzählkunst.

Und dann kam PeterLicht und fegte mit leiser Stimme fast schon gewalttätig mitten hinein ins Hirn nicht nur der Literatur, sondern gleich des ganzen 21. Jahrhunderts. Ein kabarettistisches, dekonstruktivistisches Meisterstück über das Einbrechen einer Apokalypse und das Weiterleben mit ihr und in ihr. Brüllkomisch, todtraurig, sprachwütig, an den Herz- und Hirnströmen unserer Zeit.

Schädeldecke also zu. Patient nicht tot. Es gibt Hoffnung. Nächstes Jahr kommen wir wieder zur Visite.

Die Zeit, 5.7.2007
Jochen Jung

Damit nichts Zufälliges mehr Zulass hat …

Klagenfurt 2007: Die Autoren lieferten Qualitätsarbeit, die Jury war nicht immer ganz auf der Höhe

In bester Conferencierlaune hielt Hanns-Josef Ortheil seine Eröffnungsrede zum diesjährigen Ingeborg-Bachmann-Preis, in der er ein paar Jungautoren sich vor dem Fernseher versammeln ließ, um sich den Wettbewerb anzuschauen. Wäre es um *»Wetten, dass…?«* gegangen, hätte es vermutlich ähnlich geklungen, aber Hauptsache, es durfte gelacht werden, und die Autoren hatten für ein par Augenblicke keine Angst mehr.

Schon aber verlas Karl Corino ein herzliches Gedenkblatt für den toten Wolfgang Hilbig, das zwangsläufig daran erinnerte, dass es in Klagenfurt auch schon einmal Autoren von einem Kaliber gegeben hat, das nicht so leicht einer hat. Das muss man einerseits auch nicht immer gleich erwarten, andererseits tun wir aber mit gutem Grund genau das: Wir erwarten das Beste, und Klagenfurt soll uns zeigen, was das ist. Die Autorenmischung war in diesem Jahr nicht Extraklasse, aber auch nicht schlecht. Es gab ein, zwei Nieten, und es gab ein, zwei Geniale und dazwischen eine Menge Qualitätsarbeit. Die Nieten lassen wir jetzt mal weg und schauen uns gleich die breit gefächerte Mittellage an.

Silke Scheuermann zum Beispiel hatte einen vielfarbigen Text geliefert, eine Geschichte, die die Erlebnisdichte des Alltags einer Patchworkfamilie mit *Bonnie and Clyde*-Motiven aufpeppt und die mit einer Menge hübscher Beobachtungen und einer gar nicht unraffinierten Konstruktion anzieht. Leider aber konnte das nicht verbergen, dass die Autorin sich seltsam unempfindlich zeigte gegenüber den sprachlichen Niederungen unseres Alltagsgeredes, das sich aus den kümmerlichen Dialogen wie eine Ansteckung über den ganzen Text ausbreitete. Weil es Silke Scheuermann war, wurde ihr das besonders heftig nachgewiesen: das klassische Dilemma der Favoritenrolle.

Ganz anders Jan Böttcher, dem im Vorhinein kaum einer besondere Chancen eingeräumt hätte: Auch er hatte eine Familiengeschichte mitgebracht – und das war natürlich noch längst nicht die letzte. Diese umspannt drei Generationen und lebt am ehedem deutschen Grenzfluss Elbe. Es ist eine anziehende Mischung von Natur- und Nationalgeschichte, sehr solide erzählt, die die beschädigte Zeit der DDR und ihre Opfer würdigt, was wiederum die Juroren würdigten.

Christian Bernhardt wurde auch nicht von großen Erwartungen begleitet, bekam eins auf die Nase und verschwand wieder im Halbdunkel. Der Vorwurf des Unzusammenhängenden seiner Geschichte, in der ein Baumarkt, ein auberginenfarbener Porsche mit drei Terroristen und eine Flasche Totes-Meer-Shampoo in eine geheimnisvolle Beziehung geraten, kann aber beim Nachlesen in das Vergnügen umschlagen, einem Autor dabei zuzusehen, wie er gekonnt ausprobiert, unsere gewohnten Erwartungen ein paar Seiten lang erfrischend im Regen stehen zu lassen.

Die Jury hatte es überhaupt gern, wenn eine Geschichte wie eine Geschichte aussieht, und noch lieber, wenn das sogenannte Existezielle in ihr seinen Platz hat. Kommt die Sache aber anders daher, reagiert sie oft lustlos. Im Falle Jörg Albrecht etwa, als Jahrgang 81 einer der Jüngsten, der sich die Freiheit genommen hatte, seinen Text nicht nur vorzutragen, sondern durch sein mitgebrachtes Equipment mit Bild und Sound anzureichern, was natürlich mehr war als die paar Manuskriptblätter der anderen und in der Bescheidenheit der Mittel auch wieder rührend. Oder berührend, wie die Jury gern sagte. Zudem gab Albrechts Vortrag dem Klagenfurt-Wort »Wettlesen« eine neue Dimension, indem er versuchte, rapmäßig so viel Text wie möglich in seine halbe Stunde zu stopfen. Was dann zu hören war, mehr Sound als Text, zeigte die Befindlichkeit von vier jungen Kreuzbergern im Tanzpalast, vulgo Disco, für die das Erinnern und Sich-Verlieren als Speichern und Löschen erfahren wird. Die Jury hatte dazu mehr oder weniger keinen eigenen Text.

Was nicht gut war. Schlimm war hingegen, was sich nach der Lesung von PeterLicht tat oder eben nicht tat. Zunächst mal hatte sich der Autor dadurch inszeniert, dass er die Ablichtung seines Gesichts während der Lesung verbot, was zwar gegen die Spielregeln war und natürlich auch affig, den Fernsehzuschauern dieses Fernsehliteraturwettbewerbs aber nichts Wesentliches vorenthielt. Da saß einfach einer und las, und was zählt, ist ja sowieso der Text. Der stellt nun in seiner ersten Hälfte die Tatsache, dass wir alle minderbemittelt sind, von der pekuniären Seite her dar, wobei die Hauptperson ein Sofa ist (wir zitieren: »Es war echt ein total schönes Sofa.«). Das ist – sagen wir mal: helge-schneiderhaft – einfach witzig. In der zweiten Hälfte wird es dann leider wieder klagenfurtmäßig existeziell katastrophisch, was dem Autor deutlich weniger entspricht.

Die Jury hatte sich das Ganze, man sah es den Gesichtern unmissverständlich an, halbe-halbe gefallen lassen: fünf Lacher zu fünf versteinerten Mienen. Als dann aber alles vorüber war und auch das Publikum fertig gelacht hatte, steigerten sich die Lacher am Podium in ein Hochfeiern des Textes, während die deutlich Unzufriedenen eisern schwiegen. Keine Gegenstimme. Und das, liebe Jury, war nicht Höflichkeit, das war leider einfach feige. Tatsächlich gibt es für Juroren auch eine Pflicht zur Aufrichtigkeit, die vor allem dann gefragt ist, wenn das Gesamturteil einseitig kippt. Und das war auch nicht mehr dadurch auszugleichen, dass es einige hinterher reute. Die Jury war leider nicht auf der Höhe ihrer Möglichkeiten. Alle reden ja auf ihre jeweilige Art nichts Dummes, aber sie reden leider auch wenig Brillantes, Nachdenkenswertes, und dabei haben sie doch vorher alles gründlich gelesen, einiges, wie man hörte, gar sechsmal. Zudem hatte man stark den Eindruck, dass sich die Juroren wenig für die Positionen der anderen interessierten, sodass auch das Streitbare immer sehr rasch wieder versiegte, leider.

Lutz Seiler freilich wurde gescheit anerkannt. Man erlebt in seiner Geschichte einen Schriftsteller auf einer Zugfahrt durch eine atomverdorbene Gegend Kasachstans. Einen Geigerzähler hat der Autor bei sich, den er – gibt es auch ernste Kalauer? – seinen Erzähler nennt und unter dem Pullover verborgen hält. So durchquert er den fahrenden Zug, als sei es eine Lebensprüfung. Es ist die Geschichte eines Fremden in der Fremde, imprägniert von Ruß und Eisen, Dunkelheit und Ungewissheit, die wie Firnis auf der Sprache liegen.

So bleibt am Ende vielleicht doch nur einer übrig, der der versprochene Geniale sein könnte: Thomas Stangl. Wie ein Meteor fiel dessen titelloser Text unter die Zuhörer. »Er ist nicht dieses Kind«, so beginnt dieser Text, der Gott sei Dank einmal nicht »ich« sagt, und er ist eben doch auch dieses Kind, das er auf alten Fotografien wiedersieht und das ihn zurückwirft in die Kindheit, aus der man herauswill und nicht weiß, wohin. Erinnerungen verfolgen ihn bei seinen Gängen durch Wien, bei seinem Wühlen in Flohmarktkisten, bei seinen Auslöschungsfantasien. Eine Frau kommt ins Bild, die ihn vielleicht in die Gegenwart holt: »Es wäre möglich gewesen«, schließt der Text ohne Punkt. Es ist eine drängende, unruhige, düster-sinnliche Sprache, die das Erlittene und Imaginierte wie Musik in einen Zusammenhang bringt. Und er war der einzige Text dieser Tage, der das hatte, was für Ingeborg Bachmann das Zeichen des wahren Dichtens war: »dieses Geschleudertwerden in eine Bahn, in der gedeiht und verdirbt, in der von Worten und Dingen nichts Zufälliges mehr Zulass hat ...«

Der Tagesspiegel, 2.7.2007

Gerrit Bartels

Die Spaßgesellschaft vom Wörthersee

Lutz Seiler setzt sich in Klagenfurt durch und rettet den seriösen Ruf des Ingeborg-Bachmann-Wettbewerbs

Es war Freitagnachmittag, kurz nach halb sechs, als beim Ingeborg-Bachmann-Wettbewerb in Klagenfurt die Jury ihre Grenzen erfuhr und darüber hinaus ihre Zerrissenheit zur Schau stellte: überschäumend jubelnd hier, beleidigt schweigend da. Der bislang hauptamtlich als Popmusiker tätige PeterLicht hatte die letzte Lesung des Tages bestritten, und zwar so, wie man es von ihm kennt: er lässt sich bei öffentlichen Auftritten nur von hinten oder vom Rumpf abwärts oder gar nicht von Kameras aufnehmen. Ein rührend subversives, überflüssiges Spiel mit den Medien, das für Stress bei den Fernsehleuten von 3sat sorgte und den kleinen Saal des ORF-Theaters endgültig aus allen Nähten platzen ließ. Aber weder den Wettbewerb brachte es groß ins Wanken, noch beeindruckte es die Jury.

Was sie jedoch beeindruckte, war PeterLichts Text, »Die Geschichte meiner Einschätzung am Anfang des dritten Jahrtausends«, eine Mischung aus bewusst vordergründigem Pointengeprassel und fröhlicher Apokalypse, aus zarter, sich immer wieder relativierender Poesie und hemmungslosem, sich immer wieder relativierendem Gequatsche: »Ich begeistere mich mal ganz haltlos«, krächzte Klaus Nüchtern außer Atem, und Ijoma Mangold assistierte ihm: »Wie gut, dass Sie den Weg in die Literatur gefunden haben!«

Klapp, klapp, klapp ging das, sechsmal hintereinander. Als man sich schon bass erstaunt fragte, ob denn diesmal so gar niemand auch nur klitzekleine Einschränkungen machen wolle, war die Diskussion weit vor der Zeit beendet, ohne dass die übrigen Jury-Mitglieder Ilma Rakusa, Karl Corino und Ursula März auch nur einen Satz zum Autor gesagt hätten. Corino und März saßen mit leicht grimmigen Gesichtern da, wollten sich aber partout nicht als Spaßbremse betätigen. Wo der Humor regiert, versagt die Literaturkritik, vielleicht erst recht, wenn Ernst und Apokalypse dazukommen und einer wie PeterLicht die Sprache gegen die Sprache wendet und ihr einen Misstrauensantrag nach dem anderen stellt.

Das war alles ein bisschen unokay, um es mit PeterLicht zu sagen, und wurde nicht okayer, als Corino tags darauf seinem Ärger doch noch Luft machte, weil sein Kandidat Björn Kern und dessen Text aus der Gerontopsychiatrie abgewatscht wurde. Rakusa entgegnete ihm, man solle Kern nicht gegen PeterLicht ausspielen, und März begann die Diskussionsrunden gleich zweimal mit den Worten: »Nochmal kneifen gilt nicht, das hat mir auch zu schaffen gemacht.« PeterLicht konnte dann zwar den Publikumspreis ergattern, erhielt aber nur den dritten Preis der Jury, der zweite Preis ging an Thomas Stangl.

Der eigentliche Bachmann-Preis, dotiert mit 25 000 Euro,

wurde an den bei Berlin lebenden Lutz Seiler verliehen, und zwar gleich im ersten Wahlgang mit einer Zweidrittelmehrheit. Seiler, der seit zehn Jahren das Erbe Peter Huchels in dessen einstigem Wilhelmshorster Wohnhaus bewahrt, hatte fast einhellige Begeisterung ausgelöst mit einem poetisch dichten, an Wolfgang Hilbig erinnernden Text über eine Bahnfahrt durch Kasachstan, bei der es zu einer eigentümlichen Ost-West-Begegnung zwischen dem deutschen Ich-Erzähler und einem russischen Heizer kommt. »Turksib« auszuzeichnen, war schwer okay, auch wenn das Gros der 2007er-Klagenfurt-Texte gar nicht mal so eklatant dagegen abfiel. Sie zeichnen sich durch stilistische Vielfalt und große inhaltliche Interessantheit aus, sind oft misanthropisch und solipsistisch, sogenannte In-Mich-Texte (Ursula März), wie die von Jochen Schmidt oder Thomas Stangl. Sie begeben sich realistisch in die Gegenwart, insbesondere in die Realität von halbwegs funktionierenden und überhaupt nicht mehr funktionierenden Familien, so wie Silke Scheuermann, Ronald Reng oder Jan Böttcher. Oder sie lassen die Gegenwart inklusive des Webs 2.0 popmäßig in Form von Schnitten, Schnipseln und Sound auf wenige Augenblicke zusammenschnurren, wie Jörg Albrecht.

Die Jury kam der Vielfalt durch ihre Preisvergabe zwar nach: Thomas Stangl begibt sich mit seinem titellosen Text in einen Erzählsog, in dem sich ein Ich bei einem Spaziergang durch Wien selbst erfindet und dabei weder Zeit- noch Raumgrenzen kennt. Jan Böttcher, der den vierten Preis erhielt, den Ernst-Willner- Preis, erzählt von dem Verhältnis eines Mannes zu seinem Vater und seinem Großvater vor dem Hintergrund der deutsch-deutschen Geschichte.

Dass aber Jochen Schmidt mit seinem während der Diskussion viel gelobten, witzig-melancholisch grundierten Text bei allen Stichwahlen durchfiel und Seiler und Stangl vor PeterLicht einliefen, deutet daraufhin, dass Klagenfurt 2007 auch so eine Art Mini-Backlash zum Vorjahr gewesen ist: Da gewann Katrin Passig den Bachmann-Preis mit einem genauso humorigen wie stilsicheren Text gewissermaßen aus dem Stand und ohne vorher artikulierte literarische Ambitionen.

Seiler ist dagegen ein Arbeiter im Bergwerk der Literatur, ein Kämpfer, der morgens Ich sagt, wenn er einen Prosatext schreibt, abends ein Er für deutlich besser hält und morgens wieder als Ich aufwacht, wie er in seinem Filmporträt erläutert. Wie Passig aber stehen PeterLicht und Jochen Schmidt unter dem Verdacht, gut gebaute Bluffs zu produzieren, Texte, denen es an der nötigen literarischen Ernsthaftigkeit fehlt, »Tubendrehertexte« mit Ablaufdatum, spätestens 2008, orakelte Klaus Nüchtern.

Trotzdem lassen sich Texte wie die von PeterLicht oder Schmidt und ihr Erfolg auch beim Publikum als weiterer Angriff der Gegenwart auf die übrige Zeit und insbesondere Klagenfurt lesen. Der typisch blutarme, fast jeder Welthaltigkeit entbehrende Klagenfurt-Text hat seine Schuldigkeit getan, stilsicheres, humorvolles, schnelles und manchmal der Welt den Stinkefinger zeigendes Erzählen ist an seine Stelle getreten. Darauf hat die Jury reagiert, aber den letzten Schritt, den sie schon mit Passig gegangen ist, den hat sie wieder zurückgenommen. Letzte Einfahrt Seiler sozusagen, letzte Ausfahrten nicht in Sicht. Dabei kann man gegen Seiler gar nichts sagen, der ist toll, hochliterarisch, aber von fern droht da schon mal die literarische Plansoll-Übererfüllung.

Der Bachmann-Preis ist so ein bisschen auch der Ausdruck dessen, was Ursula März als »Parallelwelt« bezeichnete, in der sie sich in Klagenfurt befinde: Vier Tage lang nichts als Texte und Diskussionen über Texte. Hier stecken alle unter der literarischen Decke, und ein Entkommen gibt es nicht, auch nicht bei den typischen, eigentlich literaturfernen Klagenfurter Vergnügungen: beim Baden am Wörthersee, dem Bürgermeister-Empfang auf Schloss Hallegg, dem traditionellen Fußballspiel oder den Abendzusammenkünften im Seerestaurant Maria Loretto. Der Terror in Großbritannien, Jörg Jaksches Dopinggeständnis und auch Katrin Passig, Sascha Lobo und ihr unermüdlich am Laptop sitzendes Riesenmaschine- und ZIA-Gefolge im Café des ORF-Theaters kommen hier gegen den literaturbetrieblichen Dauerschwatz über Wettbewerb und Jury nicht an.

Die Jury wiederum hatte, das muss man auch sagen, durchaus starke Momente, auch witzige und temperamentvolle. Sie war am besten nach guten Texten, wenn sie ihre »hermeneutische Geilheit« (Nüchtern) herausgefordert sah, und eher schwach bei schwachen Texten.

Mit dem Jury-Neuling André Vladimir Heiz aus der Schweiz saß jedoch ein Solitär mit in der Runde, der möglicherweise das jahrelang gut austarierte innere Jurygefüge durcheinander- und sich öfters kabbelnde Pärchen wie Radisch/März oder Nüchtern/Corino erst recht gegeneinander aufbrachte. Heiz, gelernter Linguist und Semiotiker, konnte man in seinen Ausführungen selten verstehen: immer fragend, nie wirklich urteilend, immer auf Metaebenen unterwegs. Ein Supertyp, der noch beim Pinkeln seinem verständnislos dreinblickenden Kollegen Ebel die Frage stellte, warum »der Neorealismus« bei den Frauen so »additiv« sei und bei den Männern so betulich daherkomme.

Das hatte was von anderen großen bleibenden Sätzen wie »O-Ton: Angela Merkel über die Sprengkraft von Disco in der Uckermark 1976–79, fünf Minuten vierundvierzig« (Jörg Albrecht) oder »Manche Menschen gehen nie an ihre Grenzen, sonst würden sie mich dort stehen sehen« (Jochen Schmidt).

Die Jury aber ist vermutlich tatsächlich an ihre Grenzen gegangen. Sie hat Schmidt und andere dort stehen sehen. Und hat dann wenig falsch gemacht, ist aber auf Nummer sicher gegangen. Bleibt sie zusammen, könnte es im nächsten Jahr mit solch sichtbaren Abgründen richtig interessant werden.

Die Autoren

JAN BÖTTCHER wurde 1973 in Lüneburg geboren und lebt in Berlin. Studium der Neueren deutschen Literatur und Skandinavistik. Seit 1996 literarische Veröffentlichungen in Zeitschriften und Anthologien. 1998 Gründer der Berliner Band Herr Nilsson. 1999 Mitgründer des Musik- und Veranstaltungslabels KOOK Berlin New York. Freier Autor, Musiker und Veranstaltungsorganisator, u. a. von »LAN – Drei Tage junge Literatur und Musik« in Berlin.

Publikationen (Auswahl): *Lina oder: Das kalte Moor.* kookbooks 2003. *Der Krepierer.* Erzählung als Hörbuch. kookbooks 2004. *Geld oder Leben.* Rowohlt Berlin 2006.

Auszeichnungen: Märkisches Stipendium für Literatur 2005. Stipendium Deutscher Literaturfonds 2006.

PETERLICHT wurde im letzten Drittel des 20. Jahrhunderts in Deutschland geboren. Der Künstler PeterLicht bewegt sich mit seiner Arbeit zwischen den Polen Text, Musik, Pop, Kunst, soziale Skulptur, Kapitalismus und Schnäppchenmarkt, »wobei am Ende was rauskommen soll, was vielleicht schön ist«. 2001 erschien sein Musikalbum *14 Lieder*, 2003 die *Stratosphärenlieder* und 2006 die *Lieder vom Ende des Kapitalismus.* Mit den Münchner Kammerspielen realisierte er die Theaterprojekte Karoshi (2003) und Wir werden siegen (2006).

Publikationen (Auswahl): *Wir werden siegen – Buch vom Ende des Kapitalismus.* Blumenbar 2006.

KURT OESTERLE wurde 1955 in Oberrot geboren und lebt in Tübingen. Studium der Germanistik, Philosophie und Osteuropageschichte. Dissertation über Peter Weiss. Seit 1988 freier Schriftsteller und Journalist u. a. für Süddeutsche Zeitung, taz, ZEIT und FAZ. Literarische Essays. Gedichte, Kurzprosa und Erzählungen u. a. in ndl, Konkursbuch und Allmende.

Schreiblehrer an universitären Creative-Writing-Einrichtungen.

Publikationen (Auswahl): *Der Fernsehgast oder Wie ich lernte die Welt zu sehen.* Klöpfer & Meyer 2002, BVT 2004. *Stammheim. Der Vollzugsbeamte Horst Bubeck und die RAF-Häftlinge.* Klöpfer & Meyer 2003, Heyne 2005.

Auszeichnungen (Auswahl): Theodor-Wolff-Preis der deutschen Zeitungsverleger 1996. Berthold-Auerbach-Preis 2002. Ludwig-Uhland-Förderpreis 2007.

SILKE SCHEUERMANN wurde 1973 in Karlsruhe geboren und lebt in Frankfurt am Main. Studium der Theater- und Literaturwissenschaften in Frankfurt, Leipzig und Paris. Mitarbeiterin am Germanistischen Institut der Universität Frankfurt. Kritiken, Gedichte und Erzählungen in Zeitschriften und Anthologien.

Publikationen (Auswahl): *Der Tag, an dem die Möwen zweistimmig sangen.* Suhrkamp 2001. *Der zärtlichste Punkt im All.* Suhrkamp 2004. *Reiche Mädchen.* Schöffling 2005. *Die Stunde zwischen Hund und Wolf.* Schöffling 2007. *Über Nacht ist es Winter* erscheint im August 2007 bei Schöffling.

Auszeichnungen (Auswahl): Leonce-und-Lena-Preis 2001. Stadtschreiberin in Beirut 2004. Literaturstipendium Villa Aurora, Los Angeles 2004. Hermann-Hesse-Literaturförderpreis 2005. Studienaufenthalt in der Casa Baldi in Olevano Romano 2006. New-York-Stipendium des Deutschen Literaturfonds 2006.

JOCHEN SCHMIDT wurde 1970 in Berlin-Friedrichshain geboren und lebt in Berlin. Studium der Romanistik, Informatik, Neueren Deutschen Literatur in Berlin. Ausgedehnte Sprachreisen. 1999 Mitbegründer und Mitglied der wöchentlichen Lesebühne Chaussee der Enthusiasten. 2006–2007 Blog-Projekt »Schmidt liest Proust – Quadratur der Krise«. Seit Januar 2007 monatliche Gegenwartsarchivierungsshow Weltchronik.

Publikationen (Auswahl): *Triumphgemüse.* C.H. Beck 2000. *Müller haut uns raus.* C.H. Beck 2002. *Seine großen Erfolge.* dtv

2003. *Gebrauchsanweisung für die Bretagne.* Piper 2004. *Chaussee der Enthusiasten.* Voland & Quist 2005. *Meine wichtigsten Körperfunktionen.* C. H. Beck 2007.

Auszeichnungen (Auswahl): open mike-Preis 1999. Publikumspreis beim Steirischen Herbst 2002. Literaturtandem – Stipendium der Stiftung Brandenburger Tor 2003. Förderpreis zum Kasseler Literaturpreis für grotesken Humor 2004.

LUTZ SEILER wurde 1963 in Gera/Thüringen geboren und lebt in Wilhelmshorst bei Berlin. Nach einer Lehre als Baufacharbeiter arbeitete er als Zimmermann und Maurer. 1990 schloss er ein Studium der Germanistik ab. Seit 1997 ist er Leiter des Literaturprogramms im Peter-Huchel-Haus. Bis 1999 Mitherausgeber der Literaturzeitschrift moosbrand. Veröffentlichungen in zahlreichen Zeitschriften und Anthologien u. a. in: Akzente, Sinn und Form, Text und Kritik, manuskripte, edit, du und ndl.

Publikationen (Auswahl): *berührt/geführt.* Oberbaum 1995. *pech & blende.* Suhrkamp 2000. *vierzig kilometer nacht.* Suhrkamp 2003. *Sonntags dachte ich an Gott.* Suhrkamp 2004. *Die Anrufung.* Ulrich Keicher 2005. *vor der zeitrechnung.* Hörbuch. Parlando 2006.

Auszeichnungen (Auswahl): Kranichsteiner Literaturpreis 1999. Anna-Seghers-Preis 2002. Ernst-Meister-Preis 2003. Bremer Literaturpreis 2004. Preis der SWR-Bestenliste 2005.

THOMAS STANGL wurde 1966 in Wien geboren, wo er auch lebt. Studium der Philosophie und Hispanistik. Seit Beginn der Neunzigerjahre Publikation von Essays und Rezensionen. Später Veröffentlichung von Prosaarbeiten in Tageszeitungen und Literaturzeitschriften u. a. in: manuskripte, kolik, Wespennest, Literatur und Kritik.

Publikationen (Auswahl): *Der einzige Ort.* Droschl 2004, btb 2006. *Ihre Musik.* Droschl 2006.

Auszeichnungen: Förderpreis der Stadt Wien 2002. aspekte-Literaturpreis 2004. Hermann-Lenz-Stipendium 2004. Literaturförderpreis des Österreichischen Bundeskanzleramts 2005.

Staatsstipendium 2005/2006. Literaturpreis der Deutschen Wirtschaft 2007.

MICHAEL STAVARIČ wurde 1972 in der Tschechoslowakei (Brno) geboren. 1979 Emigration nach Österreich, lebt als Schriftsteller und Übersetzer in Wien. Studium der Bohemistik/Publizistik an der Universität Wien. Presse und Öffentlichkeitsarbeit für das Tschechische Kulturinstitut Wien.

Publikationen (Auswahl): *Europa – eine Litanei.* Kookbooks 2005. *Stillborn.* Residenz 2006. *Gaggalagu.* Kookbooks 2006. *Terminifera.* Residenz 2007.

Übersetzungen: (Auswahl): *Europeana* von Patrik Ourednik. Czernin 2003. *Als ich ein Feuilleton versprach* von Jiří Gruša. Czernin 2004. *Die Gunst der Stunde* von Patrik Ourednik. Residenz 2007.

Auszeichnungen (Auswahl): Literaturpreis der Akademie Graz 2003. Publikumspreis des Literaturfestivals Wortspiele München 2006. Österreichischer Kinder- und Jugendbuchpreis 2007. Buch.Preis 2007. Max Kade Stipendium – Writer in Residence at the State University of New Jersey 2008.